上海社会科学院文学研究所学术研究文丛

上海社科院城市文化创新研究院智库文丛

海外亚洲汉学中的上海文学研究系列

东南亚汉学中的上海文学研究

[新加坡] 王润华　[新加坡] 南治国　编

主编　王光东　执行主编　袁红涛

上海人民出版社　上海远东出版社

图书在版编目(CIP)数据

东南亚汉学中的上海文学研究 / 王光东等主编. —
上海：上海远东出版社，2021
（海外亚洲汉学中的上海文学研究系列）
ISBN 978 - 7 - 5476 - 1755 - 7

Ⅰ.①东… Ⅱ.①王… Ⅲ.①汉学－研究－东南亚 ②
海派－文学流派研究－上海 Ⅳ.①K207.8 ②I209.951

中国版本图书馆 CIP 数据核字(2021)第 197356 号

责任编辑 陈占宏
封面设计 徐羽情

上海社会科学院文学研究所学术研究文丛
上海社科院城市文化创新研究院智库文丛
海外亚洲汉学中的上海文学研究系列
主编　王光东　　执行主编　袁红涛

东南亚汉学中的上海文学研究

王润华　南治国　编

出　　版　上海远东出版社
　　　　　（201101　上海市闵行区号景路 159 弄 C 座）
发　　行　上海人民出版社发行中心
印　　刷　上海中华印刷有限公司
开　　本　635×965　1/16
印　　张　23.75
字　　数　277,000
插　　页　2
版　　次　2021 年 10 月第 1 版
印　　次　2021 年 10 月第 1 次印刷
ISBN 978 - 7 - 5476 - 1755 - 7/K · 188
定　　价　92.00 元

编 辑 说 明

　　上海社会科学院文学研究所自 1979 年成立伊始，学科研究重点从"孤岛文学""左联时期文学"到"上海抗战文学""新时期上海作家"等，既不断拓展，同时踏实而行，以一系列奠基性的研究著作和扎实的资料整理工作，整体确立了文学研究所在"上海文学研究"领域的重要地位。《上海近代文学史》《上海现代文学史》《上海文学通史》等厚重之作的先后出版，更可谓是本所中国现当代文学与古代文学等基础学科研究实绩的集中体现。近年来，继承学科特色和优势，我们将扎根于上海文学研究的视野拓展为对中国城市文学和文化发展的整体性关注，另一方面则是在中国城市文学研究的视野中考察上海文学的发展；秉持这一理念的"中国城市文学研究"团队也得到上海社科院创新工程的连续支持。随着研究的深入，我们认识到，为了总结上海和中国城市文学发展的经验，反思既有研究的得失，同样需要域外和全球视野下的关注、比较和借鉴。比如，与国际历史研究领域中"上海学"的兴起相比，关于上海文学的研究的缺失就凸显出来。对上海文学的关注，主要还是从国内视角出发，尚未足够主动地去重视海外研究者的声音。然而，研究上海文学和中国城市文学，不仅需要内部研究，也需要来自海外的视野；不仅需要西方理论的视角，也需要东方文化的审视。为此，本团队开始着力于进行海外汉学中的上海文学研究文献整理与综合研究和中国视野相结合，理论研究和文献整理相结合，对海外汉学中的上海文学研究作整体性的梳理和研究。

我们首先注意到新世纪以来海外亚洲汉学中的上海文学研究的长足进展，选取日本、韩国、新加坡等东亚各国汉学中的相关成果，将其翻译成中文并编选成"海外亚洲汉学中的上海文学研究丛书"三卷作为首辑。为了选本的代表性和权威性，我们特别邀请到韩国木浦大学教授林春城先生、马来西亚南方大学资深讲座教授王润华先生、新加坡锡山文艺中心名誉主席南治国博士、日本一桥大学博士生王晴女士诸位学养深厚、对中国和所在地区相关研究进展均了然于胸的学者主持编选，并作序言；上海社科院"中国城市文学研究"团队的贾艳艳、狄霞晨、金方廷三位博士则对选本进行了后期编校，主要是根据中文表达习惯对译文进行了些许微调，核对了注释，并撰写了各卷相关研究的述评作为"跋"，由此与编者序言呼应，也是一种对话。

期待读者诸君的批评和支持。

上海社会科学院文学研究所"中国城市文学研究"团队

2021 年 6 月

目　录

1

序言

上海新加坡文学双城记

王润华

一、上海作家：建构东南亚最早的海外华文文学

处于东南亚中心的新加坡与上海的地理交通位置，是促成两座城市文化的超前与密切连接的因素。在轮船为国际主要交通工具的时代，后来飞机作为远程航行工具，新加坡与上海都是最直接往返穿行西方必经的要道，当时更是前往欧洲必经之地。作家从上海乘船前往欧洲，途中都必需经过新加坡，邮轮通常都会停留一天。老舍在1924年从上海乘邮轮去伦敦东方学院教书，轮船停靠新加坡加油，也补充淡水和食物，他上岸玩了一天。1929年返国途中轮船也在新加坡停泊，他上岸找到华侨中学教职，没有回返上海。教书半年期间，开始创作书写他所说的小小南洋长篇小说《小坡的生日》，他停留了半年后回北京途中，在上海郑振铎家完成这部小说（详见王润华《老舍在新加坡的生活和作品新探》）。徐志摩也是乘船从欧洲返国途中在新加坡上岸短暂停留，写了那篇《浓得化不开》的小说（参考本文集南治国《朱古律的诱惑——〈浓得化不开〉（新加坡）中的欲望苦旅》）。

　　《上海作家研究在东南亚》收集了东南亚学者所撰写上海作家自 20 世纪以来的东南亚的文学书写，除了南洋生活经验，还探讨他们对东南亚的文学、文化、社会甚至政治理念的影响，尤其文学是我们最关注的焦点。这里所谓上海作家，或上海文学是广义的，他们原籍与出生不一定是上海，他们可能是绍兴人如鲁迅，也可能是福建人，如杨骚，但他们曾经长时期在上海从事文学创作与文化工作，在上海文学界和文化界有所建树，并产生影响。

　　所谓上海作家或上海文学在东南亚，也有多义性。这群作家他们可能从没登陆东南亚的土地，但他们的影响力长久广泛，如鲁迅与张爱玲。鲁迅的文学创作与左倾思想，具有跨种族与语言的崇拜性、神话性力量。张爱玲的女性书写与文学电影的感染力是一股软势力，不知不觉，通过大众文化，影响广泛。像刘呐鸥与张资平从未涉足南洋，而南洋只是他们的写作的想象空间，他们小说中的南洋想象，给中国现代文学创造了新的热带异域情调与情欲图像。

　　东南亚华文文学是中国本土以外最早成长与独特发展的华文文学，如果要考察中国作家对东南亚华文文学的影响，上海作家的影响与参与则最为关键。早在 20 世纪 20 年代开始，左倾的文艺与文化当道，从上海登陆东南亚的左倾作家数不胜数，阵容强大，本书中提到的就有胡愈之、杨骚、张楚琨、王纪元、高云览、汪金丁、郁达夫、巴人（王任叔）、郁达夫、沈兹九、洪丝丝等，他们分别进入学校、新闻杂志与出版社、文化界，甚至赢得广大劳动人民的共鸣，发挥全方位的力量。上海作家众声喧哗，主流之外，还有其他艺术类别的上海作家，如上述的隔空影响的刘呐鸥、张资平和张爱玲，五四初期的第一代象征派诗人刘延陵，极端现代主义的上海作家杨际光也长期生活在东南亚各地，默默耕耘，这是促成东南亚文学艺术多元化的原因。

二、在上海：新加坡文学的四种语文的声音

这里以目前新加坡上海的双向交流个例，了解实际情况。2007 年新加坡艺术理事会举办"新加坡季节在中国"（Singapore Season in China）的华文文学展，我被委任为团长，召集了华文、英文和马来文作家共 11 人：王润华、淡莹、蔡志礼、希尼尔、黄孟文、尤金、林得楠、英培安等华文写作人，还有英文作家唐爱文、函函和马来作家卡马里。

我们十一位新加坡作家访问了中国北京与上海。在北京大学与中国作家协会举办座谈与朗诵会。在上海的节目最丰富，我们在复旦大学、上海图书馆与中国作家座谈、朗诵作品。新加坡作家呈现了多元文化的特点，代表了华、马、印三大民族与四种语文作家，由于座谈与朗诵公开，而且上海与新加坡作家同台演出，作家亲自朗诵自己的作品，听众非常踊跃，他们尤其为一个国家的文学具有四种语文的声音（英、华、淡米尔与马来语），真正众声喧哗的语境，而感到惊喜。

在上海图书馆大广告牌前的合影

2007 年 7 月 26 日"新加坡季节"的文学节目在上海召开新闻发布会的时候，上海作协主席王安忆在发布会上出人意料地说："我和新加坡有血亲。"随后动情地回顾了其祖辈在新加坡的往昔岁月，"我的祖辈、曾祖辈都长眠在新加坡，我的父亲是为了抗日救亡才来到中国，我真高兴今天能站在这里以欢迎的姿态迎接大家。"王安忆的父亲出生在新加坡，很早参加抗日活动，是本土华文小说与戏剧作家，之后到国内作抗战宣传，作品始终书写南洋的华人开拓新世界与反殖民的题材，曾出版自传体小说《客自南洋来》。

新加坡在上海、北京举办的"新加坡季节"，应该是首次让中国民众近距离了解新加坡文学的多元性，认识了新加坡文学从作家的种族与语言的多元到文学书写的复杂多样主题。

三、上海世博会与太阳岛上：上海与
新华作家多元的对话

2010 年世界博览会在上海举行。在上海太阳岛岛主陈逢坤鼎力支持下，我与蔡志礼策划了"太阳岛多元文化峰会"，分别在上海太阳岛上与上海世博会场举行新加坡与上海作家的高峰会议与作品朗诵。新加坡华文、英文和马来文作家共 11 人：王润华、淡莹、蔡志礼、希尼尔、许福吉、艾禺、李永乐、郭永秀等，英文作家有唐爱文、柯宝星和马来作家卡马里。另外我们也邀请了国际知名小说作家陈若曦来，诗人郑愁予，还有拥有无数读者的王安忆、赵丽宏、陈思和、郑宗培等都到场参加交流。这次峰会的重要节目有（1）上海作家与新加坡作家对话，（2）作家朗诵，（3）中国作家与国际华文作家对话，（4）上海与新加坡文学新书发表会。

上海作家、新加坡作家、特别来宾郑愁予、陈若曦与
新加坡国际学校全体师生合影于太阳岛

在太阳岛多元文化峰会期间，上海与新加坡双方促进两地文学的实质交流，新加坡《联合早报》李永乐给峰会的对话做了大篇幅的报导，这里摘录一小段：

郑愁予说：文明要靠"水"，政治的治理和医学的治疗，"治"字也是从水旁，所以水特别的重要。新加坡英文诗人唐爱文发现宋代王安石来过太阳岛写诗，其中"巨川非一源，源亦在中流"，神奇蕴涵"多元的力量"。复旦大学学者陈思和说：新加坡"地球村小众神安"，是世界文化多元和而不同的典范。他赞扬王润华经常"传播多元的理想"。陈思和认为，全球化是强对弱的冲击，多元化则是并存和共生，上海世博就是例子。陈若曦感觉太阳岛推动人文艺术的时机，符合了天时（中国崛起）、地利（上海）与人和（陈逢坤的实践）。上海文艺出版社总编郏宗培，一针见血地指出，这是一个互补的时代，一个不分大小强弱的时代。

这次大会还出版了四本对促进上海与新加坡文化有重大意义的书籍：

第一本：赵丽宏、许福吉主编《城市的呼吸》（上海文艺出版社，2002），共收录了新加坡、上海两地作家的小说、散文及诗歌作品共155篇。上海方面，既有巴金、施蛰存等文学宿将，也有当今中国文坛的中坚力量余秋雨、王安忆、赵丽宏、赵长天等，以及潘向黎、安妮宝贝等新生代代表作家的作品。作品被收录进这本"双城记"的新加坡作家则有王润华、杜南发、潘正镭、蔡深江、吴耀宗、许福吉、淡莹、希尼尔、董农政、张千玉、伍木、君盈绿等。

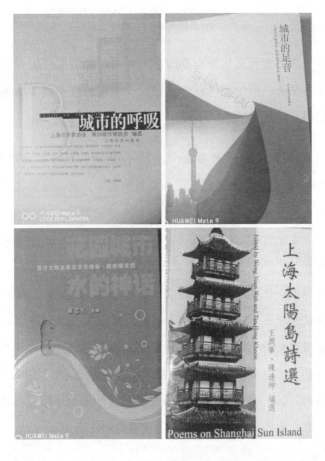

第二本：新加坡作家协会、上海市作家协会编选《城市的足音》（上海文艺出版社，2010），收集了两个城市一百多位作家小

说、散文诗歌的作品。

第三本：王润华、陈逢坤编选，何莲玉英译《上海太阳岛诗选》（台北：文史哲出版社，2010），从晋朝到清代历代诗人诗词选三十首，原文与英文翻译。选集中有王安石诗作，其中"巨川非一源，源亦在中流"，早在宋代王安石已"洞见"今日上海与新加坡的多元的力量，成为世界创新城市。

第四本：蔡志礼主编《花园城市·水的神话：世博太阳岛多元文化峰会·新加坡文选》，这是收集新加坡参加世博太阳岛多元文化峰会 11 位作家的文选，在北京、上海各地朗诵的文本。

我们也在世博园区的舞台，传播来自新加坡的多元文化的声音。这也是李永乐在《联合早报》的报道：

> 郭永秀带领的华乐小组，弹奏岛国的马来与印族乐曲。以英文创作、形象独特的锡克族作家柯宝星，主持风格幽默风趣，为现场的气氛添姿润色，吸引驻足的眼光。蔡志礼和许福吉中英文并用的解说，增添了多元的色彩。马来作家卡马里，颂唱马来情诗，现场听得懂的或许不多，但他磁性感性兼备的噪音，仍然富含感染力。左手写诗、右手微型小说的希尼尔，朗诵了《触目经心》，借用蔡志礼对他的形象浮雕：不用美丽词藻的希尼尔，确实能"让淡雅的文字散发幽情"。蔡志礼和许福吉，新加坡文教界的才俊，文学界的多面手，在主持、串场和呈现本身作品上，都达到了圆融的效果。

朗诵功力了得的女诗人淡莹，声情并茂地倾吐她的《心愿》，还和现场观众互动起来，台上台下一起"等待风起、回音、鸟归和火焰"。

7

四、上海作家影响东南亚华文文学的多种模式

上海作家与东南亚各国的交流，前面只是列举最近的两项上海与新加坡作家活动，说明具体密切的交流互动。上海作家与泰国、马来西亚、印尼、菲律宾、越南等东南亚国家的交流，也是一样频繁与深入。再以新加坡为例，近二十年，新加坡各种重大文学活动，如世界华文文艺营、新加坡作家周、新加坡作家节、文学四月天驻校作家、新加坡作家协会及其他文化团体所举办的各种文学、学术研讨会，都经常邀请中国作家前来指导与交流。我翻阅上面提到的《城市的呼吸》与《城市的足音》二书中入选的上海作家为例，曾来新加坡交流的就不计其数，我自己有参与的活动就有如王安忆、陈村、陈丹燕、赵长天、赵丽宏、白桦、李子云、余秋雨、辛笛、郑宗培、宋永毅等上海作家。过去上海作协访问欧洲，常常停留新加坡与本地作家交流。同样的，新加坡作家访问上海作家，可能次数更多。

如果我们翻阅新马话文学的史料书籍，如方修的《马华新文学大系》《马华新文学史稿》、黄孟文与徐迺翔《新加坡华文文学史初稿》、林万菁《中国作家在新加坡及其影响 1927—1948》，我们会发现新马华文文学、甚至文化界（尤其报章杂志）的建构，几乎是广义的上海作家、文化人的功劳与贡献最大。我们可以简单的概括成以下几个模式。

南来的作家群第一个模式几乎是无形无影的超空间的文化影响，以左派文化、文学、思想与政治的代表鲁迅先生为例，他没来过南洋，但他的影响从 30 年代至今，以多形式多途径，从文学到左倾政治思想影响了整个东南亚，还超语言、超种族（见《从解密的影像解读鲁迅与东南亚左倾运动的三种模式》与《解开鲁

迅小说遗传基因跨族群与语言"生命之谜：从绍兴到东南亚"）。即使无政治意识的作家如张资平、刘呐鸥、张爱玲等也导致另类文学的成长。没有张资平，就没有新马作家姚紫那类大众化作品。

第二类作家包括杨骚及其他亲自到新马工作的文人，很多可称为上海作家，因为他们都有很长时间在上海写作与生活，在王润华的《中日人士所见郁达夫在苏门答腊的流亡生活》与杨骚的《在东南亚文化前线与森林深处：抗战与逃难》中提到的那一群逃离日本军队占领的新加坡，进入印尼的苏门答腊丛林避难的作家如胡愈之、张楚琨、王纪元、高云览、汪金丁、郁达夫、巴人（王任叔）、沈兹九、洪丝丝等多数可称为上海作家。他们是今天东南亚各国华文文学的传播者。由于他们在东南亚社会文化各角落长久耕耘，今天东南亚写实、关怀社会大众、反殖民的文学传统就是来自他们的文学理念与实践。像郁达夫，他能与文化工商界以旧诗交流，坚持东南亚长大的马华作家要有本土独创性，最后他又积极参与社会抗日运动，他几乎成了另一位拥有全方位的影响力的上海作家，其文化遗产至今还延续发展。

第三类是一群独行侠作家，包括前面提到的没有亲身远赴南洋生活，但很有创意的发挥了他们的南洋想象，像上海作家刘呐鸥《赤道下》（见南治国《旅行，到赤道之下：——刘呐鸥〈赤道下〉中的"南洋"解读》）或是张资平（见林春美《欲望朱古律：解读徐志摩与张资平的南洋》）。林春美说，张的小说如《苔莉》《性的屈服者》《最后的幸福》，小说里浮现过新加坡、马来亚、爪哇、婆罗洲、兰贡（即仰光）等东南亚诸多地域的名字，只是整体性的南洋群岛的异域，可以脱离中国的道德拘束，赤裸裸的寻欢作乐，得到情欲的满足。从欧洲回航，经过印度，途经新加坡的徐志摩也写小说，再现热带情欲诱惑感受世界（见林春美的

《朱古律的诱惑——〈浓得化不开〉（新加坡）中的欲望苦旅》）。徐訏短暂的旅居新加坡后，1952 年也写了短篇小说《马来亚的天气》（收入《传杯集》），继续南洋热带岛屿是情欲放纵的天堂的幻想文学。他书写一位华裔青年的神话，在岛上不必结婚，本土女性的洋人丈夫出海远行，就是您的妻子的传奇。

独行侠还有很多不同类型的作家，上海作家中，如五四最早期象征主义诗人刘延陵，他在 1937 年移居新马，虽然在新闻界，隐姓埋名，深居简出，但仍然坚持他的文学信念（周维介《南下的五四水手靠岸星洲之后的足迹》）。杨继光是当年上海现代诗先行者之一，笔名贝娜苔、罗缪，1925 年出生于江苏无锡，毕业于上海圣约翰大学，1959 年移居马来西亚吉隆坡。也是默默先后担任《虎报》副总编辑、《新明日报》总编辑、马来亚（西）电台高级职员。1974 年离开大马，移民美国。他还是静悄悄继续写前卫的小说。徐訏以《鬼恋》等小说，风靡一时，曾是当时上海最多产的作家，也在新加坡有匿藏式的生活与写作。像这样的低调生活在东南亚的上海作家也真的不少。

五、预言在本地与上海的作家继续
创造东南亚文学新的发展

本文前面已经谈过目前东南亚与上海由于种种历史、文化的原因，上海作家至今仍然继承其密切连结东南亚文学关系的传统。这个网路，通过移民、出版、文化往来越来越广阔，今天广义的上海作家移民与在东南亚工作的作家人数不计其数，由于尚难定位与确定其影响，但无论如何，目前在上海或在东南亚的上海作家一定会再度创造东南亚文学新的发展。

从解密的影像解读鲁迅与东南亚左倾运动的三种模式

王润华

一、走出柏拉图洞穴：鲁迅与东南亚左倾文化思想之遗传基因

图1-3　毛泽东在1940年写的《新民主主义议论》各种版本①

现代遗传工程，发现遗传密码，从而迈出了解开"生命之谜"。②文学传播、影响、社会、文化与政治学的研究也像生物研究，进

---

① https：//www. google. com. sg/search? q = % E6% 96% B0% E6% B0% 91% E4% B8% BB% E4% B8% BB% E4% B9% 89% E8% AE% BA&source = lnms&tbm = isch&sa = X&sqi = 2&ved = 0ahUKEwiMztz1qdrTAhWMNI8KHZ33CN8Q _ AUIBygC&biw = 1280&bih = 683♯imgrc = PNzQlsGFOAMUzM；&spf = 209.

② 麦特·瑞德理（Matt Ridle）着，史琳译：《克理克：发现遗传密码那个人》（*Francis Crick: Discoverer of the Genetic Code*）（台北：左岸文化，2011年）；詹姆斯. D. 华生（James D. Watson）著，陈正萱、张项译：《螺旋——DNA结构发现者的青春告白》（*The Double Helix*）（台北：时报出版，1998年）。

1

入分子层次，比如帮助我们深入地解开鲁迅对世界各地的文学写作，包括非华语语系的作家小说人物与鲁迅小说人物的生命共同体的血缘基因关系。我在《解开鲁迅小说遗传基因跨族群与语言"生命之谜"：从绍兴到东南亚》①一文中曾以其与代表性小说家的典型人物为例，解开他们小说人物的遗传密码，双螺旋结构之谜，从而揭开鲁迅与东南亚华语、印尼与越南语小说中受贫病、愚昧、恶势力各种压迫欺诈的小人物的生命共同体。新马华文作家黄孟文短篇小说《再见惠兰的时候》的惠兰在新马土地上，在印尼群岛上的印尼文作家普拉穆迪亚·阿南达·杜尔（Pramoedya Ananta Toer，1925—2006）的《布鲁岛四部曲》小说中的爪哇人明克（Minke），越南作家南高（原名陈友知，Trần Hữu Tri 陈友之，1915—1951）的小说《志飘》里的志飘，这些小说人物的血液里都流淌着鲁迅绍兴乡镇里悲惨人物共同的遗传基因。我们可以解读出他们生命双螺旋结构大数据，提供证明与鲁迅的小说人物与他们远在东南亚华语与非华语小说的人物遗传血缘关系，他们生命双螺旋结构都可清楚具体的勾画出来。

这些研究是走进各种文本之中的分析推论、归纳的研究结果，途径是弯曲的。这是走出苏珊·桑塔格（Susan Songtag's，1933—2004）所说被局限在柏拉图的洞穴（In Plato's Cave）的知识。如何分析与求证鲁迅的文化遗传基因影响了东南亚的左倾文化思想？结构更复杂，这就需要往前追溯鲁迅之前的左倾文化遗传基因。我们发现 DNA 里有文学与政治的密码需要解开。本文从近几十年解密的影像重建左倾的密码。鲁迅最早受到自由主义派的作家学者如胡适、陈西莹的肯定。在 1929 年他开始向左派靠拢之前，

---

① 黄郁兰、王润华，《解开鲁迅小说遗传基因跨族群与语言"生命之谜"：从绍兴到东南亚》，《文与哲》（台湾中山大学），第 29 期，2016 年 12 月，第 243—264 页。

左派批评家对他大力攻击。可是在他最后的六年里，成为左派文艺界的文化偶像。1936 年逝世后，在毛泽东及中国共产党的肯定下，产生了鲁迅神话。毛泽东在 1940 年写的《新民主主义论》，用尽了一切伟大的词汇，塑造了他的伟大形象，于是鲁迅神话便开始从中国流传，再经过左派知识分子到世界各地有中华文化的地方：①

> 在五四以后，中国产生了完全崭新的文化生力军，这就是中国共产党人所领导的共产主义的文化思想，即共产主义的宇宙和社会革命论。……而鲁迅，就是这个文化新军的最伟大和最英勇的旗手。鲁迅是中国文化革命的主将，他不但是伟大的文学家，而且是伟大的思想家和伟大的革命家。鲁迅的骨头是最硬的，他没有丝毫的奴颜和媚骨，这是殖民地半殖民地人民最可宝贵的性格。鲁迅是在文化战线上，代表全民族的大多数，向着敌人冲锋陷阵的最正确、最勇敢、最坚决、最忠实、最热忱的空前的民族英雄。鲁迅的方向，就是中华民族新文化的方向。②

这是毛泽东一九四○年一月九日在陕甘宁边区文化协会第一次代表大会上的讲演，原题为《新民主主义的政治与新民主主义的文化》，载于一九四○年二月十五日延安出版的《中国文化》创

---

① 见夏志清《中国现代小说史》（台北：传记文学出版社，1979 年），第 63—64 页；原著见 C. T. Hsia, *A History of Modern Chinese Fiction* (New Heaven, conn.：Yale University Press)，第 28—29 页。东南亚的鲁迅神话，见《从反殖民到殖民者：鲁迅与新马后殖民文学》，《鲁迅越界跨国的新解读》，台北：文史哲出版社，2006 版，第 76、75、98 页。

② 毛泽东：《毛泽东选集》第 2 卷，北京：人民文学出版社，1952 年，第 668—669 页；《新民主主义论》，https：//www. marxists. org/chinese/maozedong/marxist. org-chinese-mao-194001. htm。

刊号。同年二月二十日在延安出版的《解放》第九十八、九十九期合刊登载时，题目改为《新民主主义论》。

毛泽东总结左右派文化界所肯定的鲁迅，鲁迅的伟大之处很多：（一）鲁迅是共产主义的文化思想的伟大和最英勇的旗手；（二）鲁迅是中国文化革命的主将；（三）鲁迅是伟大的文学家；（四）鲁迅是伟大的思想家和伟大的革命家；（五）鲁迅是最具有反殖民主义的性格与勇气。①

二十一世纪的今天，鲁迅的影响还是历久不衰，全球华人集体阅读与写作经验、文化美学意识，还是受着鲁迅神话的支配。②

图 2　1942 年 5 月毛泽东在延安文艺座谈会讲话时与文艺工作者合影

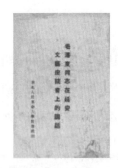

图 3　《讲话》各种版本

①　《从反殖民到殖民者：鲁迅与新马后殖民文学》，《鲁迅越界跨国的新解读》，台北：文史哲出版社，2006 年，第 76—77 页。

②　王润华：《鲁迅在海外华文世界》，周令飞主编《鲁迅社会影响调查报告》，北京：人民日报出版社，2011 年，第 243—256 页。

后来毛泽东在一九四二年五月举行的《延安文艺座谈会上的讲话》，一九四二年五月二十三日的《结论》中，在发动文艺界整风运动时，他在中国现代作家中只具体肯定鲁迅作为典范，其中最重要的有下面的几段：

"还是杂文时代，还要鲁迅笔法。"鲁迅处在黑暗势力统治下面，没有言论自由，所以用冷嘲热讽的杂文形式作战，鲁迅是完全正确的。

杂文形式就不应该简单地和鲁迅的一样。我们可以大声疾呼，而不要隐晦曲折，使人民大众不易看懂。如果不是对于人民的敌人，而是对于人民自己，那末，"杂文时代"的鲁迅，也不曾嘲笑和攻击革命人民和革命政党。

既然必须和新的群众的时代相结合，就必须彻底解决个人和群众的关系问题。鲁迅的两句诗，"横眉冷对千夫指，俯首甘为孺子牛"，应该成为我们的座右铭。"千夫"在这里就是说敌人，对于无论什么凶恶的敌人我们决不屈服。"孺子"在这里就是说无产阶级和人民大众。一切共产党员，一切革命家，一切革命的文艺工作者，都应该学鲁迅的榜样，做无产阶级和人民大众的"牛"，鞠躬尽瘁，死而后已。知识分子要和群众结合，要为群众服务，需要一个互相认识的过程。这个过程可能而且一定会发生许多痛苦，许多磨擦，但是只要大家有决心，这些要求是能够达到的。①

----

① 引文自《结论》，（一九四二年五月二十三日）〈https：//www. marxists. org/chinese/maozedong/marxist. org-chinese-mao-194205. htm 中文马克思主义文库-〉；或《毛泽东选集》第 2 卷，北京：人民文学出版社，1952 年，第 668—669 页。

　　毛泽东在战后，尤其1949年建立共产政权之后，在东南亚，成为共产党颠覆政治的象征，从菲律宾、越南、泰国到新马，他的著作言论都遭受严厉禁止。但毛泽东所推崇的鲁迅，是一位早已被西方接受的世界性文学家，在英国殖民地没有被全面禁止，所以他就被南下的左派作家用来作为左派的思想意识形态的代言人，左派文化、文学、华人的思想与文化偶像。

　　从新加坡、马来亚（马来西亚）、泰国、菲律宾、印度尼西亚，到越南，鲁迅分别通过左派社会政治家与文化人的推崇、作家的肯定和学者的研究，显示了鲁迅越界跨国与多元种族与多元文化的域外社会对话的现象，在撞击与交流下，形成东南亚世界的鲁迅，有异于中国的鲁迅。因应当地本土文学文化、政治社会的不同也有差异。我们发现东南亚的鲁迅比中国的鲁迅更具多元性，在文学、思想、政治社会上等多方面都有深刻的影响力。

　　鲁迅对东南亚华人世界的影响，最为典型的特色之一是反抗精神。早期的新马华人，因为要反殖民主义，反帝国主义侵略，力图以民族主义及其文化结合亚洲文化，来抵抗西方或日本殖民文化，促成了鲁迅在东南亚的软实力象征的形成，他跨越文学，进入社会、政治、文化的复杂结构层面，成为反抗殖民主义的道德精神力量，当然也成为华人建构经典文学、与民族新文化的典范。由于新马是当时海外华人人口与政治文化影响力的中心，同时又由于新马的华人移民历史最早发展，文化、文学、史料文献也多，所以我主要以新马为范例来说明"东南亚华文世界的鲁迅"的建构、形成与影响力量，在当地所建构的文学、文化、社会政治性的各个层面所具有的软实力。鲁迅在东南亚其他地区的传播、接受，传承与创新，都比新马迟到很多，加上政治的压制，如越南虽然地理位置离中国最近，由于法国殖民主义当局对越南实行中国文化封锁政策，1940 年代前中国所有进步的书刊都不能进入越南，这些中国作品包括鲁迅的作品就成为了禁书。而泰国的传播、接受情况，自 1950 年代才开始。菲律宾的华人文化社群，在1930 年以前还很单薄，因此鲁迅的流传与生根也来得迟。

鲁迅在东南亚非华裔的族群的文学、文化、社会与政治的影响，也值得注意。王润华在周令飞主编的《鲁迅社会影响调查报告》一书中已经报告过鲁迅在东南亚华人世界的影响，与中国，甚至西方的影响有很大的不同。① 本文将进一步分析鲁迅在东南亚，跨越族群与语言，对东南亚的泰国、印度尼西亚、越南语文作家，社会与政治革命，都曾经产生广泛的影响。鲁迅作为文学家，由于很早就获得西方世界文学文化界的肯定，所以他在西方统治下的殖民地，如英国的新马，荷兰的印尼，法国的越南，都没有严格列为禁书，反而竞相翻译成英文、泰文、印尼文、越南文。结果通过文学的翻译，逐渐扩大到非华人社会文化与政治思想，引发鲁迅对东南亚当地的非华语语系文学、左派思想、反抗殖民主义的影响，最后甚至导致共产主义革命，印尼就是最典范的影响。

二、大陆左派文人南下的模式：鲁迅与新加坡、马来西亚的左倾运动

王润华之前写过几篇论述，从不同角度解读鲁迅与东南亚华人/非华人的文化、文学、政治、社会的影响。如《从反殖民到殖民者：鲁迅与新马后殖民文学》《林文庆与鲁迅/马华作家与郁达

①　王润华：《鲁迅在海外华文世界》，周令飞主编《鲁迅社会影响调查报告》，北京：人民日报出版社，2011 年，第 243—256 页。又见王润华《从反殖民到殖民者：鲁迅与新马后殖民文学》，《鲁迅越界跨国新解读》（台北：文史哲出版社，2006 年），第75—98 页。

夫冲突的多元解读：谁是中心谁是边缘?》《鲁迅神话与真实的新解密：对东南亚政治、社会、文学的影响》《解开鲁迅小说遗传基因跨族群与语言"生命之谜"：从绍兴到东南亚》。这是走进各种文本之中的分析推论、归纳的研究结果，途径是弯曲的。

在这些研究过程中，我又发现鲁迅在东南亚对各国走向左倾运动的影响力，所产生的力量，有一个共同、简单、直接的方程式。过去了几十年，很多信息资料解密之后，通过一些非文字的媒介如影像，很容易清楚地看见其结构，那些所谓鲁迅神话与真实就呈现出来。苏珊·桑塔格（Susan Songtag's, 1933—2004）在《论摄影》（*On Photography*)① 中指出，摄影科技在 1839 年正式使用后，影像深远地影响我们对世界与知识的认识与分析。比如警察或考据家，可用一张真实的照片作为无可反驳的证据，解剖真实世界的关系，比逻辑推论更有力量。苏珊·桑塔格说："正是这永不餍足的摄影镜头将我们从柏拉图的洞穴困境中解放出来。"② 摄影的影像被当成真实、经验、证据、历史，影响我们观看世界与世界看我们的方式，如身份证上需要照片，才能辨识真实或假冒，录像才算是真实的发生事件历史叙述。当然照片也是艺术、使人怀旧，使得人类更了解自然万物与社会与自己。③ 读了苏珊·桑塔格在《论摄影》中的分析理论，我们觉得本文所提供以上及以

图 4 章翰编（韩山元）《鲁迅与马华新文学》

---

① Susan Songtag, *On Photography* (New York: Farrar, Straus and Giroux, 1977), pp. 3—182.

② "In Plato's Cave", *On Photography*, p. 3.

③ 同上，p. 5—6。

下的影像，可以解读出如何通过中国左派文人，他们深受毛泽东的文艺思想理论的影响，假借鲁迅，促使左派产生对新马华人文化、政治与社会的走向左倾的前因后果。

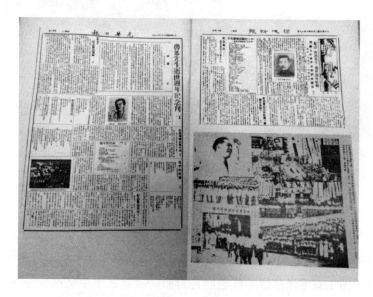

图5　新马社团与民众纪念鲁迅逝世一周年新马报刊

图6　新马中学语文课本

图 7　歌颂鲁迅歌曲《我们是鲁迅的子弟》　　图 8　《亚洲周刊》评选百年
　　　　　　　　　　　　　　　　　　　　　　　作家排名，鲁迅第一

苏珊·桑塔格说，照片是一种社会礼仪（social rite），一种权力工具（a tool of power），把自己与世界的权力关系的定位象征。以上图 1 有毛泽东像的红色底色封面的《新民主主义论》是马华文学的"圣经"，图 3 的《延安文艺座谈会谈话》也是。那是东南亚左派的现实主义的写作金科玉律。图 4《鲁迅与马华新文学》是一本关于鲁迅对马华文学影响（包括新加坡）的资料集，编者章翰编（韩山元，1942—2016）是一位极左的新闻与写作者，晚年我安排他与周令飞等人座谈，他觉得当时过于狂热于毛泽东左派文学意识，有点后悔。他的文集封面的设计与照片别有用心，模仿《新民主主义论》封面的毛泽东，看起来鲁迅俨然像毛泽东，英国殖民政府不敢禁止鲁迅，因为鲁迅在英国文化界是已被承认为伟大的作家，不是政治人物。而这本文集出版于 1977 年，那时新加坡对左派差不多已解禁。① 图 5 是马来西亚报刊新闻，报导

---

　　① 章翰编《鲁迅与马华新文学》（新加坡：风华出版社，1977 年）。文章所选录，多是作者本人所用不同的笔名所写，由于政治顾忌之故吧。

1937 年 10 月 19 日举行的鲁迅逝世一周年纪念,居然有 25 个团体参加。纪念鲁迅的团体包括劳苦大众工人如码头工人工会,很多这类工人可能没有阅读的能力。东南亚对鲁迅的崇拜现象,在全世界少有,这是奇特现象。

1940 年代开始,几乎被香港与大陆南下的左派文人所掌握,南下文人作家也进入中小学校。通过中小学校与新闻报刊,由于不能直接宣传毛泽东思想,会冒犯殖民地政府的禁令,遭到被遣送回大陆的惩罚,所以广泛宣传鲁迅作为共产党思想的代言人。图 6,是新马中学华文课本,华文老师从 40—70 年代,多是左派知识分子。学校成为反殖民政府的大本营。新马中小学语文教科书,从战前至今,鲁迅的小说与散文成为必选的篇章。即使是右翼的出版社也不敢不选,这是新马最奇特的文化现象。①

图 7 是歌颂鲁迅歌曲《我们是鲁迅的子弟》,歌词如下:②

我们是文艺青年,我们是鲁迅的子弟,鲁迅呀教育着我们横眉冷对千夫指,我们齐步跟着鲁迅走,永远向真理,永远向光明!

我们是文艺青年,我们是鲁迅的子弟,鲁迅呀教育着我们俯首甘为孺子牛,我们齐步跟着鲁迅走,永远向真理,永远向光明!

当时新马学生、知识分子与工人,地下读书会、海边野餐、工人罢工、游行反抗英国殖民主义都唱《我们是鲁迅的子弟》这

---

① 王润华:《新马华文教科书中的鲁迅作品》,《越界跨国》(广州:广东人民出版社,2017 年),第 35—62 页。

② 演唱者永鸿与美兰,见 https://www.youtube.com/watch?v=HK82taO7ak8。

首歌，据报导武装反抗英军的马共，在森林聚会时也唱这首歌。《我们是鲁迅的子弟》与当时大陆流行的希扬作词、马可作曲的《我们是民主青年》完全一样，只是鲁迅取代了毛泽东的名字，这是为了逃避当时英国殖民政府查禁与逮捕令：①

这是最明显、最直接的证据，当时鲁迅常常被左派文人用作左倾文化与政治的多义性符号，毛泽东的代名词。正如韩山元曾作这样的回忆：②

1. 20 世纪 50 至 60 年代是学生运功、工人运动、妇女运动、农民运动蓬勃发展的时期，当时运动的中心任务是反对殖民统治与反对封建文化，人们需要精神领袖与旗帜以鼓舞士气，加强团结。鲁迅就被大家公认为精神领袖与旗帜。

2. 那个时代新加坡文化团体和一些左派组织在集会时最经常

① http://www. zhaogepu. com/jianpu/35013. html.
② 在 5 月 12 日于南洋理工大学人文学院及 5 月 13 日在新山南方学院座谈会上的发言纲要，见《南洋随笔》：http://www. sgwritings. com/bbs/viewthread. php? tid＝63071。

唱的歌曲是《我们是鲁迅的子弟》。

3. 那个时代许多新加坡左派团体的会所都张挂对联,上书"横眉冷对千夫指,俯首甘为孺子牛"。这成了左派人士的座右铭。另外还张挂鲁迅的肖像。鲁迅是作为文化偶像让人崇敬。

4. 从 20 世纪 50 年代中到 70 年代末,几乎每年 10 月 19 日鲁迅逝世纪念日,当时的新加坡左派文化团体和文艺刊物都举行纪念会和出版纪念特辑。

5. 鲁迅是当时现实主义文艺的一面旗帜与导师。现实主义文学与反对殖民统治是紧密相连的,现实主义文学要面向生活,面向大众,要反映民生疾苦,表达民众心声,而当时社会运动的主流就是反对殖民统治,争取独立。以鲁迅作为旗帜与导师就有其合理性。

图 8 的《亚洲周刊》评选百年作家排名,鲁迅第一,这么巧,该刊是马来西亚人张晓卿的明报集团在香港所办的刊物,说明新马鲁迅神话扩大到世界华人,亚洲华人对鲁迅的评价,至今还是很高,就不奇怪了。

当前研究马华文学(包括新华)史的文学潮流,从 1940 年代以来全面的发展,都会注意到左倾的势力。如谢诗坚《中国革命文学影响下的马华左翼文学》从 1926 年中国提倡革命文学起到 1976 年的"文化大革命"的结束来考察革命文学如何影响马华文学向左转而成为文学主流的 50 年来的曲折路程。他说这一类的文学,可以归之为"政治文学",因为它是为政治目的而服务的。这种文学思潮不是偶然的,而是在中国和新马历史中的一个必然产物。因此,对它的考察就必须放在现代性的历史进程中去。左翼文学转化,都打着鲁迅的旗帜。① 下面是谢诗坚在新书发布会上

----

① 如谢诗坚:《中国革命文学影响下的马华左翼文学》(槟城:韩江学院出版,2009 年),第 215—246 页。

的几段话：①

> 革命文学的出现，是对现代民族国家的回应，而以 1942
> 年毛泽东在延安文艺座谈会上的讲话成为最高指示。于是文
> 学为政治服务，文学为工农兵服务，成了政治斗争的不可动
> 摇的旗号。
>
> 左翼最高象征——南洋大学
>
> 马新左翼文学也与中国革命文学同步进行。马共在 30 年
> 代的成立和左派统战在 50 年代再出击形成一个波澜壮阔的运
> 动，而以南洋大学的出现（1955 年开课，1958 年校舍落成开
> 幕）成为左翼运动的最高象征。
>
> 马华左翼文学为政治服务
>
> 马新左翼运动所走过的曲折道路，可以从文学作品中一
> 览无遗，因为马华左翼文学基本上是为政治服务的，它鼓吹
> 的是工农学的道路，直到后来，连马共的也拉了进来成为左
> 翼文学的其中一面旗帜。当"文革"在 1976 年结束后，马新
> 的左翼运动也陷入困境；马华左翼文学也退出主流而让位于
> 现代主义了。

三、毛泽东与胡志明模式：鲁迅与
越南的左派运动

图 9 的影像说明鲁迅与越南的左派运动，从一开始就是政治

---

① 见谢诗坚部落格："马华左翼文学"专辑之二，http：//seekiancheah. blogspot.
my/2010/11/blog-post_08. html.

基因大于文学，这是来自胡志明（1890—1969）与毛泽东的直接亲密政治细胞。毛泽东其中两次亲密接见与支持胡志明，最为重要。那是援助越南反抗法国殖民统治与对抗美国援助南越政府的战争，无形中把鲁迅带进越南文化的深层结构里。毛泽东在历史上接见胡志明无数次，这两次最重要，因为具有象征意义。一次是 1959 年在北京，在 1965 年的那次是在湖南。现在解密的档案资料，毛泽东在所谓北京 1959 年的接见，其实是在庐山，因为胡从莫斯科回途中飞到北京，刚好领导都在庐山开会，结果中央把胡送去庐山，毛与周恩来是在"美庐别墅"与胡志明会晤。1950年中国已经开始给予越南经济与军事援助对付法国的殖民统治，导致 1954 年在奠边府一战，打败法国殖民政府。① 见图 10，另一次 1965 年春，当美军全面投入保护南越，与北越作战，胡志明秘密访华，正好外出视察的毛泽东选择了在他的家乡湖南长沙会见胡志明。见面后两位老朋友握手拥抱，胡志明还是穿着那身米黄色咔叽中山装。毛泽东已经知道了越南局势，开口便说："胡主席，你来自越南，我在湖南，咱们一家子嘛！有什么困难？要人有人，要物有物。"这也导致北越在 1973 年打败南越与美军。② 所以毛泽东与胡志明两次亲热的见面影像提供一个强有力的证据，说明毛与胡的亲密关系，也就是中国与越南（北越）的文化政治密切关系。毛与胡的照片也连接毛在《新民主主义讲话》与《延安文艺座谈会谈话》中有关鲁迅的文化软实力与鲁迅在越南的文化软实力（胡志明）。只有经过胡志明的血液中毛泽东的鲁迅遗传作用，越南的文学文化才有产生鲁迅的生命遗传基因。它的源头，

---

① 解密：1959 年胡志明从苏联回国，秘密绕道的庐山之行 http://dangshi. people. com. cn/n/2012/0926/c85037-19121119. html。

② 1965 年胡志明秘密访华：一张纸条调动 8 万大军 http://history. sina. com. cn/bk/wgs/2014-11-30/1952109924. shtml。

是政治思想意识。

图 9　1959 年毛泽东在北京（解密后，官方认定是在庐山）接见胡志明

图 10　1965 年毛泽东在湖南热情接见胡志明　图 11　鲁迅式的越南作家南高

　　毛泽东在北京与湖南接见胡志明，由于政治的意义巨大，后来的政治史大肆渲染，它象征中越国家关系的高峰期，从中方来说，就是中国对越南影响的辉煌时代。胡志明早在 1930 年代与 1940 年代从事国际共产党活动期，长期住在中国的广东、香港与广西，与中国共产党互动密切，对中国古典与现代文化与文学非常熟悉。1951 年 3 月 3 日，他在《越南劳动党成立仪式上的讲话》引用鲁迅的话"横眉冷对千夫指，俯首甘为孺子牛"，批评法国侵略者，显然是受了毛泽东《延安文艺座谈会上的讲话》的影响①

────────────

　　①　张杰：《鲁迅：域外的接近与接受》，福州：福建教育出版社，2001 年，第 345—349 页。

鲁迅的著作广泛在越南的流传是 1928 年以后，一般论述都是认为与胡志明肯定鲁迅才能广泛流传与产生影响。

由于法国殖民主义当局对越南实行中国共产党与左派文化思想封锁政策，国外所有左派有关的书刊都不能进入越南，其中包括中国新文学。所以 20 世纪 40 年代末，结束了法国与日本的殖民统治以后，鲁迅的作品才开始全面传入越南，越南一般读者大众，比较晚才接触到鲁迅及其作品，如鲁迅的作品在 1965 年前后才编入中学语文教材中。鲁迅的《呐喊》与《彷徨》自 1944 年才开始被翻译成越南语文后，产生了多个译本①。鲁迅之所以被越南人接受并产生较为广泛的、持续的影响，一方面是因为两国的社会环境以及道德、伦理等方面有着相似之处；另一方面，鲁迅作为深刻的思想家，他对现实的解剖和对历史的洞察比较易于引起越南人的共鸣。但是更直接的是鲁迅得到胡志明的肯定，而胡志明又继承了毛泽东的文化基因。

在现代越南的作家中，最有鲁迅文学基因的，该是南高（原名陈有知Trần Hữu Tri，1915—1951），他除了是越南共产党文化工作者，也继承左派作家的文学思想，这个文学基因，成为越南的另一个鲁迅的神话。② 他最明显受了鲁迅的《阿Q正传》及其他作品的影响，非常巨大，从以下他的《志飘》（1941），剧照（图 12-13），就知道后来的南高诠释者，一律鉴定与鲁迅小人物有直接血统关系：

①　杜文晓：《越南中学语文课本里的鲁迅作品》，《2016 鲁迅文化论坛暨国际研究会论文集：鲁迅在传统与世界之间》（北京：中国人民大学，国际鲁迅研究会，2016 年），第 170—177 页。
②　段氏雅芳：《越南作家南高小说里的现实精神》（王润华指导）。台湾元智大学中语系硕士论文，2015 年。

图12　鲁迅的小说人物阿Q与祥林嫂剧照

图13　南高的小说人物志飘与氏娜

图14　鲁迅的小说人物阿Q与祥林嫂剧照

图15　南高的小说人物志飘与氏娜

　　鲁迅书写中国南方绍兴农村，南高描述越南农村与穷困农民的生活，小说结构非常相似，从主题、人物形象，到社会问题。处处看见与鲁迅小说共同命运的人物。两者批判了当时社会的封建、保守、庸俗、腐败等社会特点，有力地揭示了旧社会人民的生活场景及其处在水深火热之中的病态。《志飘》里的人物志飘就是未庄流浪雇农阿Q。志飘是个被遗弃的私生子。二十岁时在武代村里长阿健家当雇工，阿健的小老婆常唤他为她捶背、捏腿，阿健嫉恨在心，便把志飘判刑下狱。七八年后，志飘回村，但他变了，自我沉沦，整日酗酒、闹事。另有短篇《好阿姨》（Di Hao），刻画一位如鲁迅《祝福》中的祥林嫂式的越南乡村命运悲惨的妇女。这类作品以简单的类似来解释，难以成立，深入分析可见其影响，请看阮成达的分析：①

---

　　①　阮成达：《内容摘要》，《鲁迅的阿Q与南高的志飘多角度比较分析》，华中师范大学语言学及应用语言学硕士学位论文，2011. https：//wenku. baidu. com/view/82a021ef376baf1ffd4fad41. html。

　　"阿Q"与"志飘"两人都是生活在底层的小人物，都是雇农，无亲无故。阿Q住在未庄的土谷祠里，志飘住在武大村河边的一个小庙。他们都有些流氓的行为，如阿Q偷萝卜，志飘也偷香蕉和盐；比如阿Q对小尼姑戏弄，志飘也对"删NO"（氏娜）有流氓动作；阿Q有时候得意自己在未庄是"第一"，志飘也宣布"在武大村谁能超过我"。最后两个小人物都悲惨的死去。总之两人的身份、性格和命运几乎差不多。更为重要的是两个不同国度的作家的作品在思想内涵和艺术表现方面有着许多共同的特点，在主题方面上都集中表现半殖民半封建社会底层劳动者的悲苦命运，作家观察的视角都聚焦于小人物，在艺术上鲁迅与南高都以现实主义创作方法为主，着重对典型形象的刻画，善于运用人物个性化的语言动作来描绘人物的性格。不过因为作家的创作动机及艺术表现的不同所以两部作品还存着同中有异，异中有同。鲁迅先生创作的目的是要改造国民性思想，所以阿Q的表现凸出是"精神胜利法"。阿Q的性格属于抽象的思维方式。南高不同，他要谴责地主和统治者，所以他让志飘反抗统治者，用行动解决社会矛盾。

四、印尼作家影响政治领导的模式：
鲁迅与印尼的左派运动

　　二次大战以来，鲁迅的文学与思想对非华裔的印度尼西亚人，通过翻译，广泛深刻地影响了印度尼西亚文的文学创作，更跨越文学与文化领域进入社会与政治改革的左派运动。最典型的就是印度尼西亚最具影响力的作家普拉穆迪亚·阿南达·杜尔（Pramoedya Ananta Toer，1925—2006），他推动鲁迅在印度尼西亚文学与文化界的传播与影响。因而影响了印尼的左派知识分子，鼓励共产主义运动，甚至当时的印尼政府。印尼的左派运动强大势力的形成，导致毛泽东与苏加诺（Sukarno，1901—1970）紧密结盟。1956 年两人在北京见面的亲密影像解密后，说明这是印尼文化、文学社会运动、反西方的政治左倾形成的具体铁证。

　　图 16—17 的影像说明鲁迅与印尼左派运动的模式，属于第三类，与大陆左派文人南下的模式的新马左派运动，或越南共产党国家领导人胡志明的模式都不同。印度尼西亚在取得民族独立后，在苏加诺总统的领导下，高举反帝反殖的旗帜，国际声望日益提高。尤其是作为亚非会议的发起国和东道国，苏加诺总统坚持团结反帝，受到了各国人民的好评。1956 年 9 月底，苏加诺总统应毛泽东的邀请，到中国来访问，受到了热烈欢迎。① 毛主席亲自陪同苏加诺总统乘敞篷汽车沿长安街接受群众的夹道欢迎，一直驶进新华门。考虑方便两国领导人随时交往，印尼总统特别被安排在中南海勤政殿下榻，这也体现了中国政府对苏加诺总统访华的重视。为了表示主人的热忱，毛泽东为苏加诺举行了盛大的欢迎宴会，席间，两位领导人进行了亲切友好的交谈。苏加诺看到毛主席抽烟抽得厉害，就开玩笑说："在抽烟方面，毛泽东堪称第一，从抽烟中看到了'星星之火，可以燎原'。"图 16 是 1956 年 9 月 30 日毛泽东在中南海勤政殿接待印度尼西亚总统苏加诺，苏加诺拿起毛泽东的手仔细看了一会儿，说道：

---

　　① https：//www. google. com/search?q = % E6 % AF % 9B % E6 % B3 % BD % E4 % B8 % 9C % E6 % 8E % A5 % E8 % A7 % 81 % E8 % 8B % 8F % E5 % 8D % A1 % E8 % AF % BA&tbm = isch&tbo = u & source = univ & sa = X & ved = 0ahUKEwjIycGd2IPUAhUIsY8KHXt4CeAQsAQIIQ&biw = 1280&bih = 907 ♯ imgrc = oq _ 3NMogGcaHfM：&spf = 1495463110237.

"这真是一双东方巨人的手啊!"① 中国与印尼的政治之超密切关系,原来是作家左倾文化影响,而作家影响了国家领导人,即印尼作家普拉穆迪亚·阿南达·杜尔影响了印尼总统苏加诺,是奇特的例子。

图 16　1956 年 9 月 30 日毛泽东在中南海勤政殿接待印度尼西亚总统苏加诺,苏加诺拿起毛泽东的手仔细看了一会儿,说道:这真是一双东方巨人的手啊!

图 17　1956 年 9 月 30 日毛泽东与来访的印度尼西亚总统苏加诺见面,毛主席亲自陪同苏加诺总统乘敞篷汽车沿长安街接受群众的夹道欢迎

---

① https://static1.squarespace.com/static/54375f25e4b07ecd37a558db/t/55373756e4b0b9ccfef43790/1429682009803.

图 18　1956 年 10 月 19 日，中国著名作家鲁迅逝世 20
周年纪念大会在北京全国政协礼堂举行。印度
尼西亚作家普拉穆迪亚·阿南达·杜尔在大会
上讲话

图 19　普拉穆迪亚晚年照片

在印尼，左派文人作家影响了国家政治领导人的文化政治左
倾，这与越南相反。鲁迅的文学与思想跨越族群与语言，对非华
裔的印度尼西亚人的文学创作与文化思想，更跨越文学与文化领
域进入社会与政治改革的左派运动。印度尼西亚最具影响力的作
家普拉穆迪亚·阿南达·杜尔（Pramoedya Ananta Toer），是最典
型的例子。他推动鲁迅在印度尼西亚文学，甚至文化政治界的传
播与影响。他对鲁迅的理解显然再次点燃了他自己对印度尼西亚
知识分子的希望：①

　　每个作家都有责任，正是由于这个责任而产生了选择。
鲁迅选择了遭受苦难的人民的一边……但是鲁迅不仅仅是选
择，他还进行了斗争，使得他选择的对象不停留在文学作品

———————
　　①　《印度尼西亚作家普拉穆迪亚·阿南达·杜尔的讲话》，《文汇报》第 20 期，
1956 年 10 月，第 4—16 页。

上，使它成为现实。他是一位思想的现实主义者，行动的现实主义者。

这一思想与行动结合的理想为普拉穆迪亚找寻解决印度尼西亚社会文化问题的有效方法提供了最佳范例。普拉穆迪亚将鲁迅塑造为不仅是一个伟大的知识分子，也是作为战士的"中国社会主义的现实主义之父"。

他最后推动鲁迅作为左派文化在印度尼西亚文学文化界的传播与影响。鲁迅对普拉穆迪亚自己的文学创作与理论、建构印尼左派文化与政治有震撼性的力量，而且非常传奇。因而影响了印尼的左派知识分子，甚至共产主义与国家领导人苏加诺。[①]

鲁迅在东南亚各国，对当地的非华裔人民的接受、传播与社会、文学、文化、政治的影响，最具典型效应的正是印尼作家普拉穆迪亚。他最足以说明鲁迅如何能够传奇性的跨越海外华裔，进入东南亚国家之内层，以特有的"东南亚鲁迅的文化遗产"，通过普拉穆迪亚的诠释，重新建构印尼的文学、文化、社会模式，甚至政治理想。[②]

普拉穆迪亚是现代印度尼西亚最具影响力的作家，他的文学创作成就曾多次获诺贝尔文学奖提名，但因"左倾"而未得奖。生前就被安德生（Benedict Anderson）誉为东南亚在世的最伟大

---

① Hong Liu，*China and the Shaping of Indonesia*，1949—1965（Singapore and Kyoto：NUS Press and Kyoto University Press，2011，pp. 234—266.

② 见维基百科："Pramoedya Ananta Toer"，https：//en. wikipedia. org/wiki/Pramoedya _ Ananta _ Toer（浏览日期 2016 年 8 月 20 日）。刘宏：《论中国对当代印度尼西亚文学的影响：以普拉穆迪亚·阿南达·杜尔为例》，《中国——东南亚学：理论建构·互动模式·个案分析》（北京：中国社会科学出版社，2000 年），第 55—80 页。关于印度尼西亚文的论训翻译，见林万里：《谈鲁迅短篇小说的印度尼西亚语译本——为纪念鲁迅先生诞生一百一十一周年而作》，《鲁迅研究月刊》第 2 期 1998 年，第 46—49 页。

作家，他的文学创作与理论、建构印尼左派文化与政治、有震撼性的影响，而且非常传奇。①

作为作家，普拉穆迪亚著作丰富，在长篇短篇小说、散文、杂文、政论与历史，都有重要著作。其中《布鲁岛四部曲》长篇小说，四部曲《人世间》（*This Earth of Mankind*）、《万国之子》（*Child of All Nations*）、《足迹》（*Footsteps*）与《玻璃屋》（*House of Glass*）最著名。小说内容连贯又各成一体，以鲜明的人物形象、壮阔的场景，重现印度尼西亚民族在 1898—1918 年间遭受荷兰殖民主义者的欺压与掠夺、与人民抗争的历史。② 这里无法细说四部曲的内容与结构，以第一部《人世间》为例，它集中书写主角明克（Minke），他是根据一位真实人物而塑造的小说人物，原是印尼民族独立运动的年轻报人，敢于对抗欧洲人的霸权、优越感与偏见，也反对当地人守旧的文化。他就读荷兰在当地设立的荷兰人著名的外侨学校（Hogere Burger School），由于明克是本土印尼人，多数欧洲人子弟的同学很排挤他。他的岳母 Nyai Ontosoroh 是印尼人，嫁给荷兰人殖民者当妾，又被人瞧不起，没有社会地位。明克与这位妾的女儿结婚，婚礼遵照当地的回教仪式，也不被荷兰人的法律所承认。他与岳母及妻子三人始终受到西方殖民社会的排斥与放逐。四部曲小说中的妇女，包括本土爪哇与华人妇女，他们在反殖民与后殖民时期受到歧视与压迫，都是社会底层人物。

普拉穆迪亚的著作一如鲁迅的小说，人物事件与作者个人经验与土地有关，具有自传性，很注重爪哇本土人的故事，而他笔

---

① Benedict Anderson, *Language and Power: Exploring Political Cultures in Indonesia* (Ithaca：Cornell University Press，1990)，p. 10.

② 1982、1983、1989 年，北京大学出版社出版了《布鲁岛四部曲》前三部的中译本。

下的爪哇就是鲁迅的绍兴。他的小说人物继承了外来势力与旧文化是压迫与杀人的刽子手。印尼的荷兰殖民者及其本土代表取代了绍兴地主。普拉穆迪亚的小说，大多是以社会现实主义的手法，暴露社会黑暗面。书写社会底层人物的悲惨命运与遭遇。如《日军的少女慰安妇》（英文 *Young Virgins in the Military's Grip*，印尼文 *Perawan Remajadalam Cengkraman Militer*）写二战日军侵略占领印尼时，苏岛外的普如岛（Buru）岛上日军铁蹄下的印尼慰安妇的悲惨遭遇。《来自海边的女子》（*The Girl From the Coast*）写她母亲的遭遇。他继承了鲁迅的文学基因，特别关注妇女的命运。①

图 20　普拉穆迪亚著作封面《人世间》《万国之子》《海边少女》

普拉穆迪亚永远敢于批判当权者，为正义而对抗现实。这点也很像鲁迅。荷兰殖民时期，他反殖民而被统治者压迫，甚至1947 年至 1949 年被荷兰殖民当局囚禁三年。之后又因苏哈多（Suharto 1908—2001）推翻苏加诺（Sukarno，1901—1970），军队控制政局，大规模镇压共产党。为了清洗异己的政治势力，普拉穆迪亚被定罪为共产党员，被囚禁于布鲁岛拘留营（Molukken island of Buru），1965 年至 1979 年，长达 14 年之久。

---

①　见维基百科：https：//en/wikipedia/org/wiki/Pramoedya ＿ Ananta ＿ Toer，（浏览日期 2016 年 8 月 20 日）。对他的著作都有专业的论述。

这种文人的正义基因，来自鲁迅。普拉穆迪亚与大陆文艺界关系密切而长远，不止于文学的联系。一九五六年十月十四日，鲁迅遗体迁葬仪式在上海隆重举行。从万国公墓移葬虹口公园参加迁葬仪式的有党和政府部门的负责人、作家、工人、学生和各国驻上海的外交人员近二千人。鲁迅的儿子周海婴、儿媳、孙子也参加了迁葬仪式。① 十月十九日，北京各界人民和来自十八个国家的国际友人一起，隆重集会纪念鲁迅逝世二十周年。纪念大会在全国政协礼堂举行，还邀请了十八个国家的三十多位作家参加，其中便有印度尼西亚作家普拉穆迪亚，② 他是应全国文联主席郭沫若、作协主席茅盾和对外友协负责人楚图南的邀请，于1956年10月中旬抵达北京，在中国进行了为期一月的访问。

普拉穆迪亚在鲁迅逝世二十周年的纪念大会发言后来刊登在《文艺报》上。③ 他赞扬鲁迅是伟大的作家，他的贡献不仅在于对社会的敏锐观察，更重要的，在于他积极为改善群众命运而斗争。"鲁迅是他的民族的喉舌，是他的人民的声音。鲁迅体现了充满对全人类有良好愿望的人们的道德觉悟。他并非仅仅停留在希望上，而是采用了他认为最好的和最恰当的方式——文学，而积极斗争，来实现这些希望。"他又说鲁迅是一个对社会有着伟大认识能力的作家，但他不是一位仅仅停留在一般对社会认识而后写成文学作品的作家，普拉穆迪亚对鲁迅的理解显然再次点燃了他自己对印尼知识分子的希望。

1956年10月19日，中国著名作家鲁迅逝世20周年纪念大会在北京中国全国政协礼堂举行。印度尼西亚作家普拉穆迪亚在大

---

① 吴雪晴：《鲁迅先生墓的变迁》，《人民日报》，1956年10月15日第1版。
② 见《印度尼西亚家普拉穆迪亚·阿南达·杜尔的讲话》，第4—16页。
③ 同前注，第15—16页。

会上致词。根据刘宏的研究，普拉穆迪亚在五十年代的前半段期间，普拉穆迪亚已经从英文与荷兰文中广泛阅读了中国文学，开始关注中国的文化实践，并介绍与翻译中国现代文学理论与作品。在 1955 年万隆会议期间，普拉穆迪亚与中国代表团和中国大使馆有所接触，这或许表明他对中国的兴趣不断增加。1956 年中，普拉穆迪亚也已经完成了鲁迅小说《狂人日记》翻译工作。1958 年 10 月底，普拉穆迪亚进行了他的第二次中国之旅。这次已经是一个全新的普拉穆迪亚了，主要是因为他的文化政治思想在上次中国之行之后发生了根本性的转变。因此，普拉穆迪亚是用新的政治和文化观点来看新的中国。中国依旧是他灵感的来源，这次旅行也加速了普拉穆迪亚向文化激进主义者转变的进程。进行了历时约一个月的访问，期间他去了北京、武汉、成都和昆明。这次，中国当局不再将他看作是一个"茫然失意的作家"，而是一个开始脱离"幻想阵营"、加入左翼"民族主义和民主阵线"的代表人物。①

刘宏指出，普拉穆迪亚在 1956 年 11 月从中国回国后，他的文化观和政治态度发生了关键性的转变。在重新建构对印尼的政治和文化设想时，他明显地采用从中国获得的灵感及其对中国文化路线的理解。1956 年底之后，普拉穆迪亚由一个孤独的作家变成了积极的战士；他的普世人道主义也被虔诚的社会现实主义所取代。作为热情的文化激进分子，他直接卷入政治变化进程之中。这是他正式站到左翼文化运动一边的政治声明。从那时起直到

---

① Hong Liu: *"Pramoedya, the China Metaphor and Cultural Radicalism"*, *China and the Shaping of Indonesia*, 1949—1965 (Singapore: NUS Press, 2011), pp. 234—260. 本文初稿曾在厦门大学举行的"东南亚华文文学回顾与展望"国际研讨会（1999 年 12 月 3—6 日）上宣读，修改稿见刘宏：《论中国对当代印尼文学的影响：以普拉穆迪亚·阿南达·杜尔为例》，《中国—东南亚学：理论建构·互动模式·个案分析》，第 55—80 页。

1965 年被苏加诺军人集团夺取政权后，以共产党罪名入狱，普拉穆迪亚与印尼人民文化协会一直保持着密切联系。由以往的普世人道主义和对政治疏离的态度转为激进主义者。他明确赞成文学艺术应该被用来改善人民生活。

鲁迅对印尼作家普拉穆迪亚在文学创作与理论，社会思想与政治理想，其深度与广度，说明鲁迅在东南亚被殖民的国家，产生了东南亚特殊的鲁迅遗产。这与大陆、台湾、香港，甚至西方的鲁迅遗产不同，值得我们研究鲁迅更伟大的一面。首先普拉穆迪亚参加 1950 年成立的印尼的人民文化联（Lembaga Kebudajaan Rakjat Lekra)① 是一个左派作家联盟，与当时印尼共产党有密切联系，推动社会写实主义运动。

为了批判社会与制度，普拉穆迪亚更学鲁迅，经常写的匕首式的杂文，报纸副刊的方块，专栏短文，成为批判荷兰殖民者与后殖民社会印尼政府的武器，这也是他受尽政治暴力的苦难的原因。但鲁迅超越民族超越语言的作家文学与思想的遗产基因，在普拉穆迪亚的作品中，可找到最大的、最广泛的、最完整的都有生命双螺旋结构大数据，提供证明与鲁迅的遗传血缘关系，他们生命双螺旋结构都可清楚具体地勾画出来。

五、结语：确认跨种族语言的鲁迅文学家族遗传血统

中国在 1917 年开始的新文学运动以来，没有任何作家具有如此可探讨的宽广与复杂面，鲁迅的文学艺术与思想遗传基因超越

---

① 原名见 The Lembaga Kebudajaan Rakjat，简称 Lekra，是推动文学与社会运动与印尼共产党有密切关系的组织，大力推动写实社会主义运动。参考维基百科："Lembaga Kebudayaan Rakyat"，https：//id. wikipedia. org/wiki/Lembaga _ Kebudayaan _ Rakyat（浏览日期 2016 年 9 月 11 日）。

种族与语系，可以让各领域的学者找到思考的遗传基因。二十世纪末以来，大家高喊要去除鲁迅神话，但鲁迅即使在亚洲与西方，即使没有政治的意识形态，鲁迅始终维持唯一非常神话性的现代作家。鲁迅对世界文学创作的启蒙与影响，几乎是超现实的现象，他铺天盖地，超越时空。本文只是以东南亚华文与非华文作家的一角来叙述鲁迅魔幻现实地引发创作的魅力。

我在《亚洲共同体的中文文学共同传统、多元性与独特性：以亚洲世界的鲁迅为例》① 论文中得出结论，鲁迅深受西方与日本的文学影响，使他后来发挥极大的跨国影响力。其艺术特色包括文体简洁、笔调抒情、语言写实、手法象征、文字白话、取材于普通老百姓的生活题材、关怀穷人、揭露社会黑暗面等，同时文学作品具有人文启蒙精神知识分子感时忧国的情怀与历史使命感。这些艺术手法及参与社会的使命感，与亚洲其他国家的文学具有共同的特色与传统，究其原因，是深受鲁迅的影响。鲁迅具有多元的，在文学、思想、政治社会上的影响力与意义。从中国大陆到中国台湾、日本、韩国，还有东南亚各国如新加坡、马来西亚、泰国、菲律宾、印尼、越南，鲁迅分别通过左派社会政治家与文化人的推崇、文学写作的影响、学术的研究，显示了鲁迅的文学作品与思想具有多元文化意义。他的文学作品与理论与域外社会对话，在撞击与交流下，形成"亚洲世界的鲁迅"，有异于中国的鲁迅。因应当地本土文学文化、政治社会的不同也有差异，世界性的鲁迅被发展成比中国的鲁迅更具有多元的，在文学、思想、政治社会上的影响力与意义，其中包括（一）反殖民主义政

---

① 王润华、黄郁兰：《亚洲中文文学共同传统、多元性与独特性：鲁迅神话与真实》，《南方大学人文讲座：南方大学学院与亚洲共同体基金讲座系列论文集》，第51—93页。

治与社会性的鲁迅；（二）左派政治倾向的鲁迅；（三）批评精神的鲁迅；（四）文学创作的典范；（五）亚洲文化的核心价值的鲁迅；（六）现代社会的改革精神与文化的鲁迅；（七）青年人的导师，等等。①

在日本从竹内好（1910—1977）开始，以"亚洲世界的鲁迅"为例，"镜子论"作为学习鲁迅的批判、改革、革命精神。东南亚以鲁迅作为殖民主义斗争的旗帜。在印尼，鲁迅超越种族与语言，影响了印尼小说家与社会运动知识分子领袖普拉穆迪亚·阿南达·杜尔以鲁迅为文学、社会革命的导师，导致印尼的左派革命运动的兴起。在越南，鲁迅也影响了非华语作家，越南小说家南高学习鲁迅作品中的现实批判精神，影响了越南的现代文学。鲁迅学习日本及其他国家的文学最后成为典型的亚洲共同体的作家，他的文学思想的多元性，是亚洲共同体的产物。

借用现代遗传工程，发现遗传密码，解开 DNA（脱氧核糖核酸）的双螺旋结构之谜，解开鲁迅与东南亚不同民族、不同语系作家的文学人物的生命之谜。黄孟文小说中的在英国殖民地新加坡与马来西亚橡胶园与锡矿场长大的惠兰，印尼作家普拉穆迪亚书写下的荷兰殖民地印尼爪哇人克明，越南南高笔下的越南农村的志飘及其妇女，原来与阿Q及鲁迅的其他人物，都有密切的遗传血统关系。

（本文原是 2017 年 7 月 2—6 日在维也纳大学举行的第 8 届国际鲁迅学术论坛的会议论文，现经大会同意，经过本人修改发表。）

---

① 王润华、黄郁兰：《亚洲中文文学共同传统、多元性与独特性：鲁迅神话与真实》，《南方大学人文讲座：南方大学学院与亚洲共同体基金讲座系列论文集》，第56—57 页。

鲁迅小说跨族群与语言之真实神话：
从绍兴到东南亚

王润华

一、从绍兴到东南亚：从华语作家到其他语言小说的鲁迅遗传基因

中国现代文学作家鲁迅（1881—1936），深受中国古典文学、西方与日本的文学影响，然后自己再发展出其艺术与主题书写特色，包括文体简洁、笔调抒情、语言写实、手法象征、文字白话、取自于市井小民的生活题材、关怀弱势、揭露社会黑暗面等，同时文学作品具有人文启蒙精神，知识分子感时忧国的情怀与历史使命感。这些艺术手法及参与社会的使命感，在东南亚其他国家作家与文学里，我发现有共同的鲁迅的 DNA 遗传。百年来的小说，尽管随文学潮流、美学经验变化无穷，从中国大陆、香港、台湾到东南亚及欧美各地区，不论作者生活在第一世界还是第三世界，独立自主还是殖民地的国家地区，学者还是肯定鲁迅展现了从清末谴责小说模式逐渐形成下，鲁迅所发挥的现代文学作品的人文启蒙精神，知识分子感时忧国的情怀与历史使命感，写实有超越写实的手法，成为东南亚文学不同语言与国家民族现代文

学的共同传统。①

如何分析与求证鲁迅的文学遗传基因影响了东南亚现代文学的共同传统？

现代遗传工程，发现遗传密码，解开 DNA（脱氧核糖核酸）的双螺旋结构之谜。DNA 双螺旋结构的发现，开创了分子生物学的新时代，它使生物大分子的研究跨入了一个崭新的研究阶段，并使遗传学的研究深入到了分子层次，从而迈出了解开"生命之谜"的重要一步。文学传播、影响、社会、文化与政治学的研究也像生物研究，进入分子层次，帮忙我们深入地解开鲁迅对东南亚各地的文学作家，包括非华语语系的作家的影响深层结构，在思想主题、语言文字、艺术技巧，特别在人物的遗传基因。②

本文以东南亚代表性小说家的鲁迅基因遗传小说个案，以典型人物、故事情节与主题意义为例，解开他们小说人物的鲁迅遗传密码、双螺旋结构之谜，从而揭开鲁迅与东南亚小说中受贫病、愚昧、恶势力各种压迫欺诈的小人物的生命共同体。新马华文作家黄孟文《再见惠兰的时候》的惠兰在新马土地上，在印尼群岛上的印尼文作家普拉穆迪亚·阿南达·杜尔（Pramoedya Ananta Toer，1925—2006）的《布鲁岛四部曲》小说中的爪哇人明克（Minke），越南作家南高（原名陈友知，Trần Hữu Tri，1915—1951）的小说《志飘》里的志飘，这些小说人物的血液里都流淌着鲁迅绍兴乡镇里悲惨人物共同的遗传基因。我们可以解读出他

① 王润华、黄郁兰：《亚洲中文文学共同传统、多元性独特性：鲁迅神话与真实》，《南方大学人文讲座：南方大学学院与亚洲共同体基金讲座系列论文集》（新山：南方大学，2016 年），第 51—93 页。

② 麦特．瑞德理（Matt Ridle）著，史琳译：《克理克：发现遗传密码那个人》（*Francis Crick: Discoverer of the Genetic Code*）。（台北：左岸文化 2011 年）；詹姆斯．D. 华生（James D. Watson），陈正萱、张项译：《螺旋——DNA 结构发现者的青春告白》（*The Double Helix*）。（台北：时报出版，1998 年）。

们生命双螺旋结构的大数据，提供证明与鲁迅的小说人物与他们远在东南亚华语与非华语小说的人物遗传血缘关系，他们生命双螺旋结构都可清楚具体的勾画出来。

研究鲁迅在华文或华人世界，我们会发现鲁迅具有超越"中国鲁迅"或"东亚鲁迅"的意义。他不但是小说艺术、学术的鲁迅，还有社会政治性，鲁迅被诠释出来的实用功能，就是今天最典型的所谓文化软实力。这是社会政治资料的解读。[①] 这次我们尝试解读超越国家民族的鲁迅遗传基因，是东南亚鲁迅最特别的文学遗传工程的研究成果。

二、鲁迅在东南亚：从华人到各民族，从文学到社会与政治革命

从新加坡、马来西亚、泰国、菲律宾、印度尼西亚，到越南，鲁迅分别通过左派社会政治家与文化人的推崇、作家的肯定、学者的研究，显示了鲁迅越界跨国与多元种族与多元文化的域外社会对话的现象，在撞击与交流下，形成"东南亚世界的鲁迅"，有异于中国的鲁迅。因应当地本土文学文化、政治社会的不同也有差异。我们发现东南亚的鲁迅比中国的鲁迅更具多元性，在文学、思想、政治社会上等多方面都有深刻的影响力。

鲁迅对东南亚华人世界的影响，最为典型的特色之一是反抗精神。早期的新马华人，因为要反殖民主义，反帝国主义侵略，力图以民族主义及其文化结合亚洲文化，来抵抗西方或日本殖民文化，促成了鲁迅在东南亚的软实力象征的形成，他跨越文学，

① 王润华：《鲁迅在海外华文世界》，周令飞主编《鲁迅社会影响调查报告》，北京：人民日报出版社，第243—256页。

进入社会、政治、文化的复杂结构层面，成为反抗殖民主义的道德精神力量，当然也成为华人建构经典文学与民族新文化的典范。由于新马是当时海外华人人口与政治文化影响力的中心，同时又由于新马的华人移民历史最早发展，文化、文学、史料文献也多，所以我主要以新马为范例来说明"东南亚华文世界的鲁迅"的建构、形成与力量，在当地所建构的文学、文化、社会政治性的各个层面所具有的软实力。鲁迅在东南亚其他地区的传播、接受，传承与创新，都比新马迟到很多，加上政治的压制，如越南虽然地理位置离中国最近，由于法国殖民主义当局，对越南实行中国文化封锁政策，1940 年代前中国所有进步的书刊都不能进入越南，这些中国作品包括鲁迅的作品就成为了禁书。而泰国的传播、接受情况，自 1950 年代才开始。菲律宾的华人文化社群，在 1930 年以前还很单薄，因此鲁迅的流传与生根也来的迟。

鲁迅在东南亚非华裔的族群的文学、文化、社会与政治的影响，也值得注意。王润华在周令飞主编的《鲁迅社会影响调查报告》一书中已经报告过鲁迅在东南亚华人世界的影响，与中国，甚至西方的影响有很大的不同。[①] 本文将进一步分析鲁迅在东南亚，跨越族群与语言，对东南亚的泰国、印度尼西亚、越南语文作家，社会与政治革命，都曾经产生广泛的影响。鲁迅作为文学作家，由于很早就获得西方世界文学文化界的肯定，所以他在西方统治下的殖民地，如英国的新马，荷兰的印尼，法国的越南，都没有把鲁迅著作的翻译，尤其西方语文的翻译列为禁书，反而竞相翻译成泰文、印尼文、越南文。结果通过文学的翻译，逐渐

① 王润华：《鲁迅在海外华文世界》，周令飞主编《鲁迅社会影响调查报告》（北京：人民日报出版社，2011 年），第 243—256 页；又见王润华：《从反殖民到殖民者：鲁迅与新马后殖民文学》，《鲁迅越界跨国新解读》（台北：文史哲，2004 年），第 75—98 页。

扩大到非华人社会文化与政治思想，引发鲁迅对东南亚当地的非华语语系文学、左派思想、反抗殖民主义的影响，最后甚至导致共产主义革命，印尼就是最典范的影响。

三、鲁迅作品在东南亚：从学习模仿到文学遗传基因的改造

一旦坚固的建立鲁迅为经典作家及作品，他就成为文学品味与价值的试金石，支配着大部分华文文学与文化生产。往往极端的时候，只有符合鲁迅中心的评价标准的作家与作品，才能被承认其重要性，要不然就不被接受。这种文学控制式的霸权，决不是鲁迅所要的文学生产方式，刚好相反：他一定反对，尤其在文学思想、形式、题材与风格上的设定。新马战后的著名作家兼评论家赵戎（1920—1998），虽然在新加坡出生，他的文学观完全受中国新文学的经典所支配，他也不是最前线的鲁迅神话的发扬与捍卫者，但他在经典化鲁迅的影响下，也一样的处处以鲁迅为导师，无时无刻不忘记引用鲁迅为典范，引用他的话来加强自己的论据或作为引证。他的《论马华作家与作品》① 就很清楚地看到鲁迅及中国新文学前期的经典如何支配着他。方修及其《避席集》② 是向鲁迅学习的心得之作，这本书使方修成为五六十年代鲁迅精神的发扬与推崇的首要发言人。在他大量的论述新华文学的著作中，鲁迅是非论及不可的，在《中国文学对马华文学的影响》（1970）一文中，鲁迅及其作品是"学习或模仿的对象"。③

---

① 赵戎：《论马华作家与作品》，新加坡：青年书局，1967年，第3、9、17页。

② 放修：《避席集》，新加坡：文艺出版社，1960年。

③ 赵戎：《论马华作家与作品》，新加坡：青年书局，1967年，第3、9、17页。

鲁迅的现实主义创作及其象征主义手法、鲁迅的人格精神、鲁迅的作品，为海外华文文学最高的典范与模式，反而造成很多作家受困于模仿与学习"鲁迅风"，培养了"个个是鲁迅"，因此也引起当时在新马担任编辑的郁达夫不满，[1] 他主张新马华文作家发掘本土多元的生活，创新华文书写。当五四新文学为中心的文学观，成为"殖民文化"的主导思潮，只有被来自中国中心的文学观所认同的生活经验或文学技巧形式，才能被人接受，因此不少新马写作人，从战前到战后，一直到今天，受困于模仿与学习某些五四新文学的经典作品。来自中心的真确性（authenticity）拒绝本土作家去寻找新题材、新形成，因此不少人被迫去写远离新马殖民地的生活经验。譬如当鲁迅的杂文被推崇，成为一种主导性写作潮流。写抒情感伤的散文，被看成一种堕落，即使在新马，也要骂林语堂的幽默与汪精卫，下面这一段有关鲁迅杂文的影响力便告诉我们中国中心文学观控制了文学生产：

> 杂文，这种鲁迅所一手创造的文艺匕首，已被我们的一般作者所普遍掌握；早期的杂文作者……他们的作品都或多或少地接受了鲁迅杂文的影响；而稍后出现的丘康、陈南、流冰……等人的杂文，更是深入地继承了鲁迅杂文的精神，而获得了高度成就的。不但是纯粹的杂文，即一般较有现实内容，较有思想骨力而又生动活泼的政论散文，也是多少采取了鲁迅杂文的批判精神和评判方式的。在《马华新文学大系》的《理论批评二集》和《剧运特辑》中，有许多短小精

---

① 关于这场笔战，见王润华：《林文庆与鲁迅/马华作家与郁达夫冲突的多元解读：谁是中心谁是边缘?》,《鲁迅越界跨国新解读》，台北：文史哲，2004年，第99—109页。

悍的理论批评文章基本上都可以说是鲁迅式的杂文，因为鲁迅杂文的内容本来就是无限广阔，而在形式上又是多样化的。在《马华新文学大系》的《散文集》中，则更有不少杂文的基本内容是和鲁迅杂文一脉相承的。那些被鲁迅所批判过的、否定过的"阿Q性"的学者、文人、帮闲艺术家等等，往往在一般杂文作者的笔下得到了广泛反映。例如：古月的《关于徐志摩的死》一文，是批判新月派文人的；丘康的《关于批判幽默作风的说明》，是驳斥林语堂之流的堕落文艺观的；丘康的《说话和做人》及陈南的《党派关系》，是对汪精卫之辈的开火；田坚的《用不着太息》，是揭发"阿Q性"在新时代中的遗毒的；而丘康的《论中国倾向作家的领导》，则是批判田汉等行帮分子的。诸如此类，都可以和鲁迅作品互相印证。至于专论鲁迅，或引用鲁迅的话的文章，则以丘康、陈南、吴达、饶楚瑜、辜斧夫等人的作品为多。[①]

其实从1950年到今天，鲁迅的作品所建立的典范仍具有生命力，新马的作家，多多少少都曾经向他学习过。古远清在《鲁迅精神在五十年代的马华文坛》，说他读了《云里风文集》中十篇散文，他发现几乎每一篇，"都能感受到鲁迅精神的闪光"。他还说："不能说没有模仿着鲁迅散文诗《野草》的痕迹，但他不愿用因袭代替创作，总是用自己的生活实践去获取新的感悟。"云里风的《狂奔》情节与人物设置使人联想起鲁迅的《过客》，《文明人与疯子》的文明人应借鉴过鲁迅《聪明人和傻子和奴才》中的聪明人，《未央草》灵感来自鲁迅的《影的告别》，《梦与现实》，以"我梦

---

① 高潮：《鲁迅与马华新文学》，《忆农庐杂文》，香港：中流出版社，1973年，第67—69页。

见我在"开始，很像鲁迅《死火》，不过根据古远清的分析，虽然梦境、韧性的战斗精神，对黑暗社会的意义、诗情和哲理相似，他还是可以感到一些作者改造与移置的痕迹。"云里风注意改造，移植鲁迅的作品，这一艺术经验值得我们重视。"当然，作为一位中国学者，古远清很高兴看见中国文化的霸权在五十年代还继续发展，"可看出鲁迅精神在五十年代马华文坛如何发扬光大"。①

四、鲁迅基因改造：显性到隐性的反殖民基因

到了 1950 年代以后，很明显的，尤其土生的一代新马作家，开始把激进派的鲁迅文学基因，如显性的反抗殖民基因，进行调整与修正，变成隐形的，使它能表达和承载新的新马殖民地的生活经验。譬如黄孟文、曾也鲁（吐虹）的作品所显示，继承五四文学传统与本土转型同时进行。他们开始创造所谓海外华语文学，而不是继续写中国五四文学，也不是要完成"个个是鲁迅"的模仿。新加坡的吐虹的《"美是大"阿 Q 正传》，作于 1957 年②，模仿《阿 Q 正传》，讽刺曾担任南洋大学校长的林语堂（小说中叫凌雨唐）。孟毅（黄孟文）的《再见惠兰的时候》作于 1968 年，它跟鲁迅的《故乡》有许多艺术构思相似的地方。③ 林万菁在 1985 年写的《阿 Q 后传》，又是一篇《阿 Q 正传》的再创作。④

在上述作家之中，孟毅是一位继承鲁迅而又能创新与本土化

---

① 古远清：《鲁迅精神在五十年代的马华文坛》，《新华文学》第 46 期，新加坡，1999 年 6 月，第 98—102 页。

② 收集在作者第一本短篇小说集，吐虹《第一次飞》，新加坡：海燕文化社，1958 年，第 29—48 页。

③ 收入作者第一本短篇小说集《再见惠兰的时候》，新加坡：新社文艺，1969 年，第 1—12 页。

④ 林万菁：《阿 Q 后传》，《香港文学》第 6 期，1985 年 6 月，第 38—39 页。

的书写华文文学的小说家。因为鲁迅的小说承载了中国的文化本土经验，必须经过调整与修正，破除其规范性与正确性，才能表达与承载新马殖民地新的生活经验与思想感情。《再见惠兰的时候》在瓦解中国的经典（或鲁迅经典）与重建新马经典，成为新马后殖民文学演变的典范模式。这篇以马来亚经验所尝试创造的一种新文本，根据丽鹿（王岳山）的论文《〈再见惠兰的时候〉与鲁迅〈故乡〉》①，具有主题共通性（悲伤儿时乡下玩伴的贫困遭遇）、情节的模式（回到离别很久的故乡，小时候朋友落魄，故乡落后贫穷）、故事人物的基因相似（我、母亲、乡土与我、母亲、惠兰对比），及四种表现手法（第一人称叙述法、倒叙手法、对比手法与反讽技巧）。孟毅虽然受到鲁迅的《故乡》的启示与影响，作者把旧中国荒芜落后的鲁迅式的农村全部瓦解，放弃他的中国情节，重建英国殖民地的马来亚一个橡胶园农村及其移民，从题材、语言到感情都是马来亚橡胶园、矿场地区的特殊经验。小说中所呈现的因为英军与马共争夺马来亚统治权所引发的游击战而引发当地居民复杂的生活与思想情况，特别对当年英军宣布的紧急状态下集中营（新村）的无奈，都通过新马殖民地的产品表现出来。那些锌板屋、移殖区、甲巴拉、邦达布、水客、田鸡、香蕉、读红毛书本身就承载着新马人的新文化与感情。这边缘性产生的后殖民文本，终于把本土性的新马华华文文学建构起来。②

鲁迅的显性遗传基因在 1940 年代与 1950 年代南洋的反殖民反压迫的社会运动风潮过后，逐渐转为隐性，在黄孟文的小说

----

① 这篇论文原是我在南洋大学中文系所授《比较文学》班上的学术报告，见《南洋商报》副刊《学林》，1981 年 1 月 15 日及 16 日。

② 王润华曾以诗记载英殖民政府的新村计划，见王润华：《热带雨林与殖民地》（新加坡：新加坡作家协会，1999 年），与英文版 Wong Yoon Wah, *The New Village* (Singapore: Ethos, 2012)。

《再见惠兰的时候》，最有代表性。他以相当自传性的故事，冷静地叙述他从马来西亚的乡下新利谷（影射彭亨州的瓜拉立碑与文冬等地区），那是锡矿、橡胶、英军与马共战争，也是日军侵略留下最难忘殖民记忆的地方。"我"到南洋大学深造后（鲁迅到日本留学），在回忆童年时代，遇到小时的同学惠兰（母亲提起才想起），以乡下旧同学的回忆叙述殖民社会的困苦贫穷的生活。这种第一人称，乡下的倒叙的回忆，加上马来西亚的现实性人物景物，从而解开小人物、小地方的"生命之谜"。我与惠兰生命双螺旋结构大数据，提供证明与鲁迅的小说的遗传血缘与黄孟文的小说的关系。解开他们小说人物的鲁迅遗传密码，双螺旋结构之谜，从而揭开鲁迅与东南亚小说中受贫病、愚昧、恶势力各种压迫欺诈的小人物的生命共同体。

五、鲁迅文学遗传基因在东南亚非华裔的 社会、文化、政治与文学：印尼的 普拉穆迪亚·阿南达·杜尔

鲁迅的文学遗传基因，无论在东南亚文学的历史发展中还是作家的成长历程中都有其生命血缘的延续。甚至超越华人族群的华文文学，在其他族群的不同语文的文学中，也有其遗传基因。印尼华文文学著名的作家黄东平在《一名与会者的心声》中说，他坦承从事文学事业是受到中国新文学的影响，尤其是当年的左翼文学特别是鲁迅的影响。[1] 他原来喜爱绘画、木刻、但因酷爱鲁迅而弃画从文。自五十年代以来，写作不断。著有《侨歌三部

---

① 黄东平：《短稿二集》，新加坡：岛屿出版社，1997年。

曲》：〔《七洲外》（1973）、《赤道在线》（1979）、《远离故乡的人们》（1990）〕。① 他曾经深情地怀念十大本的《鲁迅全集》。他说"不知借阅了多少遍！一部崭新少有人借过的全集，竟给我看得有些破损了。"② 但印尼在好几个时期，从荷兰殖民到独立后的印度尼西亚政府，禁止华文文化的进口。鲁迅的影响很有局限。

近几十年来，非华裔的印尼人，也通过翻译，广泛深刻的影响了印度尼西亚文的文学创作，也跨领域进入社会改革运动。最典型的就是作为印度尼西亚最具影响力的作家普拉穆迪亚·阿南达·杜尔（Pramoedya Ananta Toer，1925—2006，曾多次获诺贝尔文学奖提名），他推动鲁迅在印度尼西亚文学，甚至文化政治界的传播与影响。他对鲁迅的理解显然再次点燃了他自己对印度尼西亚知识分子的希望：

> 每个作家都有责任，正是由于这个责任而产生了选择。鲁迅选择了遭受苦难的人民的一边……但是鲁迅不仅仅是选择，他还进行了斗争，使得他选择的对象不停留在文学作品上，使它成为现实。他是一位思想的现实主义者，行动的现实主义者。

这一思想与行动结合的理想为普拉穆迪亚找寻解决印度尼西亚社会文化问题的有效方法提供了最佳范例。普拉穆迪亚将鲁迅

---

① 黄东平：《侨歌三部曲》，包含〔《七洲外》（香港：海洋出版社，1973）、《赤道在线》（新加坡：赤道出版社，1979 年），与《烈日底下》（新加坡：岛屿文化社，1998 年）〕。

② 陈贤茂：《海外华文文学史》第三卷，厦门：鹭江出版社，1999 年，第 241—242 页。关于黄东平的小说与其他创作，见吴丹凤：《华侨文学的坚持：黄东平品评的创作与思想》，广州：暨南大学硕士论文，2006 年。

塑造为不仅是一个伟大的知识分子，也是作为战士的"中国社会主义的现实主义之父"。

鲁迅在东南亚各国，对当地的非华裔人民的接受，传播与社会、文学、文化、政治的影响，最具典型效应的正就是印尼作家普拉穆迪亚。他最足于说明鲁迅如何能够传奇性的跨越海外华裔，进入东南亚国家之内层，以特有的"东南亚鲁迅的文化遗产"，通过普拉穆迪亚的诠释，重新建构印尼的文学、文化、社会模式、甚至政治理想。①

普拉穆迪亚是现代印度尼西亚最具影响力的作家，他的文学创作成就曾多次获诺贝尔文学奖提名，但因"左倾"而未得奖。生前就被安德生（Benedict Anderson）誉为"东南亚在世的最伟大作家"，他的文学创作与理论、建构印尼左派文化与政治、有震撼性的影响，而且非常传奇。②

作为作家，普拉穆迪亚著作丰富，在长篇短篇小说、散文、杂文、政论与历史，都有重要著作。其中《布鲁岛四部曲》长篇小说，四部曲《人世间》（*This Earth of Mankind*）、《万国之子》（*Child of All Nations*）、《足迹》（*Footsteps*）与《玻璃屋》（*House of Glass*）最著名。小说内容连贯又各成一体，以鲜明的人物形象、壮阔的场景，重现印度尼西亚民族在 1898—1918 年间遭受荷兰殖

---

① http：//en. wikipedia. org/wiki/Pramoedya_Ananta_Toer. 刘宏《论中国对当代印度尼西亚文学的影响：以普拉穆迪亚·阿南达·杜尔为例》，《中国—东南亚学：理论建构·互动模式·个案分析》（北京：中国社会科学出版社，2000 年），第 55—80 页。关于印度尼西亚文的轮训翻译，见林万里《谈鲁迅短篇小说的印度尼西亚语译本——为纪念鲁迅先生诞生一百一十一周年而作》，《鲁迅研究月刊》1998 年第 2 期，第 46—49 页。

② Benedict Anderson，*Language and Power：Exploring Political Cultures in Indonesia* (Ithaca：Cornell University Press，1990)，p. 10。

民主义者的欺压与掠夺、与人民抗争的历史。① 四部曲的第一部《人世间》，集中书写主角明克（Minke），他是根据一位真实人物而塑造的小说人物，原是印尼民族独立运动的年轻报人，敢于对抗欧洲人的霸权、优越感与偏见，也反对当地人守旧的文化。他就读荷兰在当地设立的荷兰人著名的外侨学校（Hogere Burger School），由于明克是本土印尼人，多数欧洲人子弟的同学很排挤他。他的岳母 Nyai Ontosoroh 是印尼人，嫁给荷兰人殖民者当妾，又被人瞧不起，没有社会地位。明克与这位妾的女儿结婚，婚礼遵照当地的回教仪式，也不被荷兰人的法律所承认。他与岳母及妻子三人始终受到西方殖民社会的排斥与放逐。四部曲小说中的妇女，包括本土爪哇与华人妇女，她们在反殖民与后殖民时期受到歧视与压迫，都是社会底层人物。

普拉穆迪亚的著作一如鲁迅的小说，人物事件与作者个人经验与土地有关，具有自传性，很注重爪哇本土人的故事，而他笔下的爪哇就是鲁迅的绍兴。他的小说人物继承了外来势力与旧文化是压迫与杀人的刽子手。印尼的荷兰殖民者及其本土代表取代了绍兴地主。普拉穆迪亚的小说，大多是以社会现实主义的手法，暴露社会黑暗面。写社会底层人物的悲惨命运与遭遇。如《日军的少女慰安妇》（英文 *Young Virgins in the Military's Grip*，印尼文 *Perawan Remaja dalam Cengkraman Militer*）写二战日军侵略占领印尼时，苏岛外的普如岛（Buru）岛上日军铁蹄下的印尼慰安妇的悲惨遭遇。《来自海边的女子》（*The Girl From the Coast*）写她母亲的遭遇。他继承了鲁迅的文学基因，特别关注妇女的命运。②

---

① 1982、1983、1989 年，北京大学出版社出版了《布鲁岛四部曲》前三部的中译本。

② https://en.wikipedia.org/wiki/Pramoedya_Ananta_Toer 对他的著作都有专业的论述。

普拉穆迪亚永远敢于批判当权者，为正义而对抗现实。这点也很像鲁迅。荷兰殖民时期，他反殖民而被统治者压迫，甚至1947 至 1949 年被荷兰殖民当局囚禁三年。之后又因苏哈多（Suharto 1908—2001）推翻苏加诺（Sukarno，1901—1970），军队控制政局，大规模镇压共产党。为了清洗异己的政治势力，普拉穆迪亚被定罪为共产党员，被囚禁于布鲁岛拘留营（Molukken island of Buru），1965 至 1979，长达 14 年之久。

这种文人的正义基因，来自鲁迅。普拉穆迪亚与大陆文艺界关系密切而长远，不止于文学的联系。一九五六年十月十四日，鲁迅遗体迁葬仪式在上海隆重举行。从万国公墓移葬虹口公园参加迁葬仪式的有党和政府部门的负责人、作家、工人、学生和各国驻上海的外交人员近二千人。鲁迅的儿子周海婴、儿媳、孙子也参加了迁葬仪式。① 十月十九日，北京各界人民和来自十八个国家的国际友人一起，隆重集会纪念鲁迅逝世二十周年。纪念大会在全国政协礼堂举行，还邀请了十八个国家的三十多位作家参加，其中便有印度尼西亚作家普拉穆迪亚，② 他是应全国文联主席郭沫若、作协主席茅盾和对外友协负责人楚图南的邀请，于1956 年 10 月中旬抵达北京，在中国进行了为期一月的访问。

普拉穆迪亚在鲁迅逝世二十周年的纪念大会发言后来刊登在《文艺报》上。③ 他赞扬鲁迅是伟大的作家，他的贡献不仅在于对社会的敏锐观察，更重要的，在于他积极为改善群众命运而斗争。"鲁迅是他的民族的喉舌，是他的人民的声音。鲁迅体现了充满对全人类有良好愿望的人们的道德觉悟。他并非仅仅停留在希望上，

---

① 据 1956 年 10 月 15 日《人民日报》报道。

② 1956 年 10 月 20 日上海《文汇报》或见 http：//www. eywedu. org/zoujinlx/064. htm。

③ 《文艺报》1956 年第 20 期，第 15—16 页。

而是采用了他认为最好的和最恰当的方式——文学，而积极斗争，来实现这些希望。"他又说：鲁迅是一个对社会有着伟大认识能力的作家，但他不是一位仅仅停留在一般对社会认识而后写成文学作品的作家，普拉穆迪亚对鲁迅的理解显然再次点燃了他自己对印尼知识分子的希望。

1956 年 10 月 19 日，中国著名作家鲁迅逝世 20 周年纪念大会在北京全国政协礼堂举行。印度尼西亚作家普拉穆迪亚在大会上致词。根据刘宏的研究，普拉穆迪亚在五十年代的前半段期间，普拉穆迪亚已经从英文与荷兰文中广泛阅读了中国文学，开始关注中国的文化实践，并介绍与翻译中国现代文学理论与作品。在 1955 年万隆会议期间，普拉穆迪亚与中国代表团和中国大使馆有所接触，这或许表明他对中国的兴趣不断增加。1956 年中，普拉穆迪亚也已经完成了鲁迅小说《狂人日记》翻译工作。1958 年 10 月底，普拉穆迪亚进行了他的第二次中国之旅。这次已经是一个全新的普拉穆迪亚了，主要是因为他的文化政治思想在上次中国之行之后发生了根本性的转变。因此，普拉穆迪亚是用新的政治和文化观点来看新的中国。中国依旧是他灵感的来源，这次旅行也加速了普拉穆迪亚向文化激进主义者转变的进程。进行了历时约一个月的访问，期间他去了北京、武汉、成都和昆明。这次，中国政府不再将他看作是一个"茫然失意的作家"，而是一个开始脱离"幻想阵营"、加入"左翼民族主义和民主阵线"的代表人物。①

---

①   Hong Liu: *Pramoedya, the China Metaphor and Cultural Radicalism, China and the Shaping of Indonesia*, 1949—1965 (Singapore: NUS Press, 2011), pp. 234—260；又见刘宏：《论中国对当代印尼文学的影响：以普拉穆迪亚·阿南达·杜尔为例》，本文初稿曾在厦门大学举行的"东南亚华文文学回顾与展望国际研讨会"（1999 年 12 月 3—6 日）上宣读。修改稿载刘宏：《中国—东南亚学：理论建构·互动模式个案分析》，北京：中国社会科学出版社，2000 年，第 55—80 页。

刘宏指出，普拉穆迪亚在 1956 年 11 月从中国回国后，他的文化观和政治态度发生了关键性的转变。在重新建构对印尼的政治和文化设想时，他明显地采用从中国获得的灵感及其对中国文化路线的理解。1956 年底之后，普拉穆迪亚由一个孤独的作家变成了积极的战士；他的普世人道主义也被虔诚的社会现实主义所取代。作为热情的文化激进分子，他直接卷入政治变化进程之中。这是他正式站到左翼文化运动一边的政治声明。从那时起直到 1965 年被苏加诺军人集团夺取政权后，以共产党罪名入狱，普拉穆迪亚与印尼人民文化协会一直保持着密切联系。由以往的普世人道主义和对政治疏离的态度转为激进主义者。他明确赞成文学艺术应该被用来改善人民生活。

鲁迅对印尼作家普拉穆迪亚在文学创作与理论，社会思想与政治理想，其深度与广度，说明鲁迅在东南亚被殖民的国家，产生了东南亚特殊的鲁迅遗产。这与大陆、台湾、香港，甚至西方的鲁迅遗产不同。值得我们研究鲁迅的更伟大的一面。首先普拉穆迪亚参加 1950 年成立的印尼的人民文化联盟（Lembaga Kebudajaan Rakjat Lekra）①，是一个左派作家联盟，与当时印尼共产党有密切联系，推动社会写实主义运动。

为了批判社会与制度，普拉穆迪亚更学鲁迅，经常写的匕首式的杂文，报纸副刊的方块、专栏短文，成为批判荷兰殖民者与后殖民社会印尼政府的武器，这也是他受尽政治暴力的苦难的原因。但鲁迅超越民族超越语言的作家文学与思想的遗产基因，在普拉穆迪亚的作品中，可找到最大的、最广泛的、最完整的都有

---

① 原名 The Lembaga Kebudajaan Rakjat（EYD Lembaga Kebudayaan Rakyat，简称 Lekra，是推动文学与社会运动与印尼共产党有密切关系。推动写实社会主义运动。参考 https：//id. wikipedia. org/wiki/Lembaga _ Kebudayaan _ Rakyat。

生命双螺旋结构大数据，提供证明与鲁迅的遗传血缘关系，他们生命双螺旋结构都可清楚具体地勾画出来。

六、越南文作家的鲁迅文学遗传基因：
阿Q与南高的志飘

由于法国殖民主义当局对越南实行文化封锁政策，国外所有左派有关的书刊都不能进入越南，其中包括中国新文学。直到20世纪40年代鲁迅的作品才开始传入越南，所以越南一般读者大众，比较晚才接触到鲁迅及其作品。鲁迅的《呐喊》与《彷徨》自1944年才被翻译到越南后，产生了多个译本。鲁迅之所以被越南人接受并产生较为广泛的、持续的影响，一方面是因为两国的社会环境以及道德、伦理等方面有着相似之处；另一方面，鲁迅作为深刻的思想家，对现实的解剖和历史的洞察比较易于引起越南人的共鸣。越南的中学课本，都有越文翻译的鲁迅作品，所以越南受过中学以上教育的人，都认识鲁迅。现代作家南高（Nam Cao，原名陈有知Trần Hữu Tri，1915—1951）受了鲁迅《阿Q正传》的影响，着有《志飘》（1941），书写越南农村与穷困农民的生活，小说结构非常相似。另有短篇《好阿姨》（Di Hao），刻画一位如鲁迅《祝福》中的祥林嫂式的越南乡村命运悲惨的妇女。①

《阿Q正传》写于1922年，是鲁迅在经过五四运动之后的文

---

① 杜文晓：《越南中语文课本里的鲁迅作品》，《2016年鲁迅文化论坛暨国际学术研讨会会议论文集》（北京：中国人民大学，2016年），第177页。丁氏芳好《鲁迅在越南》（上海：硕士学位论文，华东师范大学硕士学位论文，2007年），又参考〈《呐喊》《彷徨》的越南语译本，http://lunwen. 5151doc. com/Article/HTML/180208_3. htmlhttp://en. wikipedia. org/wiki/Nam_Cao；及http://en. wikipedia. org/wiki/Chi_Pheo。

学创作，其作品一诞生就马上被视为鲁迅的现实社会之宣言，政治问题和革命战斗在这篇小说中得到充分的反映。而他笔下的主人公"阿Q"不仅是当时中国农民的典型形象，而且成为了整个中国人民的代表，是一个跨越时空的文学人物。众所周知，鲁迅是一个吸收国外文学风格的代表作家，他十分热爱西洋文学，他的第一部短篇白话小说《狂人日记》深受影响自果戈理（N. Gogol，1809—1852）、尼采（F. W. Nietzsche，1844—1900）或迦尔洵（V. Garshin，1855—1888）等作家的作品。此后的《阿Q正传》，鲁迅的创作仍然体现一种兼有传统和现代、中国和海外的风格。①

南高于 1941 年写下《志飘》，描写 8 月革命前期的农村生活，这部小说在当时的文坛上被当成一个精神上的武器以猛烈地攻击腐败的封建社会。主人公志飘至今仍然是一个当代文学史的经典人物，代表所有生活在没落社会中的越南农民，也代表了一代追求自由、善良和真爱的年轻人。几十年来，许多越南作家对中国鲁迅的《阿Q正传》和越南南高的《志飘》讨论他们之间的创作影响。具体是将两者及其作品的创作背景、创作对象、目的，特别是人物形象塑造之艺术进行讨论。大部分的意见认为南高的作品深刻地受到鲁迅的影响，特别体现在主人公的描写包括身份、性格、精神世界和心理状态等方面。与此同时也有相反的意见，指出南高的人物具有特殊的地方，证明这不过是两个不同国家及不同时代但具有相同的社会背景因此具有偶然类似的作品而已。然而，南高本人在一次受到访问的时候已经揭露自己常常阅读一

①　C. T. Hsia：A History of Modern Chinese Fiction，1917—1957（New Haven：Yale University press1961，pp. 28—54；王润华、黄郁兰：《亚洲中文文学共同传统、多元性与独特性：鲁迅神话与真实》，《南方大学人文讲座：南方大学学院与亚洲共同体基金讲座系列论文集》，第 56—57 页。

些国外著名作家的作品并深受其的影响，如 Racine，Corneille，Guy De Maupassant，Dostoievski，Tchekov，特别是鲁迅先生及其的《狂人日记》《阿Q正传》《孔乙己》等重要创作。由此可见，尽管没有相关具体的材料记载南高是在怎样的情况下受到鲁迅的影响，但从这个线索也能够说明南高所创作的《志飘》或多或少继承并发挥了鲁迅的创作风格。①

阿Q和志飘的形象具有许多相同之处，主要表现为几个点，我的学生黎氏宝珠在《从中国鲁迅的〈阿Q正传〉到越南南高的〈志飘〉：人物形象之比较》一文中指出：②

第一，都是农民形象的代表，即都生活在一个最穷苦的、贫贱的阶级；具有天真、善良、纯朴的本性而存有落后、保守，自卑又自尊的性格及麻木、愚昧的精神状态；

第二，他们的身份包括家庭、职业甚至姓名都甚为渺茫不定，总之生出来就无亲无故，无处可靠，无人可依；

第三，他们都因为自己的特殊身份而受人们的嘲笑、利用、欺负，甚至屈辱，变成众人之中的古怪者。因此他们的性格无形中就形成一种自我安慰的精神，即自贱、自欺。鲁迅给阿Q建立一个特有的精神胜利法，南高并没有建立什么法，什么主义，然而志飘本身也表现出很多同样的特点。

第四，他们都渴望女人，都拥有"人性"中的一个重要因素。

---

① 黎氏宝珠：《从中国鲁迅的〈阿Q正传〉到越南南高的〈志飘〉：人物形象之比较》（中坜：元智大学中国语文学系研究所硕士班论文，2008年）。又见段氏雅芳：《越南作家南高小说里的现实精神》（中坜：元智大学中国语文学系研究所硕士论文，2015年）。这两篇都是我指导的论文。

② 同上。

第五，社会制度的黑暗，人情的冷落使得他们的精神更显得麻木，对生活中的各问题毫无正确的认知，结果都为此而死命。

此外还有一些情节表现出这两个人物的相同，尤其是他们生命中都有一个大转折，阿Q进城回来与志飘坐牢回来的人生变化。总的来说，在鲁迅和南高的塑造下，阿Q和志飘的形象，特别是心理状态、内心独白都呈现地十分生动、真实，使他们都成为一种典型的社会现象。

总之，从塑造人物形象的艺术表现上来讲，鲁迅的阿Q和南高的志飘具有许多异同，这也反映了两个作家本身各有的创作风格。换句话说，如果从南高的角度来讲，这已反映了他在受鲁迅之影响的同时也寻找并发挥了自己独有的东西，以便符合当时越南的文学潮流。当然，所谓的"独有"不能说是比鲁迅写得更好或者更有创新，而是涉及每个文学家的创作之不同。

除了阿Q和志飘，黎氏宝珠也指出在这两部小说中也可以找出其他人物的相似点。如都代表封建地主阶级的赵老爷与霸老爷，农民妇女代表的吴妈与氏女等，这些重要人物都跟主人公有着密切的关系，都给主人公生命中带来巨大的影响。此外，从人物的形象之刻画，两个作家都以一种讽刺的态度来揭露当时社会的腐败及黑暗之真相。其中，人与人之间的冷落无情是两个作家共同反映的一个大问题。不同阶级的人或共同阶级的人，他们互相对彼此的看待都同样的残忍。阿Q和志飘的死亡彷彿没有受到别人的丝毫伤心和同情。这一点已经表达了两个作家在客观、幽默甚至有点"冷漠"的笔调之中都深深地带有一种既疼痛又愤怒之态度，他们的确是现实主义的小说家，是为农民、为人民而起笔的文学家。①

七、现代遗传学的遗传密码，确认跨种族 语言的鲁迅文学家族遗传血统

中国在 1917 开始的新文学运动以来，没有任何作家具有如此可探讨的宽广与复杂面，鲁迅的文学艺术与思想遗传基因超越种族与语系，可以让各领域的学者找到思考的遗传基因。二十世纪末以来，大家高喊要去除鲁迅神话，但鲁迅即使在亚洲与西方，即使没有政治的意识形态，鲁迅始终维持唯一非常神话性的现代作家。鲁迅对世界文学创作的启蒙与影响，几乎是超现实的现象，他铺天盖地，超越时空。本文只是以东南亚华文与非华文作家的一角来叙述鲁迅魔幻现实地引发创作的魅力。

我们在《亚洲共同体的中文文学共同传统、多元性与独特性：以亚洲世界的鲁迅为例》② 论文得出结论，鲁迅深受西方与日本的文学影响，但他后来发挥极大的跨国影响力。其艺术特色包括文体简洁、笔调抒情、语言写实、手法象征、文字白话、取材普通老百姓的生活题材、关怀穷人、揭露社会黑暗面等，同时文学作品具有人文启蒙精神知识分子感时忧国的情怀与历史使命感。这些艺术手法及参与社会的使命感，与亚洲其他国家文学具有共同的特色与传统，究其原因，是鲁迅的影响。鲁迅具有多元的，在文学、思想、政治社会上的影响力与意义。从中国大陆到中国

---

① 黎氏宝珠：《从中国鲁迅的〈阿Q正传〉到越南南高的〈志飘〉：人物形象之比较》（中坜：元智大学，中国语文学系硕士班论文，2008 年）。

② 王润华、黄郁兰：《亚洲中文文学共同传统、多元性独特性：鲁迅神话与真实》，《南方大学人文讲座：南方大学学院与亚洲共同体基金讲座系列论文集》（新山：南方大学，2016 年），第 51—93 页。

台湾、日本、韩国，还有东南亚各国如新加坡、马来西亚、泰国、菲律宾、印尼、越南，鲁迅分别通过左派社会政治家与文化人的推崇、文学写作的影响、学术的研究，显示了鲁迅的文学作品与思想具有多元文化意义。他的文学作品与理论与域外社会对话，在撞击与交流下，形成"亚洲世界的鲁迅"，有异于中国的鲁迅。因应当地本土文学文化、政治社会的不同也有差异，世界性的鲁迅被发展成比国内的鲁迅更具有多元的，在文学、思想、政治社会上的影响力与意义，其中包括：（一）反殖民主义政治与社会性的鲁迅；（二）左派政治倾向的鲁迅；（三）批评精神的鲁迅；（四）文学创作的典范；（五）亚洲文化的核心价值的鲁迅；（六）现代社会的改革精神与文化的鲁迅；（七）青年人的导师，等等。[1]

在日本从竹内好（1910—1977）开始，以"亚洲世界的鲁迅"为例，"镜子论"作为学习鲁迅的批判、改革、革命精神。东南亚以鲁迅作为殖民主义斗争的旗帜。在印尼，鲁迅超越种族与语言，影响了印尼小说家与社会运动知识分子领袖普拉穆迪亚·阿南达·杜尔以鲁迅为文学、社会革命的导师，导致印尼的左派革命运动的兴起。在越南，鲁迅也影响了非华语作家，越南小说家南高学习鲁迅作品中的现实批判精神，影响了越南的现代文学。鲁迅学习日本及其他国家的文学最后成为典型的亚洲共同体的作家，他的文学思想的多元性，是亚洲共同体的产物。

借用现代遗传工程，发现遗传密码，解开 DNA（脱氧核糖核酸）的双螺旋结构之谜，解开鲁迅与东南亚不同民族、不同语系

---

[1] 王润华、黄郁兰：《亚洲中文文学共同传统、多元性独特性：鲁迅神话与真实》，《南方大学人文讲座：南方大学学院与亚洲共同体基金讲座系列论文集》，第56—57页。

作家的文学人物的生命之谜。黄孟文小说中的在英国殖民地新加坡与马来西亚橡胶园与锡矿场长大的惠兰，荷兰殖民地印尼爪哇人克明，越南农村的志飘及其妇女，原来与阿 Q 即鲁迅的其他人物，都有密切的遗传血统关系。

（本文发表于《文与哲》2017 年第 29 期。）

鲁迅在新马的影响

南治国

新马新文学的源起，是与中国的新文学运动密切相关的。方修先生认为马华新文学就是接受中国五四文化运动影响，在马来亚（包括新加坡、婆罗洲）地区出现的，以马来亚地区为主体，具有新思想、新精神的华文白话文学；它渊源于中国文学，且属于同一语文系统，但在其发展过程中，又渐渐地独立于中国文学之外，自成一个系统。① 鲁迅，作为中国新文学的先驱和中国现代小说的开创者，其创作手法和思想高度，均对中国新文学产生了深远的影响；时至今日，其在文学史上的地位，仍可以"世纪冠军"冕之而少有异议。② 鲁迅并没有来过新马，但他对新马文坛的影响却巨大而持久，用章翰先生的话来说："鲁迅先生是对马华文艺影响最大、最深、最广的中国现代作家。"③ 与其影响相对应，新马文艺工作者对鲁迅的研究亦起步很早、用力最勤、影响最大和成果最丰。本文将按年代顺序梳理新马文艺工作者对鲁迅的著作和思想的理解及接受的大略轨迹，并概述他们在鲁迅研究方面所取得的成就。

---

① 方修《马华文学史论》，香港：香港三联书店，1986 年，第 8 页。

② 王润华《从反殖民到殖民者：鲁迅与新马后殖民文学》，新加坡国立大学中文系学术论文第 144 种，2000 年，第 1 页。

③ 章翰《鲁迅与马华新文艺》，风华出版社，1977 年，第 1 页。

一、二十世纪二十年代

发表于 1918 年 5 月《新青年》第 4 卷第 5 号上的《狂人日记》是中国现代小说史的开篇之作。它以悲怆的格调和写意的笔墨，抨击了全部旧历史和整个旧社会的吃人本质，概括和寄托了中华民族的血泪和希望。[①] 鲁迅的所谓"寂寞的悲哀"是久而有之，但因为"那时的主将是不主张消极的"，所以，他"不免呐喊几声，聊以慰藉那在寂寞里奔驰的猛士，使他不惮于前驱"[②]；既不是"主将"，他似乎也不在"前驱"之列；到 1926 年编选《彷徨》之时，因先前的主将们"有的高升，有的退隐"，影响到他——两间之余卒——就有"成了游勇，布不成阵的感觉"，[③] 只得"荷戟"独自"向黑暗里彷徨于无地"。[④] 心灰意冷若是，《彷徨》忝列"乌合丛书"，自在情理之中。

"三·一八"惨案[⑤]之后，鲁迅由津浦路乘车南下上海，再改水路到厦门，彷徨之中，分明还有一些的凄怆和仓惶。然而，厦门大学亦非久留之地，不到半年，1927 年 1 月，他假道香港，"抱着梦幻"抵广州，但好景不长，国民党的"四·一二"反革命大屠杀[⑥]让他经验到"从来没有经验过的"恐怖，"被血吓得目瞪

---

① 杨义《中国现代小说史》，北京：人民文学出版社，1998 年，第 160 页。
② 鲁迅《〈呐喊〉自序》，《晨报·文学旬刊》，1923 年 8 月 21 日。
③ 鲁迅《〈自选集〉自序》，《鲁迅自选集》，上海：天马书店，1933 年。
④ 鲁迅《影的告别》，《语丝》第 4 期，1924 年 12 月 8 日。
⑤ 1926 年 3 月 18 日，段祺瑞执政府屠杀赤手空拳请愿的市民和学生，死伤甚众。鲁迅称这一天是"民国以来最黑暗的一天"。
⑥ 1927 年 4 月 12 日，国民党右派从上海开始，实行清党，大肆捕杀共产党和进步群众；接着广州发生"四·一五"大屠杀。鲁迅在《答有恒先生》中说："我恐怖了。而且这种恐怖，我觉得从来没有经验过。"

口呆"①，鲁迅借避于上海，颇有退隐书斋，埋首著述之意，其时已是 1927 年 10 月。可是，在上海，等待他的依然是"苦境"；仅三个月后，他就成了创造社和太阳社左翼文人集体讨伐的"封建余孽"和"不得志的'Fascist（法西斯蒂）"②。

在中国国内，二十年代的鲁迅虽以《狂人日记》《孔乙己》《药》等白话小说的创作无可争议地"显示了'文学革命'的实绩"③，甚至让文学革命的主帅陈独秀都"实在五体投地的佩服"④，但其生活劳顿奔波，其创作思想和成就亦惹非议，他的境遇，用"颇多坎坷"来表述，应不为过。那么，在新马，鲁迅又是怎样一种情形呢？

总的来说，在二十年代的马华文坛，鲁迅是寂寞的。

1926 年 4 月的《星光》周刊的第 46 期上，有由南奎执笔所写的《本刊今后的态度》一文，其中有这样的文字：

> 我们深愿尽我们力之所能地扫除黑暗，创造光明。我们还有自知之明，知道自己决不是登高一呼，万山响应的英雄，只不过在这赤道上的星光下，不甘寂寞，不愿寂寞，忍不住的呐喊几声"光明！光明！"倘若这微弱的呼声，不幸而惊醒了沉睡的人们的好梦，我们只要求他们不要唾骂，不要驱逐我们，沉睡者自沉睡，呐喊者自呐喊，各行所是。那就是我

① 转引自支克坚主编《简明鲁迅词典》，兰州：甘肃教育出版社，1991 年，第 10 页。

② 郭沫若《文艺战线上的封建余孽》，见陈漱渝主编《鲁迅论争集》，北京：中国社会科学出版社，1998 年，第 1074 页。

③ 鲁迅《〈中国新文学大系〉小说二集序》，见蔡元培等著《中国新文学大系导论集》，上海：上海书店影印，1982 年，第 125 页。

④ 陈独秀《致周启明（1920 年 8 月 22 日）》，见水如编《陈独秀书信集》，北京：新华出版社，1987 年，第 258 页。信中说"鲁迅兄做的小说，我实在五体投地的佩服"。

们唯一的祈求。……这样黯淡的星光，这样微弱的呼声，思想是这般的幼稚，文字是这般的粗率，竟能得到社会的如许的同情，我们那得不努力，那得不兴奋，那得不振作，那得不使这暗淡的光，照澈这阴霾的宇宙，那得不使这微弱的呼声，惊醒酣睡的人群？①

显然，最早发表在 1923 年 8 月 21 日的《晨报·文学旬刊》上的鲁迅的《〈呐喊〉自序》，已最迟在 1926 年 4 月传到了新马，引起了新马作家的注意，并影响了他们的思想和创作，因为上段引文中的"呐喊""酣睡"，还有这"人群"，都令人不禁想及鲁迅的《〈呐喊〉自序》，而且，这文字里，这情绪中，也分明藏有鲁迅的影子。根据手头搜集的资料，我推断这是鲁迅与新马新文学的首次的"影的接触"，其时是 1926 年 4 月。

方修的《马华新文学史稿》中论及了不少中国作家，但"鲁迅"二字出现时，已是上卷的第 311 页，马华新文学也已经走到了 1930 年的 3 月：

> ……这是一位署名"陵"的作者提出的。他写了一篇《文艺的方向》，说道：
>
> "……我觉得十余年来，中国的文坛上，还只见几个很熟悉的人，把持着首席；鲁迅、郁达夫一类的老作家，还没有失去青年的信仰的重心，这简直是十几年来的中国文艺，绝对没有推向前一步的铁证。本来，象他们那样过重乡土气味的作家，承接十九世纪左拉自然主义余绪的肉感派的东西，哪里能卷起文艺界的狂风？……

---

① 方修《马华新文学史稿》（上），星洲世界书局，1971 年，第 60—61 页。

"现代文艺，决不是我们所需要的文艺。我们不当象恶魔派一样，专门描写丑与恶，虚伪和黑暗；我们不当象唯美派一样，沉沦于颓废的倾向，而不自振拔；我们不当象自然派一样，专门描写肉；我们不当象写实派那样太理智化，冷酷而没有同情；我们不当象乡土派那样太狭隘，太小气，而忽略民族精神。……一言以蔽之，我们以后，要努力建设Positive（肯定的）文学。"①

这是发表在《星洲日报》文艺副刊《野葩》上的一篇评论文章，时间是 1930 年 3 月。这位署名"陵"的作者明显受了当时中国国内由创造社和太阳社发起的围攻鲁迅的声势浩大的文化论战的影响，而且，其措辞、观点亦附和当时国内围攻者的论调，如钱杏邨的《死去了的阿Q时代》一文中的观点，对此，王润华教授和章翰先生都有详细萦之论述，我就不再赘述。② 我想特别指出的是，这位作者似乎并没有读多少鲁迅的作品，对其作品的理解亦较幼稚。而差不多和他同时的另一位叫"悠悠"的作者，在随后的《野葩》副刊上发表的一篇题为《南国的文艺的方向》中，竟然将鲁迅和张资平相提并论，他对鲁迅及其作品的理解，恐怕已不仅仅是幼稚了：

欧亚交通的要道的南国，是否适合象鲁迅的《阿Q正传》的忍耐的文艺？是否适合张资平的沉醉于恋爱的小说？

---

① 陵《文艺的方向》，《星洲日报》副刊《野葩》，1930 年 3 月 19 日。亦见方修《马华新文学史稿》（上），星洲世界书局，1971 年，第 311—313 页。

② 请参阅王润华《从反殖民到殖民者：鲁迅与新马后殖民文学》，新加坡国立大学中文学术论文第 144 种，2000 年，第 3—5 页；章翰《鲁迅与马华新文艺》，风华出版社，1977 年，第 2—5 页。

现在的文艺已由性的问题走向食的问题方面去了。因为大多数的群众都在饥饿；食的问题既得不到解决，哪里还准许你谈到性的方面。这时代是普氏与布氏针锋相对的阶段，鲁迅的《阿Q正传》的忍耐的文艺，张资平的沉醉于恋爱的小说，在南国都不适合。南国只有建设一种独立的，能代表南国各民族的特性的，能表现南国地方色彩的新兴文艺。[①]

在方修的《马华新文学史稿》中，在论及新文学之发端时，便已提及唐弢、周钢鸣（第13页）、徐调孚、顾均正、严敦易（第16页）、郭沫若、陶行知、李守常、郑振铎（第26页）等一大批中国作家。而对马华新文学影响最大的鲁迅竟要迟至第258页才作为批斗和误读的对象姗姗登场。由此可见，鲁迅在二十年代的马华文坛，不只是挨了寂寞，交的还是华盖运。

二、二十世纪三四十年代

受二十年代末中国国内太阳社和创造社围攻鲁迅的文化论战的影响，三十年代初，鲁迅在新马的形象几乎为负面，从上文所引的几位新马文艺工作者的文章中便可略知一二。1930年3月2日，中国左翼作家联盟（简称左联）在上海成立。在中国共产党的领导下，以鲁迅为旗手，团结了大批的进步作家，左联成为了反对国民党文化"围剿"的堡垒。作为左联这一进步团体的领袖，鲁迅赢得了中国现代文坛的广泛尊重，并影响了一大批进步作家。

在新马，鲁迅的形象也随之改变，由落后而倾左，马华文艺界有不少人视鲁迅为导师，在写作时引用鲁迅的辞令以加强自己

---

① 方修《马华新文学史稿》（上），星洲世界书局，1971年，第316—317页。

的论据，或在分析问题时断取鲁迅的章句为准衡。这种对鲁迅的认识的急剧转向无疑是中国国内情势使然，但同时，我们也不应忽略一些南来新马的中国作家对鲁迅及其思想的宣扬。事实上，马华作家也的确开始重视鲁迅的创作和思想。章翰就指出："在三十年代中期，马华文艺界不少人花了很大的功夫熟读鲁迅的书，学习鲁迅的思想和斗争经验。"① 而马华文艺界在三十年代中期提出的"民族自由更生的大众文学"的口号，实则是周扬的"国防文学"和鲁迅的"民族革命战争的大众文学"之争的余绪。尽管新马的文艺工作者之间也有激烈的辩争，但他们中的多数，是站鲁迅一边的。"民族自由更生的大众文学"也基本上与鲁迅的思想一致。②

1936 年 10 月 19 日鲁迅病逝于上海。消息传来，马华文艺界迅速作出了反应，短短几天内，星马各华文报刊发表了大量的纪念文章，《南洋商报》《星洲日报》《新国民日报》《光华日报》及《中华晨报》等主要报刊都特别编辑了"鲁迅纪念专号"，以寄托对鲁迅无尽哀悼和崇高敬意。下面是《星中日报》于 10 月 20 日在第二版刊出的对鲁迅先生逝世的报道：

> 名震世界之我国文坛权威
>
> 鲁迅昨在沪逝世
>
> 上周写作过劳老病加剧遂致不起
>
> 噩耗传出后各地智识界莫不悲悼

这是一篇简短的标题新闻，但字里行间，充弥的却是强烈的

---

① 章翰《鲁迅与马华新文艺》，风华出版社，1977 年，第 6 页。
② 同上，第 8 页。

悲痛之情。而在其后几天赶编出来众多的"鲁迅纪念专号",有诗歌、照片、木刻、评论和专论等等,数量之多,内容之充实,令人感动和钦佩。对鲁迅先生的纪念是马华文艺界纪念文艺家最隆重、最庄严的一次。①

鲁迅逝世后,马华文艺界对他的认知趋同,对其创作和思想崇敬有加。我这里列出的仅为部分纪念文章的标题:

《文化界的大损失》(紫凤,《南洋商报》副刊《狮声》,1936 年 10 月 22 日)

《吊唁群众的导师——鲁迅》(曙明,《星中日报》副刊《星火》,1936 年 10 月 23 日)

《现代第一流作家鲁迅》(佐藤春夫,《星中日报》副刊《星火》,1936 年 10 月 24 日)

《向鲁迅先生之灵致敬》(军笳,《星中日报》副刊《星火》,1936 年 10 月 24 日)

《这样的战士》(阿生,《星中日报》副刊《星火》,1936 年 10 月 24 日)

《集体主义旗下的鲁迅先生》(马达,《星洲日报》的《文艺周刊》,1936 年 10 月 25 日)

《鲁迅先生是中国新文学之父》(陈祖山,《星洲日报》的《文艺周刊》,1936 年 10 月 25 日)

《我们要向鲁迅先生学习》(作者不详,《星洲日报》,1936 年 10 月 26 日)

《我们要踏着他走过的血路》(侠魂,《星洲日报》,1936 年 10 月 26 日)

---

① 章翰《鲁迅与马华新文艺》,风华出版社,1977 年,第 25 页。

《悼导师鲁迅先生》（戴隐郎，《南洋商报》副刊《文漫界》，1936 年 10 月 25 日）

《导师·鲁迅》（英浪，《南洋商报》副刊《文漫界》，1936 年 10 月 25 日）

我相信，仅凭这些纪念文章的标题即可得出这样的结论：最晚是在鲁迅先生逝世之时的 1936 年，他已确立了其马华文坛上的至尊的地位，"鲁迅神话"亦应运而生——鲁迅成了"一面旗帜，一个徽章，一个神话，一种宗教仪式"；① 他是战士、巨人、导师、严父；他是新文学之父，中国的高尔基，普罗文学的英雄……

1937 年 10 月 19 日举行了"鲁迅逝世周年纪念大会"，出席的社会团体多达 34 个；大会主席胡守愚在致词中说：我们纪念鲁迅，不在于形式上的纪念，而贵在学习鲁迅的奋斗精神。鲁迅的伟大，在于他一生不为恶劣势力所屈服，自始至终不断以最坚强的精神与恶势力搏斗，至死不渝，这是我们青年所应该学习的。② 而 1947 年 10 月 19 日的鲁迅逝世十一周年纪念会更为热烈，更加隆重。大会主席汪金丁在致词中说：

今天纪念鲁迅先生逝世十一周年，当不胜悲痛，悲痛的不仅是失去了伟大的导师，而更大的却是民族苦难未过去而且日胜一日。但另一方面，今天纪念鲁迅先生又感莫大骄傲，鲁迅先生是民族的光荣，他的战斗精神，是中华民族精神的

---

① 王润华《从反殖民到殖民者：鲁迅与新马后殖民文学》，新加坡国立大学中文系学术论文第 144 种，2000 年，第 9 页。

② 章翰《鲁迅与马华新文艺》，风华出版社，1977 年，第 46 页。

表现……①

在这次会议上，胡愈之也发表了演说，他强调："鲁迅不仅是中国翻身的导师，而在整个亚洲亦然，他永远代表被压迫人民说话，对民族问题（的主张）是一切平等，教人不要做奴隶。"②

两次纪念会，相距十年，但主题、情势却是何其相似！王润华教授认为，鲁迅在新马1930年以后的声望，主要不是依靠对他的文学的阅读所产生的文学影响，而应归功于移居新马的受左派影响的中国作家与文化人所替他做的非文学性的宣传。③ 他的确是看准了所有"浮华"之后的"困乏"：当所有喧嚣淡逝，鲁迅在三四十年代留在新马的只是一尊高高在上的苍白"塑"像……

三、二十世纪五十至七十年代

在这一时期，尽管鲁迅神话仍在继续，但新马的文艺工作者对鲁迅的创作及其思想的研究有了明显的进步，其代表人物是方修和章翰。

方修是五六十年代的马华文坛上的鲁迅精神和形象的最虔诚和最坚定的捍卫者，其探讨问题，著书为文，多以鲁迅的章句为圭臬，任鲁迅的思想为指归。他在1955年至1956年间写成的鲁迅式杂感文集《避席集》最能体现他对鲁迅先生的推崇。④ 到了七十年代，章翰先后完成了《文艺学习和文艺评论》（1973）和

---

① 章翰《鲁迅与马华新文艺》，风华出版社，1977年，第48页。
② 同上，第46—48页。
③ 王润华《从反殖民到殖民者：鲁迅与新马后殖民文学》，新加坡国立大学中文系学术论文第144种，2000年，第6页。
④ 同上，第13页。

《鲁迅与马华新文艺》（1977）等两部著作，继续推崇"左派"的鲁迅精神，坚持认为无论是学语言、为人做事、思想、或探讨如何搞表演艺术活动，都需要向鲁迅学习。他对鲁迅的崇敬更是到了无以复加的程度：

> 鲁迅是对马华文艺影响最大、最深、最广的中国现代文学家。作为一位伟大的革命家、思想家，鲁迅对于马华文艺的影响，不仅是文艺创作，而且也遍及文艺路线、文艺工作者的世界观的改造等各个方面。……不仅是在文学领域，就是在星马社会运动的各条战线，鲁迅的影响也是巨大和深远的。长期以来，确切地说，自鲁迅逝世后的四十年，鲁迅的高大形象，一直鼓舞着人民为正义的事业而奋斗。鲁迅一直是本地文艺工作者、知识分子学习的光辉典范。我们找不到第二个中国作家，在马来亚有象鲁迅那样崇高的威信。①

方修和章翰都是新马知名学者，在各自的研究领域都多建树。他们对鲁迅作品和思想的研究，虽然仍有公式化和概念化痕迹，但他们毕竟都深入精读了鲁迅作品，深度揣摩了鲁迅思想，并能融入自己的体悟，较大程度上推进了新马的鲁迅研究。

此外，这一时期值得一提的学者还有郑子瑜先生。早在 1955年他就完成了《〈阿 Q 正传〉郑笺》②和《鲁迅诗话》两部专书，开始冷静地将鲁迅的作品当作文学经典，认真探究。在出版方面，

---

① 章翰《鲁迅与马华新文艺》，风华出版社，1977 年，第 48 页。

② 关于《〈阿 Q 正传〉郑笺》的出版还有一段传奇的经历：该书完稿于 1945 年，郑子瑜当时将书稿寄给在厦门大学执教的朋友叶国庆先生，转请郑振铎先生撰写书序，并介绍出版处。郑振铎收到了书稿，亦答应作序，但不久，郑振铎因飞机失事，不幸遇难，书稿不知所终。到了八十年代，书稿竟在街头出现，几经周折，还奇迹般地回到了郑子瑜手中。1993 年，北京中国和平出版社终于将它印行出版。

除了《文艺行列》《荒地》《沙漠风》《耕耘》《生活丛刊》和《行动周刊》等刊物刊载的"鲁迅纪念专辑/专栏"外，1976年出版的鲁迅逝世40周年纪念文集《俯首集》也是一部不应忽略的鲁迅研究论文集。

四、二十世纪八十年代至今

最近二十年来，新马的鲁迅研究开始有了不同的途向：马来西亚仍沿承传统，鲜有突破，更令人担忧的是，鲁迅研究似乎后继无人了。吴天才（即江天）教授1991年从马来亚大学中文系退休之后，至今，该系仍没有开设任何与鲁迅研究相关的课程。而且，更让人吃惊的是，马大中文系自1972年开设中国现代文学课程至今，竟然没有一篇学位论文是关于鲁迅的。现在，马华文艺界只有许德发先生等较少学者仍坚持鲁迅研究，许德发的研究方向是鲁迅与中国传统文化。

反观新加坡近二十年来的鲁迅研究，却别是一番景观。新加坡的学者在关注中国大陆的鲁迅研究的同时，更多地融入了世界性的学术研究大势，开始客观、理性地从事鲁迅研究，并在鲁迅思想的探寻、鲁迅作品的诠释和鲁迅语言艺术及修辞手段的研究等诸多方面取得了显著的成就。其代表学者就是王润华教授和林万菁教授。他们每年都在高校开设鲁迅研究的课程，并鼓励学生以鲁迅研究为论文写作的方向，仅新加坡国立大学中文系的研究鲁迅的学位论文就有十几篇。林万菁教授的代表著作《论鲁迅修辞：从技巧到格律》从修辞学的角度来探讨鲁迅的作品，认为鲁迅的作品中有其独特的修辞风格，其基本特征就是矛盾力所构成的"内摄"兼"外铄"的特殊风格；全书共分三编十章，旁征博引而不避烦屑，创获甚多。至于王润华教授，从 1976 年发表第一篇研究鲁迅小说《狂人日记》的论文《西洋文学对中国第一篇短篇白话小说的影响》至今，鲁迅研究一直就是他最为专注的学术领域。其学术专著《鲁迅小说新论》和《从周树人仙台学医经验解读鲁迅的小说》《回到仙台医专，重新解剖一个中国医生的死亡》等学术论文揉合学人的严谨与诗人的才情，多角度、多层面地探寻鲁迅的艺术和精神世界，展示了他宏阔的学术视野和专博的中西学养，是新马和东南亚鲁迅研究的最新成果，代表着现在，乃至今后一个时期的鲁迅研究方向。也有一批作家，如云里风、黄孟文、吐虹等，也开始把左派的鲁迅文学观进行调整和修改，尝试破除被神化了的鲁迅的规范性和正确性，重新为中文和文本定位。①

结　语

以上是对鲁迅在新马的影响和新马的鲁迅研究的一个概述。总的来说，鲁迅的创作及其思想在新马，由二十年代的寂寞和被误解开始，经过很长一个阶段的喧嚣（其实也是另一种形式的被误解），到了八十年代方始摆脱"左倾"的索套，被视为客观的学术对象，从街头走向大专学府，褪去浮华，返归本真，新马的鲁迅研究者也因此取得了骄人的成绩。这过程，虽多曲折，但终归令人欣慰。

（本文曾发表在新加坡《亚洲文化》2001 年第 25 卷。）

---

① 　王润华《从反殖民到殖民者：鲁迅与新马后殖民文学》，新加坡国立大学中文系学术论文第 144 种，2000 年，第 19 页。

中日人士所见郁达夫在
苏门答腊的流亡生活

王润华

自从郁达夫（1896—1945）在 1945 年 8 月在苏门答腊失踪以后，中国、日本、新加坡、马来西亚各国的学人，历尽千辛万苦，设法寻找出他在流亡时期的实际生活情况与失踪之原因。最早关于郁达夫流亡苏门答腊及其死亡的报告，是在他失踪一年后才出现。作者胡愈之，是中国一位文化界名人，他和郁达夫同时从新加坡逃离到苏门答腊，而且流亡期间，多数时间还生活在一起，胡愈之于 1946 年 8 月回返新加坡担任《南侨日报》主笔，这时候他才写《郁达夫的流亡与失踪》[①]，非常详细的叙述郁达夫从新加坡逃到苏岛避难，怎样在伪装华侨商人之下，经营酒厂生意，再度娶妻成家等事情，由于胡愈之和郁达夫在苏岛来往密切，长时间因工作之关系，天天生活在一起，因此这篇《郁达夫的流亡与失踪》，不但使我们看见他的日常私生活，同时也使我们了解他当时的思想感情。自从这篇报告发表后，这问题广泛地引起注意。接着很多与郁达夫在苏岛一起逃难的朋友，也纷纷将自己所知道的写出来。这些出自中国文人的报告，虽然其中有误解捏造之处，或因民族感情和痛恨日本人而有所歪曲和袒蔽，大体上都是翔实

---

① 　胡愈之，《郁达夫的流亡与失踪》（香港：咫园书室，1946 年）。这个报告原有副题《给全国文艺界协会报告书》，先在 1946 年 9 月的《民主》上连载。

可靠的，在 1969 年之前，是构成郁达夫在苏门答腊之传记资料之主干。

由于郁达夫是在日本侵占新加坡之前逃到当时的荷属苏门答腊，他在新加坡担任《星洲日报》副刊编辑之极力提倡文学运动，所以当地华人很尊敬他。第二次世界大战结束后，新加坡和马来西亚两地，发表了很多关于郁达夫在新、马及苏岛的生活。新马文艺界对研究郁达夫在南洋的最大贡献，是在资料的正路上。文中资料，即使在中国，也没有人去将它搜集和整理出版，但是新马文艺界却做了，而且做得很好，使目前研究郁达夫在 1939 年以后的生活与著作的人，感到很方便。[①]

日本学者虽然在日本侵略战争结束后，就开始注意这问题，但一直没有什么重大的贡献。1969 年日本铃木正夫发表了一篇《郁达夫的流亡和失踪：原住在苏门答腊的日本人的证言》[②]，终于才有了突破性的发现。因此又使我们对苏门答腊时期的郁达夫生活与思想之了解加深一层，向前推展了一步。铃木正夫通过通信、电话与面谈的方式，录取了一百多位曾与郁达夫在苏岛有过来往的日本人之供证，其中十个当时日本驻苏岛宪兵或商人之报告最为重要，因为他们与郁达夫在苏岛有相当频繁之来往，而且产生很亲密之有情，他们坦白的将亲眼看到和知道的情形讲出来，因此，揭露了很多郁达夫在流亡时还未被人知道的日常及感情生活。有些方面的实事，譬如郁达夫和日本军人与商人不平常的来往和交情，在中国人的报告中就很少透露，这可能因为怕有损中国人

---

① 新马华人在这方面的贡献，最好的成绩是：（一）温梓川编，《郁达夫南游记》（香港：世界出版社，1956）。（二）：李冰人与谢云声合编，《郁达夫纪念集》（南洋热带出版社，1958）；（三）：李冰人编《郁达夫集外集》（南洋热带出版社，1958）。

② （注三）这一篇访问记录《郁达夫的流亡和失踪——原苏门答腊在住邦人的证言》原附录在伊藤虎丸、稻叶昭二及铃木正夫合编，《郁达夫资料》（东京大学洋文化研究所，1969）。

重视所谓"人格"而故意蒙蔽。铃木正夫这份调查的报告，最大的贡献，是找到证实郁达夫被日本宪兵谋害的证人。宪兵惧怕郁达夫在战后成为有力的战犯证人而将他杀害的控诉，虽然早在1946年由胡愈之提出，但由于缺少事实根据，一直被许多特别是中国以外的学者所不敢完全肯定的接受。铃木正夫的结论，使"控诉"或"猜测"成为铁一般的实事。

文本的目的，是要将目前各国学者所发掘出来，有关郁达夫在苏门答腊流亡生活的实事，一点一滴，一片一片的缀串起来，构成一幅比较完整的记录。这样也许我们更明白郁达夫最后的日子是怎样度过的，他当时想着的是些什么。

一、在新加坡的抗日活动

1939年的时候，很多日本的动向已明显，他们决心要侵略马来西亚和新加坡。当第二次世界大战在1939年9月3日在欧洲爆发时，日军在德国纳粹政府控制下的法国同意之下，侵占了印度支那半岛南部。1941年12月7日，日本军机偷袭美国在夏威夷的珍珠港，同一天，日军在马来亚东岸的吉兰丹州海滩登陆，而且猛烈轰炸马来亚北部的飞机场。马来亚没有充分备战，当时的英军主要是防御性质，遇到日本突然的猛烈攻势，连迎战也没有能力，一下子就慌乱起来。

1941年12月8日，英国两首战舰——主力舰威尔斯太子号与巡洋舰击退号，在六十余架日机猛烈的轰炸下，沉没在彭亨关丹附近的南中国海面。英国遭到惨痛的损失后，东南亚的制海权也跟着丧失，因此马新的沦陷也在旦夕，因此日军现在能向四处进攻了。

郁达夫早在 1939 年前来新加坡，受聘于《星洲日报》，担任副刊编辑。由于他是五四新文学运动以来写小说成名的作家，所以他在新马华侨知识分子中很有影响力。他南来之前，在中国已经公开反对日本军国主义之发展与侵略，而且积极参加反日活动。①

运用他个人的影响力，他替反日的华侨筹赈会的募款尽了很多功劳。英国新闻处委任他为《华侨周报》编辑，专门推动抗日宣传。他除了编辑工作，还负责收听日方的宣传广播，而且选择其中重要部分，翻译成英文。② 在其他担任过抗日活动的职位中，比较重要的是文化界战时工作团主席，及文化界战时干部训练班班主任。③

当日军从北再往南长驱直下时，英国殖民地政府呼吁华侨同心协力阻挡日军攻占新加坡。英国当局便开始与华侨领袖商讨联合抗日事宜，经过慎重考虑，当时商界巨人陈嘉庚接受英政府的提议。12 月底，在陈嘉庚的领导下，新加坡华侨抗敌委员会（Chinese Mobilization Committe），不但得到新加坡总督珊顿·汤姆士（Shenton Thomas）爵士的支持，而且还得到当地中国国民党和共产党之协助。郁达夫被委任为执行委员，同时负责文艺组工作。此外，他也是文化界抗日联合会主席。④

在太平洋战争爆发时，新加坡就开始准备军事防御工作，可是当时的计策是防止敌人从南方海马进攻。现在从后面马来亚打来，因此前功尽废。防御工作化整为零。另一方面，虽然华侨愿

---

① 关于郁达夫在新加坡马来亚之生活，我在 "A Study of YU Ta-Fu's Life in Singapore and Malaya，193901942"（作于 1969）一文中有详细叙述。
② 见陈嘉庚，《南侨回忆录》（上下册，1946 自印本），第 48—56 页、及第 66 页。
③ 胡愈之，《郁达夫的流亡与失踪》，第 2—3 页。
④ 温梓川，《郁达夫别传》（在马来西亚出版的《蕉风月刊》上连载，143 至 163（1964 至 1966），见 154 期，第 69 页。

意与英军携手合作，共同抵抗侵略者，而且英国政府提供军事训练，但是这种准备在最后一分钟前才产生，一切都太晚了。后来由于理解到顽强抵抗不会成功，更何况英军并没有死战到底的决心，当总督拒绝在危急时机撤退抗日华侨到安全地区时，陈嘉庚便于1942年正月三日撤退至苏门答腊。然后从苏门答腊再前往爪哇。一直到战争结束为止，陈嘉庚都住在爪哇。①

在陈嘉庚从新加坡疏散到苏岛的当天，华侨总动委员会召开一项紧急会议商讨应对局势。会议上一致同意陈嘉庚的看法，抵抗到底会造成无谓的大牺牲，英军不会战斗到底。新加坡沦陷在日军手中以后，抗日分子一定会惨遭杀害。可是，他们并没有立刻逃离新加坡。1942年正月二十七日，英军开始将军队撤退到新加坡，30日晚已将马来半岛完全放弃。新加坡在马来亚南端，只有一水之隔，双方有一道半里长的长堤连接着。因此当日军占领柔佛，整个新加坡便挨受日军大炮的轰击。眼看着新加坡朝不保夕，郁达夫和其他十八位文化界人士在2月4日突破日军的封锁，乘船冒着炮火撤退到荷属苏门答腊。十二天后，新加坡终于失守，英军投降，日军占领了整个新加坡。②

同船逃往苏岛的十九人中，很多是来自中国的作家，而且极多是新加坡报人。他们之中，郁达夫、王任叔（巴人）、胡愈之、杨骚，都是中国著名的作家，后面两人目前还住在中国大陆。

根据胡愈之和王任叔的回忆，他们一船人逃离新加坡后，便航向苏岛。黄昏的时候，他们行到加里曼，一个距离新加坡最近的荷属小岛。由于他们之中多数没有签证，因此在那里被迫停留

---

① 见陈嘉庚，《南侨回忆录》，第346—347页。

② 见王任叔，《记郁达夫》，收集于《郁达夫纪念集》（第11—16页），第11页。王任叔（巴人）是十九人中的一个。

了两天。后来他们分成几队人马，分头乘船前进，于 2 月 6 日傍晚抵达斯拉班让（Slatpandjang），也是一个小岛。郁达夫一行一共七人，其中包括王任叔和胡愈之。2 月 9 日，郁达夫、胡愈之及其他被荷兰官员遣送到孟加丽岛（Bengalis Island），王任叔留在斯拉班让岛上，住了有六个月之久才离开。

郁达夫前往孟加丽岛只是短期性的，因为他的最终目的是回中国去。他原来的计划是这样的：希望荷兰政府发给他签证前往爪哇，然后从那里乘船取道印度回中国去。可是荷兰殖民地政府拒绝了他的申请。绝望以后，他只好在恐慌中彷徨度日。马六甲海峡在窗外怒吼，收音机传来新加坡日愈恶化的消息。2 月 15 日当他和同伴们获知新加坡被日军占领，个个吓得呆住了，苏岛附近荷兰军马上撤退到爪哇。郁达夫和他的逃难朋友现在可自由行动了，可是已经没有船只航行，结果还是无路可走。后来认识一个热心的华侨名叫陈仲培，他原来是一个从孟加丽岛到巴东岛的渡轮公司的老板。他便好心的派一辆小船把郁达夫及其同伴送到离孟加丽岛不远的巴东岛（Padang Island）的巴东村，这是 2 月 16 日的事。①

二、在巴东岛上

郁达夫他们抵达巴东村后，受到陈仲培家庭热情的招待和帮忙。他们在陈家附近租了一间屋子，便暂时安定的住下来。巴东村是一个偏僻荒凉的地方，村民主要是印尼人，全村中只有寥寥数家华人。郁达夫前后在那里呆了一个半月。他发奋学习印尼文，同时也做了一些诗。他的遗作《乱离杂诗》共有十一首，多数是

---

① 胡愈之，《郁达夫的流亡与失踪》，第 4 页。

这时候作品①。其中第一至第九首抄录于下：

（一）

又见名城作战场，势危累卵溃南疆；

空梁王谢迷飞燕，海市楼台咒夕阳。

纵欲穷荒求玉杵，可能苦渴得琼浆？

石壕村与长生殿，一例钗分惹恨长。

（二）

望断天南尺素诗，巴城消息近何如？

乱离鱼雁双藏影，道阻河梁再卜居。

镇日临流怀祖荻，中宵舞剑学专诸？

移期舸载夷光去，鬓影烟波共一庐。

（三）

夜雨江村草木欣，端居无事又思君；

似闻岛上烽烟急，只恐城门玉石焚。

誓记钗环当日语，香余绣被隔年熏；

蓬山咫尺南溟路，哀乐都因一水分。

（四）

谣诼纷纭语迭新，南荒末劫事疑真；

从知邦上终儿戏，坐使咸阳失要津。

月正圆时伤破镜，雨淋铃夜忆归秦；

兼旬别似三秋隔，频掷金钱卜远人。

---

① 陆丹林编，《郁达夫诗词钞》（香港：上海书局，1962）。

（五）

久客愁看燕燕飞，呢喃语软泄春机；
明知世乱天难问，终觉离多会渐稀。
简札浮沉殷羡使，泪痕班驳谢庄衣；
解忧纵有兰陵酒，浅醉何由梦洛妃？

（六）

却喜长空播玉音，灵犀一点此传心；
凤凰浪迹成凡鸟，精卫临渊是怨禽。
落地月明思故国，穷途裘敝感黄金；
茫茫大难愁来日，剩把微情付苦吟。

（七）

犹记高楼诀别词，叮咛别后少相思；
酒能损肺休多饮，事决临机莫过迟，
漫学东方耽戏虐，抒呼南八是男儿；
此情可待成追忆，愁绝萧郎鬓渐丝。

（八）

多谢陈蕃扫榻迎，欲留无计又西征；
偶攀红豆来南国，为访云英上玉京。
细雨蒲帆游子泪，春风杨柳故国情；
河山西戎重光日，约取金门海上盟。

（九）

飘零书剑下巴东，未必蓬山有路通；

乱世桃源非乐土，灾荒草泽尽英雄。

牵情儿女风前烛，草檄书生孟初功；

便欲扬帆从此去，长天渺渺一征鸿。

　　根据胡愈之的解释，前面七首是为一个爱慕的女子而作。郁达夫在新加坡与王映霞离婚后，才认识她的。她是盟军电台的广播员，后来在新加坡沦陷之前，随着盟军撤退到爪哇的巴达维亚（椰卡达）。据说郁达夫在巴东村的时候，他常常走路到附近的小镇上去聆听她从爪哇传来的广播。《乱离杂诗》第六首《却喜长空播玉音，灵犀一点此传心》据说是指他每周至少有三天上街去听她的声音的单思之苦。第八首及第九首是向陈仲培惜别而作。陈是福建金门人，所以有"约取金门海上盟"句。①

在彭鹤岭

　　在巴东村过了一个半月隔离的生活，郁达夫又开始坐立不安起来。爪哇的荷兰殖民地政府在 3 月 9 日还未开战，就向日本投降了。于是苏门答腊及附近岛屿都落入日军手中。郁达夫和他的朋友又要动脑筋去寻找一个更安全的藏身之所。他们分散成两批，分头逃命去。郁达夫和王纪元在一块，他们找到一个海边小镇叫彭鹤岭，离开巴东村大约有十英里路程。得到一位当地华侨商人寇文成的帮助，他们开了一个小摊子卖杂货。郁达夫改名换姓，叫作赵德清，王纪元叫作汪国材。听说他们生活很苦，坐在街边卖东西，简直变成乞丐了。②

---

　　① 见胡愈之，《郁达夫的流亡与失踪》，第 33 页及第 43 页。
　　② 胡愈之，《郁达夫的流亡与失踪》，第 9 页；王任叔《记郁达夫》，在《郁达夫纪念集》，第 11—13 页。

一个月以后，大概在 4 月中旬，郁达夫知道他们再不能藏身在那小市镇上。自从新加坡被日军占领变成昭南岛后，许多不愿与日军合作的人，只要有办法，就纷纷逃出新加坡，如潮一般涌到附近之小岛。因此彭鹤岭这穷乡僻壤也引起日本密探之注意。他们经常听到别人传说，从新加坡来的日本侦探和汉奸，不断逮捕新加坡反日知识分子，并遣送回新加坡，然后加以严刑拷问，很多甚至被处死。

日本密探捉人的风声很紧，郁达夫终于又决心往他处逃亡。他想逃到苏门答腊岛内部去躲藏，因为那里没有认识他的人。当他在苏门答腊岛的东部登陆后，即沿着士叻河（Sungei Siak）往内地走。开始有王纪元陪他走，后来王纪元在路上病倒，只好在末旦（Utan），途中一个小镇住下来治病，郁达夫和一个陌生人改乘舢板前进。到了北干峇鲁（Pekan Baru），他乘巴士车到巴耶公务（Pajakumboh），大约离开北干峇鲁有一百五十公里。郁达夫在《乱离杂诗》第十一首中，记述这一段劳苦的行程：

　　草木风声势未安，孤舟惶恐再经滩；
　　地名末旦埋纵易，楫指中流转道难。
　　天意似将颁大任，微驱何厌忍饥寒？
　　长歌正气重来读，我此前贤路已宽。

三、在巴耶公务初期的日子：伪装商人赵廉

郁达夫大约在 1942 年 5 月初抵达巴耶公务——一个位于苏门答腊中部的小市镇，当时的人口约一万人。可是并不如他当初所

想象的能够隐姓埋名、相安无事的过日子。他的出现，马上引起当地印尼华侨的怀疑，他们以为他是日军方派去的耳目。虽然他身上带了好几封介绍书，当地侨领由于对他有所怀疑，而拒绝帮忙。

原来当地华侨对郁达夫的身份的怀疑，是由一件意外事件所引起的误会。从北干峇鲁巴士车前往巴耶公务途中，车子被一辆日本军车叫停，搭客不知道日军的目的只是询问去北干峇鲁的路线，他们都惊慌的下车，往树林逃命。郁达夫没下车，并以流利的日语告诉他们到北干峇鲁之方向。一个日本军官离开时，还向他敬礼。郁达夫来到这个有两千华侨的市镇，暂时在一间叫华侨旅社的旅店住宿。他在旅店的记录簿上签上赵廉两字。他留了胡须，样子像日本人，而又有人认出在路上与日本军官谈话的就是他，因此郁达夫是日本侦探的谣言马上传遍了巴耶公务。①

郁达夫不但化名赵廉，胡愈之说，他同时撒谎说他生于日本东京，父亲经营古董店，因此他是在东京受教育。根据铃木正夫的访谈报告，有两位与郁达夫有很好交情的日本人也这样说，不过地点是神户，不是东京。② 日本宪兵大约在1943年5月底知道郁达夫能说流利的日本话。有一天他拜访巴耶公务有钱又有社会地位的侨领蔡成达，希望后者帮忙找房子。当他走进蔡家，一个日本宪兵正在和蔡成达为一事件争论得面红耳赤。他们之间语言不太通。蔡知道郁达夫会讲日本话，就叫他作通译。蔡成达，又

① 胡愈之，《郁达夫的流亡与失踪》，第14—15页，及佚名，《郁达夫先生遇难前后》，收集在《郁达夫集外集》，第238—239页。佚名是一位印尼华人，据编者李冰人说，郁达夫以前在巴耶公务时，常与他有来往。

② （注一五）本文所引用铃木正夫的《郁达夫的流亡与失踪——原苏门答腊在注邦人的证言》，是根据需要情形，分别采用下列两种译文：（一）杜国清所译，发表于《纯文学》，九卷一期（1971年1月），第40—64页。（二）美国人梅其瑞（Gary G. Melyan）译，《郁达夫遇害之谜》，刊于《明报月刊》，第六十期（1970年12月），第54—61页。梅只节译其中重要部分。

名蔡清竹，是当地有名之侨领，荷兰政府封他为"甲必丹"（Kapitan），所以有华人问题，日本军方多数向他交涉。在这事情之前，蔡曾帮忙郁达夫办理户口登记，成为巴耶公务的合法居民。郁达夫后来成为蔡成达的助手。蔡与日本人交涉华侨事物时，郁达夫就当翻译①。在铃木正夫的报告中，有一个叫关根文的人，是日本米星产业公司的职员。1944年1月，他被派到巴耶公务，在附近的米星产业公司负责烟草的收集和交易，以及农园的经营。在访谈中，他说：

在我到的第二天，就遇见赵先生，他担任华侨会长蔡的翻译，当我把名片递给他时，我很惊讶，他用正确的日语说："哎！关根先生，请坐，请坐！"……另有秋山隆太郎，当时日本在苏门答腊划分成九个行政区，他是西海岸州的巴耶公务分州之分州长。他也在供证中说：

1944年到1946年4月战争结束前，我任分州长。在我就任不久，赵先生来做礼貌性拜访。当时巴耶公务的华侨长，是位姓蔡的，他只会说印尼话。由于赵先生日文流利，并在中国人中有影响力，因此我们对华侨政策的实施，都先得通过赵先生。郁达夫到巴耶公务的时候，裤袋里只剩下几百盾。过了二三个月，已差不多用光了。幸好这时候他有差事做。胡愈之和其他新加坡文化人也陆续到了巴耶公务。汪金丁在1942年9月18日到那里，他说郁和胡先后到王任叔则较晚，8月左右才到。他自己回忆说："八月初，我终于在山巢爬了出来，沿这小岛的海岸，上溯到北干峇鲁，经岛的中部高原地带，而到了愈之他们住下的巴耶公务。那时纪元去巨港，达夫在花的国日本宪兵部当通译，化名赵廉，

---

① （注一六）胡愈之，《郁达夫之流亡与失踪》，第16—17页。

住家却在巴耶公务。"①

这一群朋友，后来生活也成了问题，因此想做点小生意赚钱。刚好这时他们收到一笔约四百盾的难民救济金，这是泗水华侨捐募的，再加上当地华侨投资两百盾，他们开始经营一间酒厂。开酒厂的目的，除了解决生计，也可以用来掩护作为反日的知识分子之身份，这酒厂命名为"赵毅记酒厂"，九月一日开始营业。赵廉挂名做老板，胡愈之做记账的，张楚琨（新加坡报人）做经理。②

这间酒厂的生意很好。开了六个月，刚好日本驻军大大增加，所以顾客中以日本人为最多。所以铃木正夫所访谈过的日本人，多数还记得赵豫记酒厂之事。前面提过的日本米星公司派去巴耶公务的职员关根文，记忆犹新地说：

1944 年 6 月，在离华侨街三公里地方，有个叫"赵豫记酒厂"，开始制造"初恋"和"太白"这两种酒。日本军人和商人喝许多这种酒。这造酒厂似乎由华侨们投资，并实际经营，赵先生地位，只是指导和顾问而已。酒的原料米，当时是管制品，我利用我工作的方便，帮助他们储存米和获得瓶子。另一位池内大学，是日本发电厂职员，在 1943 年 3 月被派到苏门答腊。后来常被派到巴耶公务管理工业、交通等事。他也记得因酒而与郁达夫有过来往：

因为我们有制酒的原料——糯米，所以结识了赵先生。我和赵俩人都喜欢喝酒，他几乎每天固定的，用我给他的一部分米，制烧酒请我喝，我们称此酒为"富士山"（Gunung Fugi，古浓，

---

① （注一七）王任叔，《记郁达夫》，收集于《郁达夫纪念集》第 13 页。
② 金丁，《郁达夫的最后》，《郁达夫纪念集》，第 76 页，及胡愈之，《郁达夫之流亡与失踪》，第 20—21 页。

印尼话山之意）。那时我二十八岁，大概他想我易相处，或因我有什么本事，所以要和我交朋友。

此外他还说："赵先生喜欢酒，了解他造酒，给他特别配合的糯米和砂糖的是我，山下部队当然也帮'古浓富士'酒不少的忙。"

四、担任日本宪兵队通译

1942年除了开酒厂外，郁达夫并接受日本宪兵大队通译的工作。开始他推辞说要照顾酒厂，不能去武吉丁宜（Bukit Tinggi）——当时的宪兵总部。但是宪兵方面不肯放人，他就不敢坚持到底。宪兵总部设在离巴耶公务三十公里的武吉丁宜山上，郁达夫只好暂时住在那里，通常每星期回巴耶公务一两次。所以王任叔在1941年8月到那边时，"达夫在花的国日本宪兵部当通译，化名赵廉，住家却在巴耶公务"。他首先见到的是胡愈之。汪金丁在九月到时，过了几天才见到达夫："达夫和愈之先生几位，是在几个月前就到了那里的。因为达夫在宪兵部做通译，而宪兵部又是距离巴耶公务有四点钟火车路的武吉丁宜，所以一个礼拜回来一次。我到公务的第三天才见到达夫。"①

郁达夫在武吉丁宜的生活，寂寞且无聊。他无事时，经常陪宪兵喝酒或嫖娼。因为他性格奔放，时时刻刻要留神不说错话，因此很苦闷，听说每次回到巴耶公务来，他便向他的落难朋友"把拘禁了一个礼拜的话都倾吐出来，精神就特别感到畅快"。②可是在另一方面，郁达夫却因为做了日本宪兵的通译而得意。走

---

① （注一九）金丁，《郁达夫的最后》，《郁达夫纪念集》，第76页。
② （注二〇）金丁，同上，第78页。

在路上，有日本警察向他敬礼，而印尼人都称他"端"（Tuan，老爷或先生之尊称）。他住的是荷兰式的洋房，家里书很多，都是从宪兵部搜罗来的。平时谈话，口气很大，他似乎已经不怕身份泄露，他会这样说："没问题！这里华侨都知道我是谁，有什么问题？到宪兵部告诉我吗？我先把他抓起来，Kasih setengah mati（印尼话，把他打个半死）。"①

通译的工作从什么时候开始？做了多久？胡愈之只说与酒厂的开办差不多同时。前后工作时间不过六七个月就结束了。我在上面引用过汪金丁的话，他在九月中旬抵达巴耶公务，达夫已暂时因通译工作而住在武吉丁宜。而根据我上引王任叔的话，达夫应至少在八月就去上任了。铃木正夫访谈过的一位宪兵（姓名没公布，以F代表）②说，他在1942年4月至1943年正月这段期间，在武吉丁宜宪兵部当庶务员，他承认当赵廉当通译时，常常看见赵廉出入宪兵队。有一位武吉丁宜宪兵队警务主任（姓名保密，编名B）告诉玲木正夫说：

我是在1943年7月到1944年10月在武吉丁宜宪兵队。那时他已辞去宪兵队工作，在巴耶公务卖烧酒给日本人……我是管理内务事情，山下部队驻屯在巴耶公务，加上附近有些欧洲俘虏，所以我常到那里去。有时我上他家拜访，我听他亲口说，从1942年到1943年初，在武吉丁宜宪兵队任通译。

由上面的片段记忆看来，郁达夫做通译的时间确实很短，1942年9月左右开始，1943年3月前已辞掉，前后大概六七个月。根据中文资料，他辞职的经过也很传奇。郁达夫要走，宪兵部不肯，（于

---

① 金丁，《郁达夫的最后》，《郁达夫纪念集》，第76—77页，这是汪金丁亲眼所见，亲耳所听，他说当时王任叔也在场。

② （注二二）由于怕引起法律上的麻烦，铃木正夫访谈过的七位宪兵都没有公布真实姓名，只冠以ABCDEFG代表。

是他只好虐待自己，鸡鸣即起，用冷水冲凉，让自己伤风，吃鸦片，喝酒，让自己咳嗽……好证明自己是有肺病。）最后他进入一间叫"萨瓦伦多"的医院，他送那个日本医官几瓶酒，于是，不久他证明是有病的。这时宪兵司令调到他处，便批准他的辞职请求。①

铃木正夫的访谈中，泄露一项事实：郁达夫虽然正式在1943年初辞去日本宪兵队的通译工作，但以后他继续提供义务的服务。一位当时在武吉丁宜的宪兵班长说："我认识赵先生是因为：1943年下半年，我和他一起在武吉丁宜宪兵队工作，有半年之久。当时我去过他巴耶公务的酒店好几次，所以我晓得一点关于他的事情。"郁达夫到宪兵队去，就是做这位D先生的通译官。他说：

> 在我赴任到武吉丁宜时，他已不当通译了，但我们需要一位可靠的翻译时，都去找他。当时我的地位不必雇佣私人翻译，他之所以愿意替我翻译，好像是企图利用机会帮中国人的忙。如果我说他的翻译有错时，他会立刻上前说些好听道歉的话。我和他来往，可以知道华侨们的动向……

中国资料方面常常称赞郁达夫利用通译之方便来救人，这位日本宪兵班长的供词，正是旁证。胡愈之说郁达夫常欺侮日本人不懂印尼话，盘问嫌疑犯时，经常自问自答。吴柳斯曾经有一个时期和郁达夫常在一起，他说：

> 在他任职的七个月当中，我知道他只有帮华侨，帮印尼人的忙，并没有陷害一个人。谁都知道，他是道地的外江人，满口浙江口腔，外省话是不懂的，尤其在他任职期间，他的

---

① 金丁，《郁达夫的最后》，《郁达夫纪念集》，第81页。

印尼话，不只是说不好，连听也听不大懂，而在苏西地区的普通话就是印尼话。所以当宪兵队长要他通译的时候，他常常自问自答，好比演戏一样，不论什么人被抓到宪兵部去，给他如此一来，都释放出去，于是，被抓的人，既不知是为什么被抓的？又不知为什么被释放的，然而大家都知道，这是郁先生帮的忙。①

这些话也许有点夸张，但郁达夫相信常利用其工作帮助过不少人。汪金丁也亲口听见郁达夫这样夸耀自己的功劳：

据达夫说，他这一次是跟着日本人去到苏门答腊北部的阿齐，去侦察联军"间谍"的。日本人在表面上装得很诡秘，其实到了什么地方也仍是要酒，找女人。也的确抓到了几个很有嫌疑的，然而达夫说，日本人既不懂荷兰语文，也看不懂那些物证，一切非先问他不可，于是经过他一通译，这些情形很严重的人被视为无足轻重，放走了，连重要的物证也被达夫销毁了。②

五、与日本人之友谊

铃木正夫的报告也泄露了郁达夫另一面的生活：他除了因为做通译而跟日本宪兵队有来往，平时也常跟日本军人或商人做朋友。其中好几位日本人和他有了很深的友谊。关于这一点，中文资料大概是故意不说，不是不知道吧。山下正，一名日本富九七一七部队长，他的部队从 1943 年 1 月 1 日到 1946 年 6 月底，驻守在巴耶公务附近。虽然由于军职在身，不敢有太多来往，但他

① 吴柳斯，《纪念郁达夫先生》，《郁达夫纪念集》，第 71 页。
② 金丁，《郁达夫的最后》，《郁达夫纪念集》，第 80 页。

与郁达夫还是有友谊，私下有来往。当山下正的部队撤退时，（我派一位部下，送他一套我在新加坡做的西装为纪念品，不知道他有没有收到。）上面提过日本米星公司职员关根文便是郁达夫的好友。他回忆说：

> 赵先生是我的亲密好友。他跟我非常亲近，而且无论哪一方面也都是我的老师。赵先生的人品，我知道很清楚：在日本人之中，我是和他来往得亲密的了。可是他以往的身份，因感到切身的危险不愿提到，因此也没听说过。

关根文和郁达夫（曾计划战争一结束后一起搞贸易公司），所以他说"如果赵先生不是行方不明的话，我也许不会回到日本的"。我上面提过帮忙郁达夫购买糯米的池内大学，也承认达夫和他（来往得非常亲近）。他说"经常到赵廉先生那儿去吃油腻的中国菜"。做过巴耶公务分州州长的秋山隆太郎也承认（在苏门答腊留下印象最深的，说来还是赵先生的事情）：

> ……我和赵先生互相信赖在公私两方面都非常亲近。他是极为亲日的，但是对我这分州长的头衔好像保持着一步的距离。时常让赵先生请客，也时常由他做菜宰野猪吃……

回国以后，跟过去的伙伴提议给赵先生写信时，听说他死了，感到很可惜。中国方面的资料，固然没有报告事实，但从中国难民跟郁达夫来往之小心之报告看来，一定事出有因，胡愈之说，当时他们难民中暗地里进行反日之活动，不过没有让郁达夫参加或知道。他承认郁达夫似乎知道他们的活动，但却装着不知，对这事也不闻不问。①

汪金丁的《郁达夫的最后》也有这样的一段：

> ……我们这批流亡的朋友在那时有个对外绝对秘密对内绝对公开的组织，组织的生活，使我们在学习和工作上都有了中心……不过这个同人的组织并不包括达夫在内。②

由此可知，郁达夫的中国朋友也认识到他跟日本人的来往很密切，有小心警惕之准备。

尽管郁达夫和日本人的来往多到使他的中国朋友对他采取小心的态度，驻守巴耶公务的富九七一七部队的部队长由下正的副官甚至说"赵先生和睦协作，真是巴耶公务的汪精卫"（这是由下部队第四中队军医西本矢的供词）但各方面的资料，都说华人和印尼人都很尊敬他，没有视他为"汉奸"，这一点连日本也这样说。关根文就有这样的回忆：

> 一般说来，他对日本人很友善，丝毫不怀敌意。华侨他们也不以常使用的名词——汉奸，加在他头上。每隔一周或十天，日本宪兵要去侦察他行动一天。听说他曾担任宪兵分队通译，但他从未对我说起过去的工作详情。有时他搭我的卡车到巴东，一次早卡车上，他愤愤不平地说："有人以为我是（中国方面的）间谍，他们若疑心，最好是做次彻底的搜查。"

---

① 胡愈之，《郁达夫的流亡与失踪》，第 32 页。
② 金丁，《郁达夫的最后》，《郁达夫纪念集》，第 78 页。

郁达夫周旋于日本统治者和难民之间似乎很成功，日本人相当信赖他，对他有好感；而避难的华侨及当地印尼人也受他极力保护。像汪金丁这段话，很多中国资料都这样说：

> 许多人都找他，一个不相识的老太婆要买一盒公价火柴，也请他写个条子，介绍她去组合；一个商人有几千公斤辣椒要请出口准字，也来请他设法相帮疏通；又一个什么人家的房子，日本人要强迫租住，也是来找他；自然啦，什么人抓去更是非达夫出面营救不可。我记得有一个人犯了杀人罪，要求减刑，也来请他起草递到法院去的控诉书……①

六、第三次结婚

1943年初，郁达夫辞掉日本宪兵队的正式通译职位，回到巴耶公务定居。他就告诉朋友说，他很想结婚。这时候，有两个荷兰女人和他来往。巴东也有一个交际花跟他很好。他有两句诗"老去看花意尚动，巴东景物似湖濆"。② 便是描写他常去巴东请朋友做媒。他不但认真，而且要快。主要原因是：有一个家庭，可以减少日本人对他身份之怀疑。郁达夫由于声明在先，不讲求美貌或出身，很快就与一位巴东的女子结婚。介绍人是巴东旅店的合股老板吴元湖和戚汝昌。那女子原名叫陈莲有，是一位印尼华侨，原籍广东台山。小时丧父，被陈家收养，她生父原姓何，因此郁达夫替她改用原姓而取名为丽有。

---

① （注二八）金丁，《郁达夫的最后》，《郁达夫纪念集》，第81—82页。
② （注二九）陆丹林编，《郁达夫诗词钞》，第41页。

郁达夫的婚礼 1943 年 9 月 15 日在巴东的荣生饭店举行。附近很多社会名流都受邀请①。一位武吉丁宜宪兵队班长（D 氏）还记得这回事。他说："我记得在 1943 年被邀请参加他的婚礼，听说新娘是巴东华侨少女。"据说结婚证书是郁达夫自己拟定的。

结婚证书

男：赵　康

原籍福建，年
四十岁

女：何丽有

原籍广东，年二
十岁

右二人于昭和十八年
九月十五日在巴东结婚
因在战时一切从简
此证

证婚人：

介绍人：戚汝昌

吴顺通

吴元湖

昭和十八年九月十五日

结婚证书上的姓名、籍贯、年龄都是伪造的，以求掩饰他的原来身份。郁达夫原是浙江富阳人。生于一八九六，因此一九四三年的时候是四十八岁而不是四十岁。② 郁达夫写了四首诗来纪念这次的结婚，其中第一及第二首抄录如下：③

洞房花烛礼张仙，碧玉风情胜小怜。

惜别文通犹有恨，哀时庾信岂忘年。

催妆何必题中馈，编集还应列外篇。

一自苏乡羁海上，鸾胶原易续心弦。

玉镜台边笑老奴，何时归去长西湖，

都因世乱飘鸾凤，岂为行迟泥鹧鸪。

故国三千来满子，瓜期二人聘罗敷，

从今好敛风云策，试写胜王蝴蝶图。

---

① （注三〇）温梓川，《郁达夫别传》，《蕉风月刊》，157 期，第 76—79 页。
② （注三一）温梓川，《郁达夫别传》，《蕉风》，157 期，第 77 页。
③ （注三二）《郁达夫诗词钞》，第 40—41 页。

其中"惜别文通犹有恨"是指他的新娘是个文盲，从未受过教育。由于郁达夫不通台山话，他们夫妻日常只好借用印尼话来交谈。郁达夫时常在朋友面前开玩笑地叫她作"bodoh"，印尼话即笨蛋或傻瓜之意。池内大学还记得：他有时写诗，说他正完成着时，并解释其意思。如果他太太正好走过来，他立刻转变话题说："她很笨，但是太太还是笨的好。"这位贫寒出身的妻子很多人都记得她。关根文说：

在我到赵家赴约时，总有位二十七八岁的中国女人在旁边，最初我以为是女佣，后来她肚子渐渐大起来，并生下一位男孩。他告诉我男孩的名字叫大亚，并写给我看。他叫他太太"nian nian"或叫她"nyonya"（女人），有时他甚至开玩笑说："这是个bodoh"（愚笨）。我时常尝到赵夫人亲手烧的菜。

郁达夫的亲密朋友如胡愈之等人的资料大亚都作大雅。关根文跟铃木正夫谈话时，以为郁达夫告诉他"大亚"是要讽刺日本的"大东亚共荣圈"。郁达夫和这妻子生活得很和谐。直到郁失踪后，这位无知识的妻子才知道丈夫赵廉原名郁达夫，一位来自中国的名作家。[①] 中国方面资料都说，郁达夫所以娶一位文盲，主要是不会泄露身份。

六、赵廉离奇失踪

1944 年左右，日本在苏门答腊成立军政监部，武吉丁宜变成管辖苏门答腊各地的司令部。因此日本军人来得很多。据说郁达夫和日本军方关系已没有以前那样好，连巴耶公务荷兰式的房子（汪金丁抵达时看到的）也被占去了。怪不得关根文在 1944 年 1

---

① 佚名，《郁达夫先生遇难前后》，收集于《郁达夫集外集》，第 243 页。

月派到巴耶公务做买卖，他看到郁达夫的屋子是极其简陋的："他的家很小并简陋，在泥土地房子中间，只有一张方桌和几把椅子，左侧堆积很高的书……"

在武吉丁宜宪兵部也增加很多特务，其中一些是从新加坡调来的，因此对新加坡文化界领袖很了解，有一个华人叫洪根培的，便是新加坡与亚练成所受训的，专为日本人侦察华人动向。抵达武吉丁宜不久，他便识穿赵廉原来是郁达夫。而且告他是盟军的间谍，并请当地一间华校校长作证。可是郁达夫没有被捕。胡愈之解释日军没有采取行动，主要是想利用郁达夫做线索，看看他的其他同路人是什么人。因此暗地里将他的行动加以紧密监视。本文上面所引关根文的话"每隔一周或十天，日本宪兵要去侦察他行动一次"，大概就是指这件事。郁达夫这时常常告诉他的朋友说，他的安全成了问题，随时都有被捕的可能。但由于监视太严密，没法逃跑。胡愈之见风声很紧，又还有机会，便先逃去棉兰躲藏起来。①

在 1944 年以后，赵廉即郁达夫的秘密应该被很多日本军人和当地华人知道。在铃木正夫所访谈的日本人中，有一位武吉丁宜宪兵警务主任（B 氏）在 1944 年就知道了：

> 在我由武吉丁宜转到东部的 Bagansiapiapi（岩眼亚比，为印尼最大的渔场）后，一位学者模样的中国人，他是由新加坡来，在那里制造肥皂，他告诉我：赵廉就是郁达夫，曾任《星洲日报》编辑，试着去爪哇没有成功，才留在苏门答腊。我完全不相信这人的话，也没有再转告其他人。

关根文也记得（在 1945 年 1 月还是 2 月左右，他告诉

---

① 　金丁，《郁达夫的最后》，第 85—89 页。

我，除了赵廉外，他另有一个名字叫ㄩˇㄉㄚˊㄈㄨ。）另一位武吉丁宜宪兵班长（D氏）也说，（我听说：赵先生这个人是乔装，同时，用的也是假名。在我转到司令部后，也听到相同说法。我还听说，当我在武吉丁宜时，他可能还有另一个名字。）很可能因为郁达夫替宪兵做过翻译，人缘也好，所以只受监视，宪兵并没有进一步采取行动。

1945年8月15日，日本终于向盟军投降。郁达夫很快就从某方面知道这消息，非常兴奋，马上四处奔告，打算接办日本人在巴东的报纸，把苏西的华人组织起来，并且要策划组织一委员会，庆祝和平及欢迎盟军的降临。①

1945年8月29日晚上，郁达夫在家里跟几个朋友商量结束"苏西华侨繁殖公司"（又称华侨农场）的事宜。当初开农场之用意，是要使华侨免被日本人招去做苦役。大约八点钟的时候，胡愈之说，发生这样的事情：

> 在8月29日晚间，郁先生和三四位客人……八点钟以后，有一个人在叩门，达夫走到门口，和那人讲了几句话，达夫回到客厅里，向大家说，有些事情，要出去一会就回来，他和那人出了门，从此郁达夫就不回来了。②

> 喊达夫出去的人，是一个二三十岁的青年，像一个台湾人，也像印尼人。和达夫说的是印尼话。达夫出门时，身上穿着睡衣和脱鞋，可见并不预备到别地方去。朋友等到午夜过后，还不见他回来，便各自回家去了。

---

① 胡愈之，《郁达夫的流亡与失踪》，第23页。根据金丁的报告，郁达夫对这些行动很冷淡，（他认为绝对不可以"动"。日本宪兵仍然有权力可以抓人。见《郁达夫纪念集》，第91页。

② 见胡愈之，《郁达夫的流亡与失踪》，第27—28页。请参考佚名，《郁达夫先生遇难前后》，《郁达夫集外集》，第24—42页。

第二天清晨，达夫的妻子要分娩，邻居们便赶来帮忙，因为郁达夫还未回家。生下的这个女儿，取名为美兰。这时他们虽然很焦急，但不能确定是失踪，因为平时郁达夫经常一声不说，就在朋友家过夜，甚至几天不回家，也是常事。后来四处打听一下，从当晚步出门口之后的现象看来，似乎有点不妙：

……据附近一家咖啡店的伙计说，当晚郁达夫从家中出来，和一个不相识的青年进了咖啡店，两人用马来话交谈。那人似乎托达夫帮忙一件事，达夫表示不答应，不久两人就出去了。在离咖啡店不远是一条小路，十分荒凉，只有一家印尼农民的茅舍屋，那印尼农民曾看见当天晚上大约九点前后，有一辆小汽车驶到那路上，里面有两个日本人，汽车停了许久，又有两人过来，上了汽车，就驶走了，那条小路晚间见不到光，所以不能分辨车上乘客的面貌。①

根据这种情形，巴耶公务的华人首先肯定带走郁达夫的人，一定是日本人，因为当地只有他们才有汽车。

郁达夫失踪的第二天，一名在武吉丁宜宪兵队警务班的宪兵（C 氏）到巴耶公务作例常巡察。因为他与郁达夫来往了一年，便照常去拜访他：

我想是在战后的几天，日期已记不清楚，我因巡察任务到巴耶公务，照常去赵先生家拜访，我感到奇怪，大门是关着的，当我进去，发现赵太太在哭，我问了她才回答："前天晚上有两位印尼人来找他，他说有事要出去，到今天还没回来，我很担心，可

---

① 见胡愈之，《郁达夫的流亡与失踪》，第 27—28 页。请参考佚名，《郁达夫先生遇难前后》，《郁达夫集外集》，第 24—42 页。

否请你代为寻找一下？"我答应她去搜查，回部队后，我就报告长官，部队开始调查，几天后并没有找到他的踪迹。当时邦人和军人等，离队逃亡、杀害等事件，相继发生，加上印尼独立运动展开活动，人心混乱，搜查工作变得困难。在此情况下，我们没有完成寻找赵先生的工作！就离开苏门答腊，进入收容所。在收容所听说，联军方面也在搜索赵先生的下落。

另一名日本宪兵（A 氏）也记得曾奉命搜查郁达夫：

战后赵廉失踪这件事是真实的。当时我移驻到巴耶公务宪兵队，任务是维持当地治安和保护日本军队等。我记得很清楚，在1946 年 1 月前，长官要求我们合作，搜查赵廉私人住宅。我亲自协助检查赵廉屋子有二三次。由开始搜查到四月中我离巴耶公务为止，只是查出赵廉离开家的情况而已。

还有第三名宪兵（D 氏）也曾帮忙搜查郁达夫之下落：

1946 年 5 月间，我被调到棉兰司令部，曾接到通知，要我们打听赵廉消息。我的老战友们说，他们也去调查这事，因为赏金很高。

中国资料方面也有叙述宪兵出动人马来打听追查郁达夫下落之事。不过正如胡愈之所说的，他们不相信日本宪兵真的不知真相，而是故作猫哭老鼠之状，实际上是他们所谋杀。很多中日人士都同意，由于日本投降到盟军派兵接管苏岛期间，社会秩序非常混乱，尤其再加上印尼独立运动积极乘机而起，在这段无政府之真空状态中，造成很多无法无天之事情发生。

第一次肯定郁达夫死亡的消息，是来自驻扎棉兰的盟军总部，那时正是 1946 年 8 月。不过这声明很简单，只说是被日本宪兵所杀害，而且是由被审讯的日本战犯所透露出来。除了这种说明，没有其他的证据，没有日本宪兵因为涉及杀害郁达夫而判死刑。

至于郁达夫被杀害的理由，中国人士都解释说，因为郁达夫担任宪兵队通译，亲眼目睹宪兵残害被征服的人民，再加上他本身是一位知名作家，担心战后将成为一位强有力的控诉日本宪兵的证人，因此先下手为强，将他杀害，消灭一个必将控诉他们的证人。[①]

铃木正夫开始研究这个问题时，根本不相信郁达夫是被日本宪兵杀害，他比较相信被印尼人杀害的说法。可是当他继续访谈了很多当年与郁达夫有来往的日军时，出乎他意料之外，有关人士供词说，郁达夫是宪兵所杀，而且证据确凿可靠。铃木正夫说："到了后来随着调查的进展，意外而且非常遗憾，郁达夫被日本宪兵所杀害变成了确定性的事实。"由于顾虑证人的安全问题，铃木认为时机还不成熟，因此不顾证人及详细杀害郁达夫的经过事实提供出来。他只透露杀害事件是由几位来自武吉丁宜队的宪兵所策划。有一位宪兵私下秘密决定，瞒过上司，叫几个部下把郁达夫处决。他们用一个印尼人把郁达夫从家里引出来，然后带到别处将他处死。后来那印尼人也失踪了。事情发生后，参与其事的几位宪兵因畏罪离队，全部失踪了。其中一位参与者，在事情发生后，离开部队，改名换姓，混入军队，后来与普通日本士兵一起被遣送回国。至于被杀害郁达夫的动机，正如中国人士所说，是要消灭有资格在审讯战犯时的证人。

七、遗书及其他

郁达夫神秘失踪后，留下妻子何丽有，儿子大雅及郁达夫失踪第二天才诞生的女儿美兰。他留下遗嘱两张，交巴耶公务保存。这是 1942 年及 1944 年农历元旦以赵廉之名写的。第一张述及他

[①] 胡愈之，《郁达夫的流亡与失踪》，第 30—31 页。

对中日两国之见解，郁达夫说："中日不但是邻国，从历史、文化上来看也是非常接近，因此中日应该携手并进，而不应有敌对。今日虽有不如意之事发生，但以后仍是携手的……"① 第二张详细提到他在中国及苏门答腊财产之分配。关于身边的产物他说：

自改业经商以来，时将八载，所有盈余，尽施之友人亲属之贫困者，故积贮无多，统计目前现金，约存二万余盾，家中财产，约值三万余盾，"丹戎宝"有住宅草舍一及地一方，长百二十五米达，宽二十五米达，工一万四千余盾，凡次等产业，及现款金银器具等，当统由妻何丽有及子大雅与其弟或妹（尚未出生）分掌；纸厂及"齐家坡"股款等，因未定，故不算。②

关于郁达夫的产业，所有他当时的朋友，未曾清楚叙述内中之情形。跟他来往很密的日本商人关根文说，他除了替华侨经营酒厂，还有这些事业：

他自己经营了一个造纸厂，原料是竹。精白和薄的纸，用以包装香烟，较厚和粗糙的纸，用做包装纸。我也全力协助这家造纸公司，由巴东三菱公司处，获得漂白剂中氢化物。造纸必需的纸浆，则由日绵公司获得。大概在一年半后，由于这些原料难以购买，因此关闭。另外由华侨赵先生的协助，还开了个肥皂公司，看样子，赵先生的生活、津贴，全仰华侨。

从各种资料看来，郁达夫在巴耶公务避难期，真的摇身一变，从浪漫作家，化成一位相当能干的商业才人。由于他的交际手段高，人缘好，再加上成功的周旋在华侨与日本人之间，因此他能办理普通人不能做到的事。

---

① 这篇遗书未见发表，据佚名的《郁达夫先生遇难前后》，它由蔡成达（清竹）保管。后来蔡君已回中国。引文录自佚名的文章。

② 这张遗嘱发表在《郁达夫集外集》，第229—230页。

1949 年，郁达夫的遗孀及儿女三人，由巴耶公务搬迁到巴东住，听说得到蔡成达之照顾和帮忙。不久何丽有重嫁给领土岛上的印尼华侨刘松寿。他的生意由于受到印尼排华的影响，据说后来回去中国大陆。[①] 至于大雅和美兰，由蔡成达带到椰加达去，由他女儿抚养和教育。

郁达夫在什么地点被害？尸体葬在何处？一直是一团打不破的谜。1953 年 8 月 30 日，巴东及苏西一班文化教育工作者，为了纪念郁达夫及其他十一位遭日本宪兵杀害人士，在离开武吉丁宜三公里之华侨公墓，树立一纪念碑。这地点常被误为郁达夫遇难之地点。[②]

＊本文原作于一九六八年至一九六九年，当时铃木正夫的访谈尚未出版。现在将新的资料穿插进去，能够弥补郁达夫流亡苏门答腊的生活记录之残缺。

（本文收录在王润华《中西文学关系研究》，台北：东大图书，1987。）

[①] 温梓川，《郁达夫别传》，《蕉风》，161 期，第 46 页。
[②] 佚名，《郁达夫先生遇难前后》，《郁达夫集外集》，第 242 页。

郁达夫在新加坡与马来亚

王润华

一、全球郁达夫的学术研究热潮

近十多年来，郁达夫极受世界各国汉学界之注意。其中最明显的事实，便是研究院的研究生，争先恐后的以郁达夫作为论述主题。据我知道，目前完成的博士论文就有好几篇。捷克的安娜·多娜扎罗娃（Anna Dolezalova）1968 年的博士论文就是论述郁达夫的作品，后来译成英文，题名"郁达夫文学作品的特征"（*Yu Ta-fu: Specific Traits of His Literary Creation*），1971 年由捷克科学研究院出版。1973 年，美国的克那蒙大学（Claremont Graduate School）也有一篇题为《中国现代文学中社会疏离主题：郁达夫研究》（*Yu Ta-fu: The Alienated Artist in Modern Chinese Literature*）的博士论文，作者为 Randall 0. Chang。华盛顿大学梅奇瑞（Gary Melyan）的博士论文是《创造社与郁达夫》（*The Creation Society and Yu Ta-fu*），此外像李欧梵的《中国现代作家浪漫的一代》，原是哈佛大学的博士论文，郁达夫便是其中一个研究对象。这篇论文已于 1973 年由哈佛大学出版成书。20 世纪 80 年代到 21 新世纪以来，全球，包括大陆、台港，更多郁达夫的研究著述了。

以郁达夫做硕士论文的也不少。1963 年，美国哥伦比亚大学有一篇《郁达夫研究》，作者为 Robert Y. Tow；1966 年澳洲雪梨大学有一篇《郁达夫小说研究》（*The Fiction of Yu Ta-fu*），作者是 A. M. Harris。日本汉学家一向也十分注意郁达夫，铃木正夫在大阪市立大学的硕士毕业论文是《郁达夫传》。目前新马两地也有几篇以郁达夫为题材的学位论文在进行中。至于其他的英文研究论文，在 1975 年哈佛大学出版的"中国现代文学目录"（A Bibliography of Studies and Translation of Modern Chinese Literature，1918—1942）里，收录很多。

二、重返郁达夫自我放逐与死亡的历史现场

20 世纪 80 年代到 21 世纪以来，全球，包括大陆、台港，有更多郁达夫的研究著述了。但是我重返郁达夫自我放逐与死亡的历史现场的东南亚，觉得还是需要弥补郁达夫研究最后的一章，才能解读他的人生与作家的意义。

在我读过的中英文论著中，关于郁达夫 1939 年至 1945 年在南洋的这段生活，大多记述不详。其中原因，主要是郁达夫最后几年的生活资料，多数发表在新马的报纸杂志上，流传不广，因此不易被其他地区的学人所掌握。新马两地的作者，最近几年，又陆续发掘和提供不少有关郁达夫在新马的生活资料。

我 1973 年底开始在新加坡南洋大学教书，由于知道郁达夫以前的生活范围，常常不免"触景生情"，譬如每次开车进入市区，途中经过中峇鲁住宅区，总想起郁达夫曾经住在这里。

每次去牛车水一带逛街，举头看见还照常营业的南天酒店和南天酒楼，便想起郁达夫刚来新加坡时，曾住在那边；与王映霞离婚后，郁达夫就在南天酒楼饯别王映霞。现在这旅店后面新建

之"珍珠巴利"内之"道记"烧腊店，听说是郁达夫当年最喜欢吃的一家。1974年，我和淡莹及一位美国朋友曾上"南天旅店"考古。当时还在营业，不过这旅店已是第三流的旅店了。郁达夫上班的《星洲日报》报馆也在附近的罗宾申路。

下面我根据本人在1969年写的一篇文章（以英文写，未发表），再加上近年的新资料，报告一下郁达夫在1938年12月28日抵达新加坡至1942年2月4日乘船逃亡到印尼群岛的这段多重身份，伪装文化人、商人、日军翻译员的逃亡的复杂写作与生活。

三、南渡之原因

早在1929年，郁达夫就有到南洋各地一游的念头。马来西亚作家温梓川那时正在上海暨大念书。一天到真如杨家木桥去拜访诗人汪静之。在汪家温梓川初次遇见郁达夫。于是他抄了几首以南洋风光为题材的书诗请教郁达夫，想不到郁达夫问明白诗中的榴梿和娘惹等字眼后，大感兴趣地说："啊！南洋这地，有意思极了，真是有机会非去走走不可。"江静之却向他泼冷水："像我们这种人老远跑到南洋去发不了财，实在没有意思！"据温梓川说，郁达夫并不以为然，而且说，"司提文生的晚年就在太平洋的一个小岛上渡过的，他在那里就写了不少非常有意义的作品。"① 巧得很，后来郁达夫真的去了南洋，而且写了不少游记杂文，而温梓川却是将他的部分遗作搜集成书的第一人。这书就是《郁达夫南游记》，于1956年出版。

郁达夫到南洋的梦，过了十一年后才实现。他抵达新加坡的日期是1938年12月28日。根据他离港赴新在船上写的《岁朝新

---

① 见温梓川编，《郁达夫南游记》（香港世界书局，1956），温梓川之"代序"。

语》，他乘的船离开福州后，先后在厦门和香港停泊 24 小时，他说厦门那时沦陷在即，军民都已撤退，变成静悄悄的死城。第二天一早船就抵达香港。他说香港人正为年关忙着，因为 1938 年只剩下七八天了。由此可见郁达夫是在 12 月 21 或 22 日左右离开福州的。（郁达夫南渡前夕，在福州当福建省主席参议）。①

在香港虽然逗留短暂，他还写了一篇《国与家》，后来发表在香港《星岛日报》的《星座》副刊上。从香港赴新加坡途中，郁达夫访问了菲律宾，他在抵新后写的《几个问题》这篇文章里说：

> 在这一次的自港来星途中，于圣诞节后一日，我曾经过菲律宾的首都马尼拉市。当我去菲律宾大学参观的路上，于无意中，买得了一份 Sunday Tribune Magazine，在这一份杂志上，我又于不意中，看到一篇记载一位菲律宾的大作家 Rizal 的记事……②

这次来新加坡，主要原因，正如他自己在"槟城三宿记"所说，"是为《星洲日报》编副刊来的"：

> 回想起半年来，退出武汉，漫游湘西藏北，复转长沙，再至福州而住下。其后忽得胡氏兆祥招来南洋之电，匆促买舟，偷渡厦门海角，由香港而星洲，由星洲而槟屿……③

郁达夫之所以毅然接受"编副刊"而来新加坡，因为这工作

---

① 见《岁朝新语》，收集在"新文学大系续编"第五集，第 308 页。
② 见《几个问题》，收集在《郁达夫南游记》，第 58 页。
③ 见《郁达夫南游记》，第 44 页。

正好配合当时赴海外宣传抗日的口号。在汉口沦陷前（1938 年 7 月），郁达夫曾任职于武汉的中央军事委员会的政治部，且担任汉口中华全国文艺界抗敌协会主席。汉口沦陷后，文艺界议定能赴敌后者，能随军队者，能赴海外者，各尽力投奔。郁达夫在《毁家诗纪》第十六首及纪事中说，他赴南洋的决定是在回福州的路上立定主意的。这诗说："此身已分炎荒老，远道多愁驿递递，万死千君唯一语，为侬和顺抚诸儿"，并附有纪事曰："建阳道中，写此二十八字寄映霞，实亦已决心去国，上南洋作海外宣传。若能终老灾荒，更保本愿。"① （注五）可惜郁达夫的愿望只实现一半——他"终"于南洋，但却不"老"，而在五十岁时惨死日军手中。

当然，正如很多人所说，郁达夫要远走南洋，大概跟他与王映霞的感情破裂，家庭不和有关系。他们夫妇闹得全中国皆知，能有这机会远远逃到一个全陌生的地方，也许还有医治他们的感情之机会，因此郁达夫离开的前夕，王映霞突然带了大儿子郁飞（阳春）来到福州，然后一家三口同赴新加坡。

四、北马之行

郁达夫于 1938 年 12 月 28 日抵达新加坡，接受《星洲日报》聘请，成为副刊编辑，他一家三口，暂时住在南天旅店八号客房，他告诉来访的新朋旧友说，他决定卜居星洲，不想再回中国了②。

抵达新加坡两天后，他奉《星洲日报》老板胡文虎之命，北上槟城，因为在槟城的《星洲日报》于 1939 年元旦开始发行，它

① 见《郁达夫全集》，第 436 页。
② 见温梓川，《郁达大别传》，连载于《蕉风》143—163（1964—1966）。

是星系兄弟报，因此要他这位著名作家前往参加庆祝，以壮声势，于是他从新加坡坐汽车北上，与《星洲日报》主笔关楚璞同车。由于新加坡在马来亚南端，槟城是北马西岸一岛屿。这一次郁达夫便看尽马来风光。①

郁达夫于元月二日抵达槟城，住在《星槟日报》对面之杭州旅店。因为他是浙江富阳人，杭州自然使他思乡和失眠，因此当晚便写了一首七绝《宿杭州旅店》：

> 故乡归去已无家，传合名留炎海涯；
> 一夜乡愁消失得，隔窗听唱后庭花。

第二天不知何故，他换了旅社，住在"现代旅店"。"黄领事、胡总经理、胡主笔夫妇"等人陪他上升旗山游玩。山上天气寒冷，菊花茂盛，他又诗兴大作，以怀念"中原""庐山"为题，写了两首七绝：

> 好山多半被云遮，北望中原路正赊；
> 高处旗升风日淡，南天多尽见秋花。

> 匡芦曾记昔日游，挂席名山孟氏舟；
> 谁分仓皇南渡日，一瓢犹得住瀛洲。

下山后，已是黄昏，郁达夫又游极乐寺。他为前程求了一签，却是昭君和番的典故，诗曰："一山如画对清江，门里团圆事事双，谁料半途分析去，空帏无语对银缸。"郁达夫为之一怔，因为

---

① 郁达夫《槟城三宿记》，收在《郁达夫南游记》，第44—48页。

有暗示他与王映霞婚事破裂之意思。想不到一年后倒是应验了。他不服气，再求一签，得孔明受刘备重用之诗签，才高兴而走。①

1月4日清晨起来写《槟城三宿记》散文，第二天《星槟日报》马上在地方新闻版上刊登。四日晚上，槟城文艺界在醉林居餐馆宴请郁达夫，他作了演讲，报告抗日战争中中国作家之活动。五日晚上，他和《星洲日报》主笔关楚璞乘夜班火车南下回星洲。想不到火车行至中途，凌晨四点四十分在丹绒马林（Tanjong Malim）附近出轨翻车。郁达夫的车厢也翻落草丛，幸好他没有受伤，后来由报馆同事开车接去吉隆坡，受到热烈招待，一天后，才再乘夜班火车回新加坡。后来他写了《覆车小记》来纪念这次的意外。②

五、主 编 副 刊

在一篇《几个问题》的议论文之中，郁达夫说："到星洲不久，就去槟城，自槟城回来不久，又便接编三种副刊，此后更有一种文艺半月刊刊行的计划，和《星槟日报》约星期文艺的编纂。"③ 这里所说的三种副刊，是指《星洲日报》的纯文艺副刊《晨星》和《文艺周刊》，以及《星洲日报》晚报的《晨星》。此外，后来《星洲日报》还出版大型《星光画报》每月一册，其中文艺栏，也是由郁达夫负责。

《星州日报》一直是新加坡两大华文报之一当时肯出重资请郁达夫主持副刊，不用说是想借重他的名气来号召读者，所以《晨

---

① 郁达夫《槟城三宿记》，收在《郁达夫南游记》，第44—48页。
② 《覆车小记》，收入《郁达夫南游记》，第49—54页。
③ 《几个问题》，收入《郁达夫南游记》，第55—61页。

星》文艺副刊，每天都有，占全版三分之二，郁达夫是当时《星洲日报》编辑记者中第二高薪的人，待遇最优厚者是主笔关楚璞（曾做过汪精卫的幕僚），每月叻币三百元，郁达夫月薪叻币二百元。这种薪水在当时已算特别高，其余的，都在一百九十以下①。

郁达夫所编的刊物中，以《晨星》为最重要，它在早期新马华文文学发展上，有过极大的影响力与贡献。今天这个副刊还继续出版，不过已不如早期那样有影响力了。《晨星》创刊于1922年，郁达夫接编的"晨星"于1939年1月9日出版。当天郁达夫写了一篇《晨星的今后》表明他要在新马提倡文艺，提拔作家的决心：

> 晨星之所以会寥落，会成稀少的原因，是由于光明的白画的来临。现在的世界，若是将旦的残夜的话，那光明的白昼，不久中就可以到来了。英国大诗人雪莱亦曾说过，"冬天若至，春天自然不远"，这块小园地，若能在星洲，在南洋各埠，变作光明的先驱，白画的主宰，那岂不更是祖国之光，人类之福？我所以只在希望，希望得由本刊的这一角小园，而培植出许多可以照跃南天，照耀全国，照耀全世界的大作家。

编了二个月的副刊，他写了一篇《看稿的结果》，指出当地作品的笔法"太呆板"，要求作者多读、多写、多想、多改。他说两个月"所看稿子，长短大小，总已经有一千篇的数目"。② 据说他

---

① 见珊珊（吴继岳），《回忆达达夫》，刊于《知识天地》第9及10期（1976年12月），第36页。

② 《看稿的结果》现收入《郁达夫南游记》，第62—64页。

看稿很用心，积极选取好作品，鼓励新作者。当时经常投稿"晨星"的马华作家刘前度先生，在怀念郁达夫的一篇文章中说：

> 他编的"晨星"，很喜欢提拔后进的写作人，只要内容好，写作技术成熟，都会被录用。虽说他常常感到篇幅不够，要求投稿者写出的著作，最好不要超过三四千字，但是好的作品，往往超过这种范围，他都没有割爱，而尽量发表。通常我投去的，多数为近代欧美作家小说的译作，他很快就将它登载出来，这不是说他和我有什么特别交情，只不过表示他对欧美小说的重视吧了。①

当时经常投稿《晨星》，还没成名的新加坡作家苗秀先生（他自己在 1947 至 1950 年间负责主编《晨星》），说郁达夫除了得到以前那班人继续支持，还吸收了大批新人。此外，郁达夫经常发表中国名作家的作品，借以启发本地作者和沟通两地之文艺。②

工作开始后，郁达夫定居在新加坡的中峇鲁住宅区，地址是中峇鲁路（Tiong Bahru Rd.）65 座二十四号三楼，这是温梓川说的。③ 郁飞记忆中，先住 3 楼 22 号，后来关楚璞离职后，搬到 2 楼 22 号。由于主编副刊，他常与青年接触，又由于没有架子，报馆同事与文艺青年都喜欢他。现在泰国老报人吴继岳先生，1939 年 8 月受聘于《星洲日报》，当记者兼晚报电讯编辑，他的办公桌刚好与郁达夫的并列，他的印象是这样：

---

① 刘前度，《郁达夫在马来亚》，附录于"郁达夫南游记"，第 156—157 页。
② 苗秀，《郁达夫的悲剧》，"马华文学史话"，第 408—421 页。
③ 温梓川，《郁达夫别传》，《蕉风》第 153 期，第 66 页。

郁达夫在新加坡的故居与当任编辑的《星洲日报》报社馆

主笔关楚璞的骄傲态度，和郁达夫先生的和蔼可亲，成了一个强烈的对照。本来郁先生比关某更有资格摆架子的，因为他无论声誉和地位都不是关某所能比拟，但郁先生却一点子也没有，他对同事，不论职位高低，都一视同仁，不分彼此。同事有事请教他，他都知无不言，言无不尽，因此同事都很敬爱他。我上班不到几天，就对郁先生发生好感。①

新加坡作家苗秀那时常常投稿《晨星》，后来回忆说：

郁达夫很喜欢接近文艺青年，他那时候的寓所在中峇鲁，笔者不止一次到过他的寓所。他给我的印象很好，我觉得他的性格平易近人，毫无半点大作家的架子，对我们这些来访的搞文艺的年青人，非常欢迎，态度也极诚恳，对于年青的写作者，他更是奖励不遗余力。②

在40年代初已成名的本地作家如王君实、铁抗、冯蕉衣，都

---

① 《回忆郁达夫》，"知识天地"，第9及第10期，第36页。
② 《郁达夫的悲剧》，《马华文学史话》，第418页。

深受郁达夫提倡文艺之影响而努力创作。不过也有一些作者不满意郁达夫，曾与他打笔战，骂他落伍，笑他是逃难作家。反对他的人多数是思想比较激进或妒忌他的人。郁达夫为旧文人所包围，打麻将，写旧诗，逛舞厅，也引起他们的不满。

六、与王映霞婚变

郁达夫离开福州前夕，突然与王映霞破镜重圆，一道前来新加坡。很多人以为他们会和好如初，白首偕老。陌生的环境会医治他们夫妻之感情。出乎预料之外，事实并不如此。郁达夫从港赴新途中写的《国与家》与《岁朝新语》两篇杂文，前者对王映霞加以讽刺，后者对她只字不提，（对郁达夫来说，即有问题）。抵达后所写的《抵星感赋》并没有"过往不究，愿收覆水"之意：

生同小草思酬国，志切狂夫敢忆家，张禄有心逃魏辱，文姬无奈咽胡笳，

宁辜宋里东邻意，忍弃吴王旧苑花，不欲金盆收覆水，为谁憔悴客天涯。①

郁达夫抵新第二天赴槟城游玩，不知何故，王映霞也没去。对他们感情最大打击，是郁达夫的《毁家诗纪》之发表。抵新不久，香港出版的《大风旬刊》编者陆丹林写信给他，约他写稿。郁达夫便将近作二十首（十九首诗，一首词），集合成《毁家诗纪》，每首后面附有纪事一则。这样郁达夫完完整整将他与王映霞之婚变内幕，全盘暴露出来。里面甚至有某某人"奸淫了我的妻

① 《郁达夫全集》，第469—470页。

子"之语言。根据金紫阁的说法，郁达夫于1939年2月20日将稿寄出，并要求编者刊登之后，送他十本，另外寄业楚伧、于右任、邵力子、柳亚子等名人各一册，至于稿费，他不要。[1]

《大风旬刊》在同年3月5日出版，发表了"毁家诗纪"，其中第十二首如下：

> 贫贱原知是祸胎，苏秦初不慕颜回；
>
> 九州铸铁终成错，一饭论交竟自媒。
>
> 水覆金盆收半勺，香残心篆看全灰。
>
> 明年陌土花开日，愁听人歌缓缓来。

郁达夫还加按语"映霞失身之后，事在饭后"等等批露自己老婆红杏出墙。因此这组诗轰动一时，成为文人墨客谈话之好资料。听说《大风》这期马上被抢购一空，还翻印了三次。王映霞当然非常愤怒，一口气给《大风》写了四封信[2]，一方面替自己辩护，一方面也批露郁达夫私生活的黑暗面。王映霞一再解释，郁达夫所说"我在临行之前，她又从浙江赶到了福州，此时痛改前非，随我南渡"（《毁家诗纪》第十九首按语）是自己编的谎话，王映霞说，事实上是郁达夫用七八次急电催她到福州，到福州后又诱她来新加坡，然后变本加厉的给予她精神虐待。此外，他们的相互攻击的文章也出现在《星洲日报》。郁达夫利用《晨星》，王映霞则利用该报的《妇女周刊》，因为它的女编辑同情王映霞。

《毁家诗纪》事件发生在3月，可是他们的夫妻关系照常维持

---

① 金紫阁，《郁达夫的爱情生活》，（香港蓝屋出版社，1966），第34页。

② 这些信计有"答辩书"两封，《一封长信的开始》，及《请看事实》，现收集在《郁达夫全集》中，第439—450页。

下去，比如在 8 月时，一位《星洲日报》的记者吴继岳先生还看见郁达夫打麻将，王映霞依偎在他身边：

> 我进入白燕社时，楼下正有一台麻将在玩得兴高采烈，除入局四人外，还有几个在旁边观看……其中的一位是大名鼎鼎的文学家郁达夫先生，坐在他身边的是他太太王映霞女士①。

有一次，一群南洋学会的朋友要去印尼的幺内群岛旅行，王映霞要跟他们去，郁达夫因自己不去而不准她去，还说："你如果去，便不要回来！"王映霞大怒，后来自己一个人去，结果留在那里教了一阵子书，过了很久才回来。②

1940 年 2 月，星洲日报的同事们，看见他们翻脸无情，没法共同生活下去，便劝他们离婚。双方都同意，便登报宣布协议离婚。在新加坡的大儿子郁飞归郁达夫抚养，此外他付叻币五百元作王映霞回中国之费用。王映霞回中国前夕，郁达夫在南天酒楼设宴为她饯行。③ （注二三）郁达夫又做了两首诗，其中一首如下：

> 自剔银灯照酒卮，旗亭风月惹相思。
>
> 忍抛白首名山约，来谱黄衫小玉词。
>
> 南国固多红豆子，沈阳差似习家池。
>
> 天地大醉高阳夜，可是伤春为柳枝。

---

① 吴继岳《回忆郁达夫》，《知识天地》第 9 及 10 期，第 3 页。
② 珊珊（吴继岳），《回忆郁达夫》，第 38 页，及李向《郁达夫在新加坡》，《星洲日报》《星云》副刊。
③ 《回忆郁达夫》，第 35 页。

郁达夫初到新加坡住过的南天大饭店，也是与王映霞离婚饯别的地方

七、与干女儿恋爱

王映霞在 1940 年 2 月回中国后，郁达夫与大儿子郁飞留在新加坡。他自然寂寞，因此常和朋友进舞厅，打麻将，找女人谈天。他当年一位《星洲日报》同事回忆道：

> 后来他和王映霞闹翻……我们因同情他，为解除他的寂寞伤感，更常常男男女女，一起到他的家去玩，或拉他到"名女人"梁氏三姊妹（赛珍、宝珠、赛珊）家里去，要梁氏做上海菜请客。

根据吴继岳的回忆，大约在 1941 年，一位年轻漂亮而且受过高等教育的女人，又闯进他的生活中。她是李筱英，原籍福州，在上海长大及受教育。她不但风姿绰约，而且能讲一口流利的英语。由于她任职新加坡英国新闻部，而郁达夫刚好替英新闻部编刊物，因此由同事而相熟。李筱英那时离婚不久，怨女旷夫，很快就恋爱起来。吴继岳先生说：

> 郁先生和李筱英的关系，最初是秘密的，后来就公开介绍李筱英给我们认识，说是他的"干女儿"……不久，李筱英索性搬到郁先生的家里去住，名义上是契女，实际已赋同居之爱了。[①]

1942年初，李筱英在新加坡沦陷入日军之前，就安全随英军撤退到荷属爪哇，后来又前往印度。因此有人认为郁达夫在1942年2月4日逃出被日军包围着的新加坡，其最初目的也是爪哇，其中一个原因是要与李筱英相聚。可是没有成功，反被困在一些小岛上，最后藏身苏岛至被日本宪兵谋害。我在《中日人士所见郁达夫在苏门答腊的流亡生活》中说过，郁达夫在巴东村时，经常走到一个小市镇聆听盟军在巴达维亚电台的一个小姐之广播，为了她郁达夫还写诗思念她，其中有一句是"却喜长空播玉音"。这是《乱离杂诗》诗一首之六：

> 却喜长空播玉音，灵犀一点此传心。
> 凤凰浪迹成凡鸟，精卫临渊是怨禽。
> 满地月明思故国，穷途裘敝感黄金。
> 茫茫大难愁来日，剩把微情付苦吟。

这位小姐就是李筱英，可惜郁达夫从此便失去了她。听说她在印度与一暹罗人结婚，战后还回到新加坡来工作。我想如果她知道郁达夫如此痴情，一定会很感动。

---

① 《回忆郁达夫》，第36—37页。

八、抗战、文化、东南亚本土文学领航人

郁达夫在新加坡期间，仍继续读书写作。吴继岳先生说，"他在星洲三年，有钱就买英文书籍，一本厚厚的英文书，他晚上一两个钟头就可以读完，而且把值得参考的地方，用书签夹上。等到他离开星洲时，还留下数千部英文书在他的中峇鲁寓所。"汪金丁在《郁达夫的最后》也说，郁达夫在苏门答腊逃亡时的家"书很多，都是那些西洋文学书，据说是从宪兵部搜罗来的。"（那时他伪装商人，化名赵廉，曾做日本宪兵队的翻译）①

一般人比较知道郁达夫在南洋时所写的旧诗词，主要原因是这方面的作品很早就被搜集出来，像陆丹林编的《郁达诗词钞》，郑子瑜编的《达夫诗词集》及刘心皇的《郁达夫诗词汇编》都有晚年作品，而且流传很广，郁达夫在新加坡三年。方修先生在《郁达夫留给本地的一笔文学遗产》一文所说，所写书评、论述、游记的文章，至少也有一百多篇。② 而这些散落新马报刊上的文章，还等着搜集及出版。温梓川编辑的《郁达夫南游记》出版于1956 年。所收廿三篇中，只有十五篇是旅新之作。虽然郁达夫南来没写过小说，但这百来篇文章，却是研究他后期的思想感情，与对新马两地之影响等问题的珍贵资料。③ 幸好目前已出版的像《郁达夫文集》（三联，1984），已逐渐收集完整。

林语堂的英文小说《瞬息京华》在1940 年出版后，便决定请郁达夫翻译成中文，而且前后寄了共一千叻币给郁达夫。听说由

① 吴继岳《忆郁达夫》，第34 页，汪金丁，《郁达夫的最后》，收集于《郁达夫纪念集》（南洋热带出版社，1959），第74—93 页。

② 见方修，《马华新文学及其历史轮廓》（新加坡万里文化，1973），第28—32 页。

③ 1977 年底，方修与张筱的《郁达夫选集》（新加坡：万里书局）及林徐典编的《郁达夫抗战论文集》（世界书局）同时出版。这是郁达夫晚年在新加坡的文章最完整的集子。

于心情不好，郁达夫迟迟未动笔，后来发奋翻译了几万字，可惜就逃难到苏岛了，遗稿至今也不见有人发现。

郁达夫在新加坡不是一个过客，三年里面他对新马的文学发展，以及社会文化都起了某种程度的作用。本文前面已简略说过他对新马文学界的鼓励与刺激。由于他在中国文坛有名气，又喜欢做旧诗词，正如他自己所说，"偶吟哩句，南洋诗人和者如云"，因此常为一群文人所包围。在新加坡住了不到一年，文化圈子的活动多有他的踪影。而且变成中国文化之提倡与发展人物。1939年徐悲鸿来新加坡，当时新华抗日赈筹会在三月替他举行画展，郁达夫便在他主编的《晨星》上出了一个专号，做介绍宣传工作，刻印家张斯仁来新加坡，他写《印人张斯仁先生》。1941年诗人杨骚南来，他又写《诗人杨骚的南来》。现在还活动的南洋学会，创立于1941年，郁达夫便是发起人之一，他为了南洋学会出版之《南洋学报》创刊号，特地写了一篇有学术味道的《马六甲游记》，对马六甲之历史名胜从西方殖民主义去考察。①

1941年，日本开始从北马往南马进攻，郁达夫积极地参加抗日活动。我在《中日人士所见郁达夫在苏门答腊的流亡生活》里已叙述过，他不但帮忙新加坡英政府新闻部编刊物宣传抗日，而且担任"文化界战时工作团主席"及"文化界战时干部训练班主任"等等组织，本来可以乘早逃走，可是他只将儿子郁飞先送回中国，自己留下来与其他文化人尽力工作到最后关头，才仓皇乘电艇逃亡到荷属印尼的苏岛。

（本文收录在王润华《中西文学关系研究》，台北：东大图书，1987。）

---

① 郁达夫所写《与悲鸿的再遇》，重刊在《知识天地》第90期中，第44—45页。其他各篇均收集于《郁达夫南游记》中。

郁达夫的南洋梦：
南洋经历与其游记

夏 菁

在众多作家中选择郁达夫做个案分析，主要考虑了以下两个方面的因素：其一，我认为作为个案分析者，应该既有一类群体的代表性，也有这类群体外的独特的个性化特征。郁达夫在南洋的游历及其作品既有上述作家的代表性又极具他们自己的个性。郁达夫在南洋有三年多的经历，如同许多作家南来的作家一样，郁达夫到新加坡后作副刊编辑，在新加坡沦陷后逃往印尼隐居；但不同的是，郁达夫南来带着很强的自我放逐的特征，因而使他在如何看待南洋的问题上表现出很超前的见解；同时，郁达夫又是中国著名作家，无论是自己还是南洋社会都寄予很高期待；再者，郁达夫在南洋不仅所呆时间较长，还不遗余力推动新马文化工作，曾引起多方争议，在华侨社会产生很大影响。其二，郁达夫在南洋的游踪以及其有关的南洋作品涉及广泛，分量较重，需要专门开辟专节加以详细讨论和分析。

一、郁达夫的南洋经历与其游记

1938 年郁达夫接受新加坡《星洲日报》社长胡昌耀担任其副刊主编的邀请，怀着遗世炎荒的落寞心情踏上南洋之路，12 月 28

日，郁达夫到达新加坡，被安排住在位于牛车水的"南天酒店8号"。第三天就是新年，又正逢槟城的星系报《星槟日报》在1939年1月1日创刊，因为大作家声名，郁达夫受邀北上槟城庆贺，同行的还有《星洲日报》的主笔关楚璞。几天后返回新加坡，不料所乘火车抛出铁轨，这段惊险后被写入游记《覆车小记》，在槟城的游历也记有《槟城三宿记》。从槟城返回新加坡后，郁达夫正式开始副刊《晨星》以及《繁星》等的编务工作。工作期间，他写了大量的关于社会、政治、军事等时事分析的作品，文字稳健、通透，与在国内的灰色笔调判若两人。郁达夫还积极扶掖新马青年作家，不但帮他们看稿子、改稿子，还在生活以及工作方面帮助他们。林非心在《纪念郁达夫先生》一文中回顾说："尤其新进青年作家的人，我相信每个人都对他发生一种温暖的感觉的。"[1] 苗秀当时是青年作家，与郁达夫有过多次交往。在《郁达夫的悲剧》中他这样写道："郁达夫很喜欢接近青年，他那时候的寓所在中峇鲁，笔者不止一次到过他的寓所。他给我的印象很好，我觉得他的性格平易近人，毫无半点大作家的架子，对我们这些来访的搞文艺的年青人，非常欢迎，态度也极诚恳。对于年青的写作者，他更是奖励不遗余力。"[2] 像这类当时文学青年充满热情的回忆文章还有很多，在这里不一一列出。

1942年2月，日军攻占马来西亚和新加坡，随后新加坡沦陷。郁达夫和"抗日委员会"的部分成员如胡愈之、王任叔等被迫撤离新加坡，几经转折，最后在印尼苏门答腊省一座叫巴耶公务的小镇暂住下来。郁达夫开始蓄胡子，写旧诗，抒发自己对恋

---

① 林非心《纪念郁达夫先生》，见《华侨日报》《星海》副刊，1946年3月11日第4版。

② 苗秀，《马华文学史话》（新加坡：新加坡青年书局，1968），第418页。

人、故乡的思恋，以及表达抗战的决心。郁达夫等一行人在巴耶公务，为了隐蔽身份，并解决生活问题，他们经营了一个"赵豫记酒厂"①（寄赋复兴、讨伐仇敌之意）。这家酒厂名义上老板是郁达夫，此时他化名为赵廉，故酒厂叫"赵豫记酒厂"，但实际的管理人是张楚琨和胡愈之。郁达夫除了写旧体诗外，还必须给武吉丁宪兵队当翻译，但不拿宪兵队的薪水。他总在寻找机会辞去这份差事，但要摆脱宪兵队是件不容易的事，因为他们很难找到像郁达夫这样中文、日文、英文、荷兰语以及印尼语都懂的人，后来郁达夫想尽办法弄坏自己的身体，证明得了肺病才得以成功。郁达夫在作翻译期间，由于职务的关系，保护了许多华侨和印尼人民。因为有郁达夫与日本宪兵队周旋，并不断地送酒、送钱，日本宪兵队很少来酒厂找麻烦。巴耶公务看起来比较安全，因而许多文化界的人士和从事抗日活动的青年，聚集到这个市镇上来避乱。② 但要维持众多人的生活，则显然不够。后来，他们想办法开了肥皂厂和造纸厂，还是由郁达夫当名义上的老板，但因销售不景气，不久关闭。"赵豫记酒厂"也成了抗日人士活动的中心。在郁达夫的掩护下建立秘密组织，开展抗日宣传工作。据张楚琨记述：

> 由于得到了郁达夫的庇护，我们在日本统治下，成立了一个秘密组织——"同仁社"。领导人是胡愈之，参加者则有沈慈九、劲宗汉、王任叔、吴柳斯、张企程、高云览和我。每个星期在胡愈之的"椰庐"，开一次座谈会。主要是交换报

---

① 日本学者铃木正夫在《苏门答腊的郁达夫》对此作了详细的注释，第102页。
② 铃木正夫著、李振声译，《苏门答腊的郁达夫》（上海：上海远东出版社，1996），第105页。

纸和从收音机里听来的新闻，分析敌人的动向，讨论联军反攻的可能性和时机。……郁达夫没有参加"同仁社"。我们也没有让他参加进来，并非因为不信任他，而是因为担心他的境遇。参加这样的组织，会让他遇到麻烦和增加负担的。但他都看在眼里。①

胡愈之在《郁达夫的流亡和失踪》对此也作了记述："因为政治认识的不相同，所以我们一些朋友在苏门答腊建立秘密小组，展开华侨抗日宣传工作，研究印尼问题，都没有让达夫参与。达夫或者有些知道，也只当作不知道。"② 1945 年，郁达夫被日本宪兵杀害。很多人对他被害感到吊诡。③ 因为许多人认为郁达夫只是一个作家而已，对国家和现实也诸多不满，并且与日本、日本文化有深厚渊源。④ 1952 年中国政府追认郁达夫为烈士。郁达夫一生政治生命不得意，对此荣誉，他在九泉之下也许会感慰藉。

郁达夫在新加坡、马来西亚、印尼工作、旅游、逃亡的三年多的时间里，写下了许多作品，从文体上分主要有政论文、杂文、散文、文艺杂论、旧体诗词等。有些学者对郁达夫在南洋的作品作了收集甚至评论文章，⑤ 通常他们认为郁达夫在南洋写的游记

---

①　张楚琨，《忆流亡中的郁达夫》，见北京《文化史料》，1983 年第 6 辑，第 1—24 页。

②　胡愈之，《郁达夫的流亡和失踪》（香港：咫园书屋，1946），第 32 页。

③　如夏志清对郁达夫的死亡一事评论说："对一个既非共产党员又非极其爱国的作家来说，这无疑是个反讽的结局。"见 C. T. Hsia, *A History of Modern Chinese Fiction*.（New Haven and London：Yale University Press, 1974）（Second printing），pp. 533.

④　如日本人铃木正夫先生，他在文章中就悲痛地说："郁达夫爱日本和日本人，他对日本和日本人有独到精深的了解，但就是这样一个人，却在日本人手中惨遭横死，连遗骸也不知下落。"见铃木正夫著、李振声译《苏门答腊的郁达夫》（上海：上海远东出版社，1996），第 248—249 页。

⑤　郁风，《郁达夫海外文集》（北京：三联，1990）；王润华《郁达夫卷》（台北：远景出版事业有限公司，1984）；秦贤次《郁达夫南洋随笔》（台北：洪范书店，1978），姚梦桐《郁达夫旅新生活与作品研究》（新加坡：新加坡出版社，1987）。

只有三篇，这就是《槟城三宿记》《覆车小记》以及《马六甲游记》。虽然温梓川的《郁达夫南游记》收编了这三篇外，还收编了其他篇目，[①] 但我个人认为这个编本有些随意，因为有些文章明显属政论文或文艺杂谈，不应归于游记范列，如《今年的三·二九纪念日》《我爱读的短篇小说》等；而有些应视为游记作品的则又不在之内，如《战时学生修养》《欧洲人的生命力》以及一些写给国内朋友的信件等，因为这些作品有游踪，有心踪感悟等游记文体所包含的结构。在我看来，郁达夫的南洋游记作品远不只是上述的三篇，因为还有很多在南洋写的文章是对行程或行踪的叙述，叙述人是一个旅行中的观察者，这样的文章合乎游记的内在结构，故而应作为游记来研读。这类文章有：《南洋文化的前途》《教师待遇改善问题》《一年来马华文化的进展》《几个问题》《看稿的结果》以及《致柯灵》《致楼适夷》等。《槟城三宿记》《覆车小记》记述的是随友人北上槟城游历的情形。《马六甲游记》记述的是郁达夫1940年间从新加坡到吉隆坡参加《原野》的揭幕仪式，过后随友人到马六甲的游观。从总体上来说，郁达夫的南洋游记关注的焦点主要还是南洋的文化问题，这点从上述题目显然可见。如何看待南洋文化的问题实际上反映了郁达夫的南洋心态。在这些方面，郁达夫与其他南来的中国作家相比，其相异性大于相似性，这主要在于郁达夫到南洋是抱着一种自我放逐南洋的情怀。因而，为了深入了解郁达夫南洋游记所反映的南洋心态以及文化前景，有必要对于达夫自我放逐南洋的情怀展开分析。

---

① 　温梓川，《郁达夫南游记》（香港：香港世界出版社）。

二、自我放逐南洋梦

（一）自我放逐的含义

从历史事件来看，放逐（exile）应该包含两种形式，即流放和流亡。前者是一种被动的状态，因为政治的原因而受到驱逐贬放到蛮荒边远地区的惩罚。后者，则是一种主动的姿态，自动撤离中心地带，从凡俗的生活中解放出来，获得身心的自由状态。这种放逐不一定要离开家园和土地，主要特征是精神上的放逐，在一种隐喻的放逐环境中，把自己与某种文化的特权、荣誉、关系疏远，成为身在其中的局外人。爱德华·萨依德（Edward W. Said）认为知识分子的流亡接近这种形式。在《知识分子论》[①]（Representation of the Intellectual）中，他对知识分子的特征作了较详细的描述，在萨依德看来，知识分子天性就是放逐者，是走向边缘的人。"知识分子的主要责任就是从压力中寻找相当的独立。"[②] 因为流亡这种状态把知识分子从权力中心疏离出来，成为自在安适的边缘人，所以，处在边缘的人就像旅行家、探险家，具有好奇和发现新事物的精神，他们"对任何事情都不视为理所当然"。[③] 但这并不意味着放逐的人与先前的经验、知识完全割断，而是处于两者之间的状态（State of in-betweenness）。这种"之间"的状态使放逐者在看问题时具有"双重视野"（double perspective），即"流亡者同时以抛在背后的事物以及此时此地的情况这两种方式看待事情。"[④] 因为放逐者把自己边缘化（marginal），

①　萨依德著、单德兴译，《知识分子论》（台北：麦田出版社，1997）。
②　同上，第34页。
③　同上，第97页。
④　同上。

不接受习惯文化的驯服（undomesticated），所以，在思考问题时就如同旅人，很容易对事物作出反应，并以不可预料的、创新的眼光对事物进行解读。

总之，简要地说，所谓自我放逐，就是人们，通常是指知识分子，主动把自己从寻常的、习惯的生活中解放出来，成为边缘人。

（二）郁达夫式的自我放逐

我之所以要对郁达夫的自我放逐作特别界定，是因为上述的描述不能完全准确说明郁达夫的放逐特征，郁达夫的放逐有其独特性，独特在于其文化、其个人气质。郁达夫经历了新旧社会的转型期，因而具有传统与现代文化的双重特点。在传统方面，他像旧式文人：多愁善感，怀才不遇，喜怒无常，饮酒嫖妓追求名士风范；另一方面，他又是个现代知识分子：张扬个性，珍视自由，看重孤独。郁达夫身上的新旧特点，使他在入世与出世、社会与个人之间不能做到干练洒脱，而似小女人之态。在我看来，郁达夫的自我放逐，不似安适、自在，而似伤感、颓废。颓废像一个挡箭牌，是在他被社会放逐后使出的招数，正如郭沫若所说的"愈不得志愈想伪装颓唐"。① 虽然很多批评者认为郁达夫颓废感伤是受了西方思潮的影响，但我认为它主要是中国旧文人式的，西方的浪漫思潮只是给郁达夫宣泄这种情绪提供了难得的机遇。以他的《零余者》为例作简要说明。《零余者》实际上是马致远的《天净沙》的扩写，"枯藤老树昏鸦，小桥流水人家，古道西风瘦马，夕阳西下，断肠人在天涯"，这些意象在《零余者》中清晰可见，而所谓"零余人"就是那个仕途失意的"断肠人"，因为其才

---

① 　郭沫若，《论郁达夫》，见陈子善、王自立《郁达夫研究资料》（广州：三联出版社，1985）。

不为社会所用、理想不能实现而感伤悲吟。郁达夫的痛苦是现世的，而鲜少对人的生存处境作形而上的哲学思考。我们在郁达夫的感伤行旅中，随处可见他对时政的批评，以及有意和无意流露出的无法施展抱负和理想的痛苦。

事实上，郁达夫的失落痛苦是他那个时代知识分子共有的体验。旧时的文人，读书就意味着攀向政治仕途，"学而优则仕"、科举选拔制度使读书人合法走向社会政治中心，可是，1905年科举制度被废除，中国近现代知识分子再也不能凭读书途径掌控权力，施展理想抱负。正如李欧梵教授所言，"中国知识分子，有史以来第一次集体感受到与政治社会的疏离（alienation）"①郁达夫曾在一文中对现代知识分子的"失势"作了这样的痛苦的表述：

> 自去年冬天以来，我的情怀只是忧郁的连续。我抱了绝大的希望想到俄国去作劳动者的想头，也会有过，但是在北京被哥哥拉住了，我抱了虚无的观念，在扬子江边，徘徊求死的念头也有过，但是柔顺无智的我女人，劝我终止了。清明节那一天送女人回到浙江，我想于月明之夜，吃一个醉饱，图一个痛快的自杀，但是几个朋友，又互相牵连的教我等一等。我等了半年，现在的心里，还是苦闷得和半年前一样。

> 活在世上，总要做些事情，但是被高等教育割势后的我这零余者，教我能够做些什么？②

---

① 李欧梵，《西潮的彼岸》（台北：时报文化出版事业有限公司，1975），第39页。

② 郁达夫，《写完莳萝集的最后一篇》，见卢今、范桥编，《郁达夫三文》（下）（北京：中国广播电视出版社，1992），第226页。

"活在世上，总要做些事情"的想法，可说困扰了郁达夫一生，也是他那个时代中国知识分子普遍关注的问题。从梁启超到鲁迅等中国近现代知识分子，可说就在一直寻找着如何为国家、为社会"做些事情"。他们强调文学的政治功能、社会价值，很大程度上是在寻找一条影响权力中心的途径，借以实现其政治的、社会的理想。但是，郁达夫毕竟是在新文学空气中成长起来的现代作家，他的苦闷也具有时代特征，他笔下的自我形象反压抑、反束缚、张个性就是现代思想的产物。

总之，郁达夫身上的新旧特点，造成了他深刻的精神矛盾，这就是中国传统文化所培育出的文人趣味与现实的矛盾，以及个人与社会的矛盾。郁达夫的精神矛盾，使他既不能超然物外做一个隐士，也不能干练勇敢做个战士。我认为，郁达夫式的自我放逐至少包含两个层次：首先，它是中国旧式文人式的：在仕途失意后走向边缘，借酒和女人排忧解愁，以忘怀现实；其次，它也极具有现代色彩：表现自我、反叛束缚、张扬个性、强调自由、权利以及个体生命的孤独。因此郁达夫式的自我放逐，不太同于西方式的精神流浪，是在珍重自由中又包含着不能丢弃的社会责任感。

（三）梦开始的地方：自我放逐南洋之因

在 1938 年底，郁达夫怀着遗世炎荒的落寞心情接受了新加坡《星洲日报》社长胡昌耀的邀请，从此踏上了人生遥遥无期的旅程。郁达夫虽然被认为是一个浪漫派的颓废作家，但在中国抗战正激烈的时期而出走南洋，不仅在当时、就是在后来，人们对他南渡之因各有猜测：有人认为郁达夫南渡带有官方使命，到南洋去作海外宣传；[①] 更多人认为郁达夫出走南洋是为了挽救他与王

---

① 秦贤次，《郁达夫抗战文录》（台北：洪范书店，1978）。

映霞破裂的关系，在陌生的地方开始新的生活；① 也有人认为郁达夫放逐南洋，是因为国民党政府的迫害；② 还有人认为郁达夫到南洋，是因为浪漫诗人的幻想③，等等。这些说法都无不有根据。确实，郁达夫在南渡前的婚姻状况、写作状态、政治待遇以及其周际关系都会是他自我放逐南洋的因素，当然南洋在郁达夫心中的印象和幻想也是他南渡原因之一。

1. 在放逐南洋中愈合家庭

郁达夫在来南洋前的几年时间，可说是他一生中最沮丧、最感困惑的时期。在婚姻方面，郁达夫要算是一个失败者。他与原配夫人、王映霞之间的三角关系，则是婚姻痛苦的本质所在。郁达夫在 1920 年奉母命从日本回家与一个农村姑娘结婚，这段婚姻虽然在婚前缺乏了解和爱情，但婚后，他们也能相濡以沫，过着正常的夫妻生活，可是在 1927 年初，他在老朋友孙百钢家邂逅当时杭州美女王映霞，被其美貌打动，并陷入情网，不能自拔。从郁达夫的性情来看，当年追逐王映霞，应是真情所动。郁达夫本是一个浪漫文人，对女人有着真切的喜爱，尤其是美丽的女人。他（《沉沦》中的主人公）曾宣誓：

> 知识我也不要，名誉我也不要，我只要一个能安慰我体谅我的"心"。一副白热的心肠！从这副心肠里生出来的同情！
> 我所要求的就是爱情！
> 若有一个美人，能理解我的苦楚，她要我死，我也肯的。④

---

① 秦贤次，《郁达夫抗战文录》（台北：洪范书店，1978）和王润华《郁达夫卷》（台北：远景出版事业有限公司，1984）。

② 姚梦桐，《郁达夫旅新生活与作品研究》（新加坡：新加坡出版社，1987）。

③ 王润华，《郁达夫卷》（台北：远景出版事业有限公司，1984）。

④ 郁达夫，《沉沦》（香港：文学出版社，1956），第 11 页。

王映霞那"丰肥的体质和澄美的瞳人"当然给郁达夫带来惊艳和振奋，他也确实一度从颓废中奋发起来，过了几年"富春江上神仙侣"的生活。但是好景不长，他受不了日常生活的单调、滞闷，家庭的束缚，一次又一次离家出走。他多变怪异的性格让王映霞捉摸不定，夫妻生活蒙上阴影。而且，郁达夫虽然与原配离婚，可并未办理法律手续，前夫人还是住在郁达夫在富阳的老家，甚至郁达夫有时在与王映霞生气后还回到老家与原配团聚。这当然大大伤害了王映霞的自尊心，使王映霞总觉得郁是把他当小妾看待。郁、王对婚姻的不同理解最终导致二人感情破裂。郁达夫对婚姻的理解很大程度上是旧式文人的，他迷恋、追逐王映霞，是以男人愉悦的眼光，而鲜少从人的平等意义的角度去理解她。他不习惯家庭生活，就离家出走，寻找家庭以外的新鲜刺激，但王映霞又是一个受过现代教育的新女性，与郁达夫的看法和行为当然会发生抵牾与冲突。郁达夫在夫妻关系最紧张时携妻来新加坡，也许确实有些是为了缓和二人关系的考虑，在新的地方重新开始。在《毁家诗记》中他似乎说到南渡的原因："纵倾钱塘潮水，奇羞难洗。欲返江东无面目，曳尾涂中当死"。所谓"奇羞"，据郁达夫注释，大概在 1937 年八九月左右，他不在家，浙江教育厅厅长许绍棣乘他与王不和之机，在一次饭后，王失身于他。郁达夫感到"奇羞难洗。欲返江东无面目"，于是投奔南洋，"若能终老炎荒，更系本愿"。他也写过这样沉痛的诗句："投荒大似屈原游，不是逍遥范蠡舟，忍泪报君君莫笑，新营生圹在星洲。"①当然，在星洲新营生圹，结合当时的历史情景，会有多种解释，但希望弥合夫妻感情间隔，破镜重圆也在情理之中。郁达夫从迷

———————————

① 郁飞，《先父郁达夫在星州的三年》，见王润华，《郁达夫卷》（台北：远景出版事业有限公司，1984），第72页。

恋、到疯狂追逐王映霞、最后到自暴"家丑"，可以说只有郁达夫这样气质的人才会发生这样的事情。

2. 在放逐南洋中启动创作力

作为一个作家，郁达夫当然应是以不断创作立足于世。但是1930 年后，"他的作品不象以前那样畅销了"。[①] 1932 年 5 月，小说《她是一个弱女子》出版，可发行不到两月即遭到查封，同年12 月，郁达夫将它易名为《饶了她》出版，但当局还是将之查禁。1934 年，他开始为林语堂的杂志《论语》写稿，随后开始写自传片断，回忆往事，写作灵感明显趋向枯竭。耐人寻味的是，这段时间，郁达夫过着从未有过的安逸生活。1933 年，郁达夫决定离开上海，准备在杭州长期住下去，于是在杭州城东建造了一座住所。按郁达夫的原计划，本来只是打算搭一间简陋的茅屋，便于他隐居写作。不料却建成了一幢十分洋派的建筑物，但郁达夫还是将它命名为"风雨茅庐"，可见郁达夫对隐居、自由生活的向往。郁达夫也确实在西子湖畔过了一段时期的湖光山色、醇酒美人的平静生活，却很少有创作的冲动："在家吃点精致的菜，喝点芳醇的酒，睡睡午觉，看看闲书……总之懒得动。而每次喝酒，每次独坐的时候，只是想着计画着的，却是一间洁净的小小的住宅，和这住宅周围的点缀与铺陈。"[②] 郁达夫似乎要被闲适的日常生活腐蚀了，他往常爱流浪在外的性格慢慢消退，正如他在《居所的话》一文中坦率透露："从前很喜欢旅行，并且特别喜欢向没有火车、飞机、轮船等近代化交通利器的偏僻地方去旅行……到了地广人稀的地方，你可以高歌低唱，袒裼裸裎，把社会上虚伪

① 李欧梵，《现代中国作家的浪漫主义的一代》，见陈子善、王自立《郁达夫研究资料》（广州：三联出版社，1985）。

② 郁达夫，《住所的话》，见郁达夫，《闲书》（上海：上海良友图书印刷公司，1936），第 55 页。

的礼节，谨严的态度，一齐洗去……。这一种好游旅，喜漂泊的性情，近年来渐渐地减少了。① 郁达夫意识到安逸对创作的杀伤力，他开始寻找新的创作活力。郁达夫 1938 年底南渡，是否意味着他要重新开始漂泊流浪，唤回他渐在枯竭的创作灵感呢？根据姚楠在一篇文章中所言："他在 1938 年曾与郭沫若先生定下了复兴创造社的计画，初步打算出一个文艺杂志。达夫先生希望能在星洲实现，后来果然在 1939 年 6 月 1 日创办了《星洲文艺》，同《星洲日报·半月刊》合在一起……这个刊物请郭老题字，也含有两个合作复兴创造社之意。"② 但不如所愿，除初到新加坡时写的《槟城三宿记》和《马六甲游记》外，郁达夫的文艺创作大不如前，多写些政论、杂文以及旧体诗。

3. 无奈与放逐南洋之机遇

郁达夫创作在日落西下的时候，同时在精神上也接连受到打击，除了小说遭到当局封禁外，由于他个性独立不依，虽然在 1930 年加入"中国左翼作家联盟"，但是郁达夫对"左联"的集会愈来愈不感兴趣，因而致函"左联"负责人，表示不能经常参加"左联"的会议。1930 年 11 月 16 日，"左联"召开会议，将郁达夫开除，在当日会议六项决议中，第六条就写着"肃清一切和反动分子……并当场开除郁达夫"。③ 对于"左联"的这个决定，郁达夫表面上似乎不以为然，但他多少会受到打击。正如郭沫若所说："达夫在暴露自我这一方面虽然非常勇敢，但他在迎接外来

---

① 郁达夫，《住所的话》，见郁达夫，《闲书》（上海：上海良友图书印刷公司，1936），第 53—54 页。

② 姚楠，《缅怀郁达夫》，见陈子善、王自立，《回忆郁达夫》，长沙：湖南文艺出版社，1986，第 496 页。

③ 转引自刘炎生著《郁达夫传》，南昌：百花洲文艺出版社，1996，第 224 页。

的攻击上却非常脆弱。"① 1937 年郁达夫遭受到他一生中最大的精神危机，这就是所谓王映霞"红杏出墙"之事。尽管这事没有根据，但郁达夫多疑、善于幻想，仿佛就像真的。郁达夫在《回忆鲁迅》一文中沉痛地说："我因不听他（鲁迅——引者注）的忠告，终于搬到杭州去住了，结果竟不出他之所料，被一位党部的先生，弄得家破人亡……"。② 这位党部的先生指的就是国民党要人许绍棣，当时任浙江省教育厅厅长。这件事在郁达夫方面，似乎受到国民党的压迫。郁达夫在 1938 年前的几年里，可说是在各个方面都不太满意。1936 年虽到福建做"官"，但只是一个闲职，而且工资也不能按月领取，工作了两个月，却只拿到一百元钱。郁达夫可说是感到前途一片灰暗，正在他似乎也走投无路之际，1938 年冬，他收到南洋《星洲日报》的邀请，这无疑给他带来了生机和希望。

4. 南洋之梦

郁达夫最后放逐南洋，除了以上的因素外，南洋在郁达夫心中的印象和幻想可能也是原因之一。郁达夫本是一个赋予幻想、浪漫的文人，而南洋在当时一般中国人心中具有神秘的印象：她遍布黄金，许多去南洋的中国人都发大财而衣锦还乡，这些美丽的传说在民间影响很大，再加上每逢中国政府或革命团体在南洋募捐，都会得到华侨的积极支援，使远在国内的人更加向往南洋；另外，在文人的作品中，南洋神秘多彩，风景宜人：象徐志摩的散文《浓得化不开》（新加坡）对热带光与色的描写、老舍的小说《小坡的生日》对美丽花园的描写，都很有艺术感染力。早在

---

① 　郭沫若，《论郁达夫》，见陈子善、王自立，《郁达夫研究资料》（广州：三联出版社，1985），第 86 页。

② 　郁达夫《回忆鲁迅》，见凡尼、郁苇选编《郁达夫作品精编》（桂林：漓江出版社，2003），第 461 页。

1929 年，郁达夫就有到南洋各地一游的念头。[①] 马来西亚作家温梓川当时在上海暨南大学念书，在汪静之家结识郁达夫，后来他曾抄了几首以描写南洋风光为题材的旧体诗请教郁达夫，诗中的榴梿、娘惹等字眼吸引了郁达夫，在问明白了意思后，大感兴趣地说："啊！南洋这地，有意思极了，真是有机会非去走走不可。"当时汪静之却给他泼冷水说："像我们这种人老远跑到南洋去发不了财，实在没有意思！"郁达夫却不以为然，并且说，"斯蒂文生的晚年就是在太平洋的一个小岛上渡过的，他在那里就写了不少非常有意义的作品。"[②] 虽然郁达夫与汪静之对话的焦点不在一个层面上，可也透露郁达夫当时对南洋带有什么样的印象与幻想了。郁达夫在隐居杭州期间就曾想入非非地买过奖券，幻想发意外之财，[③] 以摆脱家庭经济困境。他当年到南洋也不能说没有发财之盼。后来隐居苏门答腊，自愿承当酒店老板，也许可能说明这点。

三、南洋心态与南洋文化前景

我们通过上节的分析看到，郁达夫自我放逐南洋的情怀是十分复杂的，这既是失意后的远离，也是梦重新开始的地方。所谓"投荒大似屈原游，不是逍遥范蠡舟，忍泪报君君莫笑，新营生矿在星洲。"[④] 这首诗就很能反映这种心态。郁达夫是一个博学多识的文化人，一个著名的作家，而南洋主要是中国草根阶层的移民

---

① 王润华编《郁达夫卷》（台北：远景出版事业公司，1984），第 5 页。

② 温梓川编《郁达夫南洋游记·代序》（香港：香港世界书局），第 3 页。

③ 姜德明《鲁迅与郁达夫》，见陈子善、王自立《郁达夫研究资料》（广州：三联出版社，1985），第 288 页。

④ 郁飞《先父郁达夫在星州的三年》，见王润华《郁达夫卷》（台北：远景出版事业有限公司，1984），第 72 页。

之地，郁达夫自我放逐南洋无疑就有一种投奔炎荒的感觉；又因为南洋远离中国，充满新生机遇，"孤儿"郁达夫对于这次远行又有一种开启新梦的感觉。在旅居新加坡的一年多的时间里，因为大作家名气，围着他吟诗弄墨的旧式文人不少，又因为负责《星洲日报》副刊编辑，因工作之便，结识了一大批新马文学青年。由此可以看出，郁达夫在新加坡的游观视野主要聚焦在一个文化圈内，而这个圈内的两种文人给了他两种不同的生活：与旧式文人赋诗风雅，写写离乱杂诗，抒发愁情离绪，俨然一个自我放逐边缘的"断肠人"；① 另一方面，又与新马的文学青年交往颇为密切，与他们谈文学、论文化，一如文学前辈对后学者的关爱和责任。我们从郁达夫的《南洋文化的前途》《一年来马华文化的进展》《几个问题》以及《看稿的结果》等游记文章就可看出郁达夫与新马文学青年交往的踪迹。从这些文章，我们可见他在旅居新加坡期间对新马现代华文文化的观察，主要在以下两点：

（一）"差不多"现象与文化前景：比较中丈量把握

"差不多"现象是郁达夫针对新马文学青年写作现象而谈的观感。郁达夫接任副刊编辑后不久，发现众多文稿的书写内容和技法呈现"差不多"的现象，一如他在《看稿的结果》一文中所言："自到星洲，接编《星洲日报》的文艺副刊和这星槟的《文艺两周刊》以来，为时并不久，但也有两个月的光景了，所看稿子，长短大小，总已经有一千篇的数目，在这千把篇稿子里的倾向，简

---

① 我曾在单篇论文中对郁达夫在南洋的旧文人生活作了较详细分析，见夏菁《郁达夫自我放逐南洋的神话》，载于《文学评论丛刊》第6卷第2期（南京：南京大学出版社，2003），第94—95页。又见夏菁《郁达夫自我放逐南洋的神话：浪漫英雄/商人/烈士?》，载于《二十一世纪》"网络版"第23期（2004年2月29日）。

括起来说一句，就是'差不多'的现象。"① 在郁达夫看来，"差不多"实际上是一个不可避免的现象，"但在南洋的这种'差不多'的倾向，似乎觉得太呆板了一点"。② 我们认为，一个旅居在外的人对于问题的思考往往会有一个比较的视野，郁达夫对于南洋这种"差不多"问题的思考也是在比较的视域下，他是将南洋的写作界与中国的进行比较。他认为南洋的文学青年，总的来说读书少、写得少，缺乏文字修炼，许多作者不仅"不注意于文字的洗练"，甚至有些还"词不能够达意，笔不能够从心，至弄得文字都不大通顺"。③ 而中国作家即便文章不太出色，但至少"文字总是清通的"。④ 在郁达夫看来，南洋文学青年有得天独厚的写作资源。他以槟城为例说："槟城是南洋的风景区，照理，应该是有很美丽、健全的作家出来的。"⑤ 郁达夫在南来第三天就北上槟城游观，此游历记有《槟城三宿记》。槟城给郁达夫留下很美的印象，所以，他希望槟城能出现更多的文学青年，让槟城"成为一个中国文坛已经四散后的海外方面的文化中心"。⑥ 可以看出，郁达夫对南洋青年带有中国文化人的理想。我们在前面分析过，郁达夫式的自我放逐不同于西方式的精神流浪，在珍视自我的情感中有不能忘怀的社会责任感，我们从郁达夫对南洋文学青年的期望与责任感可以看出这点。

郁达夫到新加坡后不久，如同大多数旅人一样，旅居地的一

① 郁达夫《看稿的结果》，见郁风编《郁达夫海外文集》（北京：三联书店，1996），第 527 页。

② 郁达夫《看稿的结果》，见郁风编《郁达夫海外文集》（北京：三联书店，1996），第 527 页。

③ 同（187），第 528 页。

④ 同上。

⑤ 同（187）。

⑥ 同（187），第 528—529 页。

切都令他感到新鲜和兴趣，他在 1939 年写的《南洋文化的前途》一文中就表达了这样的感觉。他在文中这样写道："到新加坡还不久，对于一切问题，都有研究的兴趣，而都还没有入门。譬如树胶椰子的种植，和世界市场的起落；锡矿的采掘，和供求的分配；米谷之能否在马来半岛成为主要植物之一等等。此外还有像人种的问题，杂婚在优生学上的现象，以及言语系统等，也是很有意义，并且更富于趣味的问题。"① 郁达夫对于这些问题的研究兴趣反映了一个旅人的好奇心理，是一时的奇思异想。因为郁达夫从事编辑副刊的文化工作，在工作间接触过许多教育界人士，使他更能够观察和分析南洋文化的特质和问题所在。因而当"半月刊编者"邀请他就南洋问题谈谈看法和意见时，郁达夫自然选择了文化这个课题陈述他对"南洋文化的所见所感"。② 在《南洋文化的前途》这篇文章中，郁达夫认为，"没有教育，便没有文化"。所以"要想提高南洋的文化，第一，当从提高南洋的教育做起"。③ 但是南洋由于是一个侨民社会，客观环境使得南洋的学校教育困难重重，如选用课本、聘用教员等都不像在中国那样自由；另外，侨民社会中的一些操权的人和一部分侨胞父老，缺乏远见卓识，轻视精神劳动，他们对待从事教育工作的人"仿佛就和自己私人出了钱雇在那里的佣人一样"。④ 这些观察和分析确实是当时南洋教育界的症结，我在其他的游记中也常见到这类问题的记述和分析。如巴人的南洋游记《一个大头家》就写了一所学校校长事事受校董（大头家）牵制的情景；再如，梁绍文在《南洋旅

---

① 　郁达夫《南洋文化的前途》，见郁风编《郁达夫海外文集》（北京：三联，1996），第 289 页。

② 　郁达夫《南洋文化的前途》，见郁风编《郁达夫海外文集》（北京：三联，1996），第 289 页。

③ 　同上，第 292 页。

④ 　同上，第 291 页。

行漫记》中就十分生动地讲述了学界泰斗章太炎当年在南洋主动拜访爪哇华侨巨富黄仲涵却被无礼拒见的趣事。郁达夫在谈到南洋华侨教育问题也参照中国的情况，在比较中丈量把握，以理悦人。在郁达夫看来，南洋虽为一块工商业的新开之地，但同中国相比，这里没有"旧文化的痼疾"、没有"保守病"，而有的是"一股蓬蓬勃勃的新生气"，只要"我们这些以文化为事业的人"能够"竭尽其善去做"，南洋就有一个"文化灿烂"的前途。[1] 从这些言论看，郁达夫似乎在自我放逐南洋中走到了文化策划者的中心。

（二）几个问题的论争：旅人的双重视角

郁达夫到南洋后不久，为在出席槟城的一个欢迎会上回答一些文艺青年的询问而写的《几个问题》，1939 年 1 月 21 日在《星洲日报》上发表。几个问题包括：一、南来的文艺界，当提出问题时，大抵都是把国内的问题全盘搬过来，这现象不知如何？二、南洋文艺，应该是南洋文艺，不应该是上海或香港文艺。南洋这地方的固有性，就是地方性，应该怎样使她发扬光大，在文艺作品中表现出来。三、在南洋做启蒙运动的问题。四、文艺大众化、通俗化，以及利用旧形式的问题。[2]

郁达夫就这"几个问题"阐述了自己的意见，结果引出新马文学青年一些反对意见，结果双方就这几个问题各表其态而引出一场争论，其中最大的分歧在如何看待鲁迅以及在南洋文艺的地方色彩。这些问题在今天看来可能都不成为问题，可是在当时的历史环境，许多人只把南洋作为暂住之地，效忠的是中国。因此

---

① 郁达夫《南洋文化的前途》，见郁风编《郁达夫海外文集》（北京：三联，1996），第 292 页。

② 郁达夫《几个问题》，见温梓川《郁达夫南游记》（香港：香港世界出版社），第 55—60 页。

强调南洋本土化的问题就显得特别艰难。表现在文学创作方面，新马作家几乎把鲁迅的写作模式奉为圭臬，而忽视了本土性的表达。郁达夫认为："文艺，既是受社会、环境、人种等影响的产物，则文艺作品之中，应该有极强烈的地方色彩，有很明显的地方投影。"① 所以，"生长在南洋的侨胞，受过南洋的教育"，所写的作品当然应具有"南洋的地方色彩"。② 很明显，郁达夫是在奉劝南洋文艺青年不要一味模仿鲁迅的杂文文风，而失去了个性以及南洋的地方性，因为在他看来，鲁迅的文体和风格只能是鲁迅的，是属于鲁迅的那个社会、环境的产物。如果南洋文学青年不顾其本土性的表达而盲从学习，那只是削足适履。郁达夫的观点，在今天看来是非常客观的，但在当时要打破已成习惯的社会评判，自然是吃力而不讨好之事。当然，郁达夫初来乍到，对南洋历史还不太熟悉，一时还很难服众。事实上，正是因为他是"新客"，才有能力提出不同常规的见解。因为郁达夫是一个旅人或边缘者的视角，看问题能够越出常规和习惯而发表新奇的见解。我们已经知道：旅人或处在放逐中的人实际上是把自己从中心边缘化，但这并不是完全割断历史，旅人或放逐者在看待问题时常用过去的经验和目前的情势一起思考，所以常常带着双重视角，即不会以单一的立场看事物，每看到新土地上的事物，他自然会联想旧地方的事物来比较思考，并且这种思考常常可以是新的、不可预料的眼光。因为旅人或放逐者的思考状态是流动的，不会墨守成规。郁达夫在放逐南洋后，在观察和分析南洋问题时就明显具有这些特点，分析问题中总有一个中国参照系的存在，但又不固守一隅，而是融入和考量南洋

① 郁达夫《几个问题》，见温梓川《郁达夫南游记》（香港：香港世界出版社），第66页。
② 同上。

的因素。也许正因为旅人或放逐者在看问题时的双重视角，与南来其他中国作家相比，他对新马文坛贡献是最大的。①

四、小　结

我们由上述的分析可见，郁达夫的南洋梦虽然反映了中国知识分子看南洋的普遍色彩，但却很具个性特征。与当时许多中国文化人南来心态最为不同的，就是郁达夫抱着自我放逐的心态而来南洋。而郁达夫身上的新旧矛盾又使他的自我放逐不同于西方式的精神流浪。简而概之，郁达夫式的自我放逐，既像旧文人失意后的举措，也有珍视自我的现代欲求，又有不能舍弃的社会责任感。因而，郁达夫在南洋的活动引出许多争议，但他以旅人的视角对南洋文化的理解却最为值得重视，其贡献也是最大的。

（本文收录在夏菁《中国现代作家的南洋书写研究》，华中师范大学出版社，2015 年。）

---

① 　林万菁教授对中国南来作家作过研究，他认为郁达夫对新马文坛的贡献最大。见林万菁《中国作家在新加坡及其影响》（新加坡：万里书局，1994）。

朱古律的诱惑

——《浓得化不开》（新加坡）中的欲望苦旅

南治国

一、徐志摩及其南洋经历

尽管徐志摩在散文、戏剧、小说创作和文学翻译等方面都有一定的实绩，但他主要还是以诗人的风采而卓立于中国现代文坛。徐志摩一生经历曲折，游历甚广，足迹所至，仅是域外，便有欧洲的英国、德国、俄国，亚洲的日本、印度及南洋等地。似乎是一种宿命，他最后竟然也是"死在路上"。[①] 因陆小曼生活铺张奢华、吸食大烟，并与戏子翁瑞午关系暧昧，徐志摩在精神上备受煎熬，但同时还得拼命兼课写作挣钱，以维持家用和陆小曼的开销。1928 年 6 月，身心疲惫的徐志摩决计远游。他先东渡日本，而后由日本赴美，随后还访问了英国和印度，最后由印度回上海。大约是在 1928 年的 11 月初，在从印度返国时，途经新加坡，"浓得化不开"的热带的芭蕉、"浓得化不开"的肉糜的气息、"浓得化不开"的朱古律姑娘给了他感官上强烈的刺激，逼着他写下了

---

① 1931 年，徐志摩因经济上的压力，开始在上海和北京两地的大学授课；当年 11 月 19 日，因搭乘的运送邮件的飞机在从上海到北京的飞行过程中失事，徐志摩在济南遇难。

那篇情绪饱涨的小说《浓得化不开》（新加坡）。

徐志摩的小说创作并不多，影响谈不上广，在中国大陆，他的小说似乎从来便是寄放在被遗忘的角落，读者群小，研究者更少。① 在新加坡和马来西亚，情形似乎要乐观一些，有不少的研究者注意到了徐志摩的小说，尤其是《浓得化不开》（新加坡）。② 譬如，黄傲云指出，热带感染给徐志摩的，是一种"橡胶似的""浓得化不开"；林春美博士曾撰文探讨徐志摩小说《浓得化不开》（新加坡）中建构的南洋形象，指出徐志摩是"最早通过诗化的文字，感性地肯定色彩之南洋的意义的中国作家"③；王润华教授也在探讨中国作家的"南洋幻想"时特别提到了徐志摩、郁达夫、张资平等中国现代作家对南洋的"幻想"——"南洋是义理与律法所不及的异域，这神秘的南洋即是化外之邦、自然之地，因此被想象成是原始情欲的保护区"④。我在这一节中也会借用上述学者的观点，仔细分析徐志摩小说

---

① 我曾试图在"中国期刊网"上找寻一些研究徐志摩的小说的论文，但结果大失所望：从 1994 年至 2003 年，大陆的主要学术期刊上，对其诗歌的研究，有 15 篇（这还只是论文题目中包括"徐志摩"的论文），而对其小说的研究，仅 1 篇而已，是任国权的《论徐志摩小说的诗化性》，《温州师范学院学报》（社科版），2002 年 4 月第 23 卷第 2 期。

② 譬如黄傲云在《中国作家与南洋》一书中就注意到了徐志摩的小说《浓得化不开》（新加坡），并指出，热带感染给徐志摩的，是一种"橡胶似的""浓得化不开"。参见黄傲云《中国作家与南洋》（香港：科华图书出版公司，1985），第 12 页。黄傲云还将这篇小说收在该书的附录中。

③ 林春美《欲望朱古律：解读徐志摩与张资平的南洋》，第 3 页。林春美博士是马来西亚博特拉大学中文系讲师。这篇论文，是她在 2002 年 4 月新加坡国立大学中文系举办的中国现代文学国际研讨会"越界与跨国：中国现代文学的区域视角与多元探索"（Border-Crossing and Transnational Dialogue：Regional Perspectives and Pluralistic Inquiries in the Studies of Modern Chinese Literature）上提呈的论文。

④ 王润华《重新幻想：从幻想南洋到南洋幻想——从单元的中国幻想到东南亚本土多元幻想》，第 3 页。这是王润华教授在"当代文学与人文生态：2003 年东南亚华文文学国际研讨会"（Contemporary Literature & Human Ecology：2003 International Conference on Chinese Literature in Southeast Asia），（2003 年 2 月 22—23 日，新加坡）上做的专题演讲。

中的"朱古律"的诱惑，但我的重点则在小说中的"旅程"之上，亦即以小说主人公林廉枫从欧洲到新加坡，继而到香港、北京的这一大的旅程为背景，聚焦林廉枫在新加坡由"旅馆里的烦躁——旅馆外'肉糜'气息的刺激——回旅店门口时'饱和着奶油最可口的朱古律'的诱惑——最终止于旅店房间里的香艳噩梦"这一既是空间意义上的转换，同时也是情绪上的流动的过程，试图给《浓得化不开》（新加坡）这篇小说一种新的解读。

二、《浓得化不开》（新加坡）中的南洋之旅

新加坡是廉枫洲际之旅中的一个小站。热带的风情，是他未曾经历过的。《浓得化不开》（新加坡）便记录了他的此次途经南洋的经历，是介乎于游记、诗歌和小说之间的一种"诗化小说"①。

小说中对廉枫的游踪的描述非常简略。他先是一个人呆在旅店里，因为人地生疏，颇感凄凉，哼上几句戏腔，本以为能驱遣独坐旅店静听雨打芭蕉的落寞，不想羁愁更生，因此决定干脆就"出门吧"。出了门，"廉枫跳上了一架敞车"，给马来车夫"比了一个丢圈子的手势"，他就到了街上，可以欣赏到"焦桃片似的店房，黑芝麻长条饼似的街，野兽似的汽车，磕头虫

---

① 这里"诗化小说"概念是借自于任国权的论文《论徐志摩小说的诗化性》中对"诗化小说"的界定：它肇端于法国象征派诗人古尔蒙 1893 年的原则"小说是一首诗篇，不是诗歌的小说并不存在"。而在中国，周作人在二十年代初对"抒情诗的小说"的倡导，鲁迅、郁达夫、废名、沈从文等在创作上的实验，使小说具备了浓郁的"抒情诗"的审美风格，使"诗化小说"成为 20 世纪中国现代小说的别一格局。见任国权《论徐志摩小说的诗化性》，见《温州师范学院学报》（社科版），2002 年 4 月第 23 卷第 2 期，第 39 页。

似的人力车，长人似的树，矮树似的人"①，而傍晚时分凉爽拂面的岛风，热带岛上"芭蕉的巨灵掌，椰子树的旗头，橡皮树的白鼓眼，棕榈树的毛大腿，合欢树的红花痫……"（p64）让坐在敞车上的廉枫舒适惬意，"皮肤上，毛孔里，哪儿都受用，象是在最温柔的水波里游泳"，而心里头，又恍惚有"一只疏荡的胳膊"正搁在胸口上，浓得化不开的，是幽散在空气中的"肉糜的气息"……（p63）敞车到潞水潭，忽地停下。夜幕暗合，赤道的夜空朗明无云，天上的星星历历在目，他下车走了一会了，心情仍是舒畅，旅困全无，潭边黄昏的紫曛，丛林的倒影，林中悬挂着的红灯，湖中窄窄的堤桥，湖面轻泛的涟漪，还有天上的疏朗的星光等等，给了他"真不坏"的印象。至于湖亭里起初"糊成一饼"，见到廉枫忽地分开的一双人影，则是此次游潭的另一种景观了。似乎是担心在外逛悠会扰人好梦，廉枫决定回旅店去。走近旅店时，因为旅店门口对"饱和着奶油最可口的朱古律"（p66）的惊鸿一瞥，廉枫躺在床上，梦里寻思着他和朱古律姑娘的艳遇，故事以错愕、梦醒而告终："廉枫觉得口里直发腻，紫姜，朱古律，也不知道是什么，浓得化不开"（p69）。

以上是《浓得化不开》（新加坡）中廉枫的旅踪，也是小说简单情节的概述。接下来，我想分析旅程在这篇小说中主要的叙事功能。

---

① 徐志摩《浓得化不开》（新加坡），见徐志摩《徐志摩全集》（2、小说集）（香港：商务印书馆，1983），第 64 页。下文如出现本篇小说的引文，只在引文后注明页码，特此说明。

二、旅程在《浓得化不开》（新加坡）中的作用

（一）旅程为小说提供了独特的"热带"环境，这样的环境，影响了小说的人物、情节和语言风格

环境刻划是小说的主要要素之一。西方"新批评"的代表人物雷·韦勒克在其经典之作《文学理论》一书中非常强调环境对人物塑造的重要作用。他指出，"背景即环境"，"背景又可以是庞大的决定力量，环境被视为某种物质的或社会的原因，个人对它是很少有控制力量的"。正因为如此，"哈代笔下的爱顿荒原"和"辛克莱·路易斯笔下的赞聂斯"对小说的人物刻划具有决定意义。① 因为"旅程"的独特的功能，徐志摩很容易就可以为他小说的主人公"廉枫"提供一个赤道下、热带的、陌生的异域环境。这一特殊的环境，在相当程度上决定了小说人物的刻划、情节的发展以及语言的风格。

首先，因为是在热带的异域，语言隔阂，人地生疏，廉枫基本上是比较懒散（这是热带环境里人类的通病），其活动范围的局限性也比较大，无非是一些街道和景点；而这些浮泛的活动空间，在一定程度上也决定了廉枫的观察是浮面的，他的观感是主观的，也决定了小说情节的简单，只是对以陌生场域的"经历"而已。但是，过埠的这种"掠影"式的浮泛倒是最能给人强烈的震撼，因此徐志摩的这篇《浓得化不开》（新加坡），在其浮泛的表象下其实也潜涌着夹在两种文化之间的欲望之潮，虽然这暗潮太过主观，但仍不失其意义，亦不会"单调"失色。

---

① 雷·韦勒克，奥·沃伦《文学原理》（北京：三联书店，1984），第249页。

其次，热带的环境，异域的风情，使小说的语言浓艳繁缛，小说的风格近乎抒情诗。《浓得化不开》（新加坡）中浓缛热烈的语言给读者的印象是绮丽、突兀，令人目眩。譬如小说一开首对"红心蕉"的描述：

> 大雨点打上芭蕉有铜盘的声音，怪。"红心蕉"，多美的字面。红得浓得好。要红，要热，要烈，就得浓，浓得化不开，树胶似的才有意思，"我的心像芭蕉的心，红……"，……（p62）

这是对热带植物的描写。对热带环境里的人的刻划，同样的浓稠，浓得化不开：

> ……他忽然感觉到一股彩流的袭击从右首窗边的桌座上飞骠了过来。一种巧妙的敏锐的刺激，一种浓艳的警告，一种不是没有美感的迷惑。……廉枫最初感觉到的是一球大红，象是火焰；其次是一片乌黑，墨晶似的浓，可又花须似的轻柔；再次是一流蜜，金漾漾的一泻，再次是朱古律（Chocolate），饱和着奶油最可口的朱古律。这些色感因为浓初来显得凌乱，但瞬息间线条和轮廓的辨认笼住了色彩的蓬勃的波流。（p65—66）

这是对热带的土著女郎的描写，色彩既浓烈，激情又狂泻，此种浓艳的语言，此种诗意的激情，只有在这热带的异域环境里，方才显得自然，不悖人性。

（二）旅程为小说提供"异域"的场所，为小说制造了文化上的震荡

因为是洲际旅行，徐志摩可以自然地让廉枫在这个赤道附近的南洋（新加坡）略作停留。虽然中国和南洋的交往古已有之，但毕竟还是分属于不同的文化场域。自然上的景观已是大相径庭，文化上的差异也迥然有别。在小说《浓得化不开》（新加坡）中，这种文化上的差异使小说的主人公廉枫在心理上产生"性狂想"，在心态上则居于"优势视点"。

南洋在中国现代文学中被视为化外之域，这差不多是学界的一种共识。王润华先生将它表述为："在中国三十年代作家的笔下，中国是礼仪之邦，太多的社会伦理，会扭曲人类自然的情欲需求。而南洋是义理与律法所不及的异域，这神秘的南洋即是化外之邦，自然之地，因此被想象成是原始情欲的保护区。"① 廉枫在新加坡的心理，完全是一种摆脱中国本土人伦义理的禁锢后，在突然失去"重力"的状态下"失重"的躁动和失控的性狂想。如果我们综观徐志摩在这一时期创作的《肉艳的巴黎》、《浓得化不开》（新加坡）、《浓得化不开》之二（香港）和《死城》（北京的一晚）这四篇小说中的主人公的性心理，我们可以看出，在巴黎，这种性的心理侧重于浪漫；在新加坡，侧重于淫欲；在香港侧重于异想；到北京（中国文化的中心）就恢复了理性。巴黎、新加坡和香港在当时都可以视为异域，因而主人公的性的压抑都

---

① 王润华《重新幻想：从幻想南洋到南洋幻想——从单元的中国幻想到东南亚本土多元幻想》，第 3 页。这是王润华教授在"当代文学与人文生态：2003 年东南亚华文文学国际研讨会"（Contemporary Literature & Human Ecology：2003 International Conference on Chinese Literature in Southeast Asia），（2003 年 2 月 22—23 日，新加坡）上做的专题演讲。

在一定程度上得到了舒解。在舒解程度上，以新加坡为最，次为巴黎，香港再次之，在北京，则难以舒解。廉枫在新加坡的性苦闷，从根本上讲，是源于中国传统文化和南洋本土文化的冲突：廉枫到了南洋——一个在他看来是"半开化全野蛮的风土"——他敏感地嗅到了这块土地上飘散着的自然的野性的"肉糜的气息"。他身上长期被压抑的性意识开始蠢蠢欲动，中国本土文化施加其身的伦理枷锁开始松崩，旅途的困顿也没了，他有了"轻身"的快意，继而恣意于欲望之狂想。然而，不幸的是，廉枫毕竟在中国文化中浸熏已久，中国文化的枷锁又不时地让他的性狂想有所收敛。处在这两种文化的张弛之间，廉枫注定要经验"欲火"的煎熬，而他的性的压抑最终也只不过是一种欲望高涨的狂想，只能在梦中得以宣泄。因此，要理解廉枫的性的苦闷和狂想，只有从两种文化的差异上分析，才是正确理解的关键。

二、夹在两种文化之间的"欲望"苦旅

小说中的旅程往往具有双重的意义：一是小说主人公的实际的游踪；一是小说主人公心灵之历程。在西方小说史上，旅程象征的心路历程表现得更加明显，如带有宗教寓意（Pilgrim quest）的《天路历程》《神曲》，带有自我发现（Self-discovery）意识的《黑暗的心》、带有成长意味的英、法、德国早期描写"欧洲大陆旅行"（The Grand Tour）的小说等等，其中旅程的双重意义表现得非常明显。在中国现代小说中，旅程的双重功效虽然没有西方小说中来的明显，但仔细阅读分析之后，我们也能找出不少有精神意味的旅程。徐志摩的系列"游历"小说中分明隐匿着小说主人公（甚至是徐志摩自己）的精神苦旅。在这篇《浓得化不开》

（新加坡）中，廉枫在新加坡的简单的游踪又何尝不是他渴求舒解、却又不得舒解的欲望苦旅呢？

小说中，欲望一开始便随雨打芭蕉的音节开始躁动：红心蕉"红得浓得好。要红，要热，要烈，就得浓，浓得化不开⋯⋯"（p62）；骤雨下的小草，在廉枫看来并没有被"侵凌"的苦楚，相反，小草竟然爱的便是这"出其不意的，使蛮劲的，太急一些"的"急劲儿"。被这骤雨狼虎似的胡亲了一阵子，小草都露着喜色，"绿得发亮，绿得生油，绿得放光"，它们其实是在乐着呢。热带的自然中旺盛的生命力显然是感染了廉枫，他开始放松了心里对性的长期压抑，居然吟出了一句"蕉心红得浓，绿草绿得油"来：欲望醒来了，廉枫从这热带的自然中看出了"淫"——"热带的自然更显得浓厚，更显得猖狂，更显得淫，夜晚的星都显得玲珑些，像要向你说话半开的妙口似的"（p63）。在南洋，这化外之邦，廉枫身不由己地开始了他的"性狂想"。

苦于人地生疏，大概还有一点中国传统文人的拘谨（传统文化的束缚），廉枫只好一个人呆在旅店里，看窗外的雨。然而目及之处，皆充满着性的诱惑，挑战着他克制力的限度。耐不住店房里的凄凉（实则抗不过热带环境里性的诱惑），廉枫被欲望所驱遣，出门了。叫了一辆敞车，他感觉自己是一条在"最温柔的水波里游泳"（p64）的鱼，非常受用。为什么呢，原来，在热带傍晚时分凉爽的空气里，廉枫嗅出了浓得化不开的"肉糜的气息"，在其狂躁的瞳仁里，街道两旁的热带植物也似乎在招摇胳膊和大腿，挤弄着眉眼。到了潴水潭，浪漫宁静的湖边大概正如廉枫所期盼，正有"糊成一片"的成双的人影。刺激在递深，廉枫无意识地哼起了戏白，感叹自己只是"一朵游云"，偶然地投在这南洋的小岛上，因此，这别人可以上演的"好戏"，他只能投去心仪的一瞥了。似乎是要掩饰自己罩不住的心乱，廉枫抽身返坐到敞车上，"他记起了烟卷，忙着在风尖上划火"（p65），看戏和哼戏都已经不能平息他内心的躁动。廉枫选择了逃离。

南洋无处不在的诱惑，无时无刻不在拨弄着廉枫敏感的神经；但既是一朵游云，毕竟一时还难以融入这片不属于自己的南洋苍穹，一时还不能摆脱自己思想深处中国文化的沉重背负，因为，这朵游云很快就会掠过这片海岛，飞回他的故土。外面诱惑无处不在，理性终于收紧了羁绊，廉枫选择了逃避，他决定躲进旅店，将诱惑拒之门外。中国传统的礼义教化暂时占了上风。

然而，两种文化的抗衡太过强烈，它们既不能达成某种平衡，亦不能决于一种定势，夹处其间，廉枫的煎熬仍未结束。就在旅店门口，等着他的仍是"昏沉的圈套"，心中的躁动仍是"一阵热，一阵烦"（p65），毕竟，他曾是怀了某种期盼出了旅店，期冀里甚至有莫名的热望，而现在，他却无功而返。这虽是理性的选择，但多少有些让他心有不甘呀！然而，这场同欲望的角力远未结束，就在廉枫进入旅店的那一刹，他遭遇了"一股彩流的袭击"，是"火焰"般的"饱和着奶油最可口的朱古律"：

> ……廉枫幽幽的喘了一口气。"一个黑女人，什么了！"可是多妖艳的一个黑女，……乌黑的惺忪的是她的发，红的是一边鬓角上的插花，蜜色是她的玲珑的挂肩，朱古律是姑娘肌肤的鲜艳……（p66）

这几乎是最后的一击！廉枫的戏词都哼成了"好花儿出至在僻岛上"（p67）。"她是一个人道主义者，一筏普济的慈航，她是赈灾的特派员，她是来慰藉旅人的幽独的。"（p67）这也差不多是廉枫性狂想的最高音符：

     ……她果然进来了，红的、蜜的、乌的、金的、朱古律、耐宿尔、奶油、全进来了。……朱古律笑口的低声的唱着，反手关上了门。……朱古律姑娘也不等请，已经自己坐上了廉枫的床沿。……朱古律的浓重的色浓重的香团团围裹住了半心跳的旅客。浓得化不开……（p68）

    果真如此，廉枫倒真成了"朱古律"的俘虏，其压抑良久的欲望终于在南洋得到畅足的宣泄。但实际的情形是，当朱古律的乌云盖下来时，廉枫看到的是"血盆的大口"，听到的是"狼嗥的笑声"，满身虚汗中惊醒过来，廉枫这才意识到刚才的让他心跳眼热的不过是"南洋一梦"。望着被他在梦中夹成了"一个破烂的葫芦"的枕头：

     廉枫觉得口里直发腻，紫姜，朱古律，也不知是什么，浓得化不开。（p69）

    廉枫终于还是既不能挣脱中国传统文化的禁锢，亦不能忘情于南洋的热带诱惑。旅程结束了，廉枫的"欲望"之旅就是这样地——以一个香艳却仍不得舒解的梦境——宣告结束。

    正因为廉枫在新加坡的简单行踪之后，还隐藏着强烈的欲望的旅行，所以，小说中廉枫的形象不再是简单的旅者，而是南洋语境中的一个中国传统文化的背负者；小说对热带风物的描写也不再是简单的景物描写，而是小说主人公潜在的性觉醒和性狂想的共谋者；而身处南洋热带环境里廉枫的渴求舒解却不得舒解的性苦闷，则体现了中国传统礼义文化同南洋本土原初文化的隔膜和冲突。理解了这一层，我们才能理解《浓得化不开》（新加坡）这篇小说中主人公廉枫性格的复杂性，才能体悟小说主题的深刻性。

小　结

　　文学中的旅行，往往不可等闲视之。因为旅行是一把双刃剑，我们既可以通过它了解旅行地的风俗民情，也可以通过它来窥视旅行者内心世界，即基亚所谓的旅行者的"成见、他的单纯幼稚和他的一些发现"。① 异域的旅程因此也就成了本我文化和他者文化遭遇的媒介。

　　《浓得化不开》（新加坡）中廉枫的南洋之旅就是这样的一种兼跨两种文化的旅程。小说中廉枫的旅程的最突出的叙事功能当属其中所包容的象征的文化之旅。我们可以这样理解廉枫南洋之旅的象征意蕴：

　　首先，廉枫的南洋之旅提供了一个不同于中华文化的南洋文化场域，亦即米克·巴尔（Mieke Bal）所谓的"主题化"空间。巴尔认为在旅程中空间常被"主题化"，空间自身就成了描述的对象本身，成为一个"行动着的地点"（acting place），这样，置身其间的旅行者的活动就可能"产生一种变化、解脱、内省、智慧或知识"。②《浓得化不开》（新加坡）中的热带环境，已然不只是自然和地理意义上的空间，它同哈代笔下的爱顿荒原、沈从文笔下的湘西一样，是一种参与小说主题的文化空间。处于这样一个空间里，廉枫必然要有文化的"内省"，必然出现文化上的漂移，因此，他不得不在中原文化和南洋文化之间做着既痛苦又快乐的狂想和飘忽。

---

　　①　马·法·基亚著，颜保译《比较文学》（北京：北京大学出版社，1983），第23页。米克·巴尔著，谭君强译，《叙述学：叙事理论导论》（北京：社会科学出版社，1995），第108—109页。

　　②　米克·巴尔著，谭君强译，《叙述学：叙事理论导论》（北京：社会科学出版社，1995），第108—109页。

其次，我们也应注意到，旅程所提供的南洋环境在相当程度上舒解了廉枫骨子里中国传统文化的背负，南洋热带环境的刺激、南洋本土女郎的挑逗使得他长期受到压抑的力比多（即性的欲望）突然苏醒过来。夏志清先生在分析中国古代短篇小说中的社会和个人时对中国的说书人（其实是短篇小说的作者或整理者）的心态看得非常透彻，认为他们虽然不得已带着正统的面具，但骨子里"对女人一旦撕下了正经的面纱之后那种不可抑制的性狂乱却似乎特有兴趣"。① 同古代的说书人一样，廉枫也是一位传统的文人，突然置身南洋，正统的面具似乎可以不戴了，骨子里的"性狂乱"当然就可以形于色，溢于表了。影响到他的视线，他关注的景观是躁动、狂艳的花草林木，他嗅到的是空气中的"肉糜的气息"，他看见的人是"糊成一饼"男女和妖艳性感的朱古律女郎。

那么，廉枫的性狂想最终为何不能实现呢？究其原因，还是文化的因素在作怪。南洋虽然给廉枫提供了一个不同于中国的环境，但作为旅行的主体的廉枫同样是一种文化的"在场"，任何时候都不曾缺席。因此，廉枫并不能真正地摆脱自己所代表的文化的羁绊，命定地必须在两种文化的夹缝里煎熬。表面上看，旅程带来的只是地理区域的改变，但深层里，无论是作为人的廉枫，还是作为地的新加坡，都固执的持守自己的文化阵线，从这个意义上看，廉枫的旅程亦是中国与南洋本土文化交锋相持、各不相让的文化苦旅。

（本文发表在《香港文学》2005 年第 11 期，题目原为《朱古律的诱惑——〈浓得化不开〉（新加坡）中的欲望苦旅》。）

---

① 夏志清著，胡益民等译《中国古典小说史论》（南昌：江西人民出版社，2001），第 328 页。

欲望朱古律：解读徐志摩
与张资平的南洋

林春美

一、所 谓 南 洋

虽说早在公元 7 世纪就开始有中国人移居南洋的记录，而元明之时中国人更是已经广泛分布于南洋各地，[①] 然而直至 20 世纪前半叶，"南洋"对于中国人而言，始终还是一个模糊的概念，概括性的指涉中国领土以南的群岛。这些地方在现代文学作品里偶尔被称之以其名，然而地名本身并不具任何相互区别的意义，也不足以在作家心里唤起任何鲜明独特的轮廓。对于作家而言，它们是一个集体，是中国以南零零碎碎的一片海域和陆地，是面目相近以致迷糊的热带群岛。

在航空尚未普遍取代水路的年代，南洋是中国作家西行抑或东归的必经之处。在 20 年代，因往返欧洲和中国大陆而途经南洋的中国作家为数不少。[②] 《中国作家与南洋》一书的作者指出，"南洋"虽然也出现于这些过客的笔下，但是他们所提到的南洋，"只是浮光掠影，只是平面描写，缺乏广度与阔度"。[③] 本文并不

---

① 详见巫乐华《南洋华侨史话》（北京：商务印书馆，1997），第 4—6 页。
② 黄傲云《中国作家与南洋》（香港：科华图书出版公司，1972），第 12 页。
③ 同上。

打算从这些浮光掠影里追索这些现代作家对南洋的再现（representation），而只是企图从这些作家凭着感性的第一印象所作的书写中，认识他们如何感知南洋。

本文以两位中国现代作家——徐志摩和张资平——的作品为例开展论述。徐志摩是浪漫潇洒的诗人，张资平是善于生产三角多角恋爱故事的通俗小说家。他们两人无论在取材倾向、写作风格、甚至人生道路方面，都没有可以相提并论之处。本文把他们并置而谈，主要是因为两人都曾有作品提及南洋，虽然写法迥异，但是有趣的是两人的南洋却可以互为补充说明。两个性质各异的作家，建构出的南洋形象却颇为雷同，这或许更能说明这种"南洋性"之于中国现代作家的普遍性罢。

二、热带的自然，热带的人

1928 年年底，热带小岛新加坡被写进了浪漫诗人徐志摩的文章里。那一年，徐志摩为结婚近两年的太太陆小曼奢华的生活方式、吸大烟的恶习、捧戏子的热衷、特别是她与戏子翁瑞午之间的暧昧关系，而备受精神折磨。为了不使自己的创作生命被这种痛苦所消磨，也为了让陆小曼有冷静反思的空间，他于是决定远游。① 当年六月中旬，他踏上豪华邮轮，开始了他为时近半年的环球之旅。他先东渡日本，然后横穿太平洋抵达美国，再穿越大西洋去到英国，最后访问印度。② 照他的行程与该篇文章写作的日期——11 月 1—2 日③——推测，新加坡应该是徐志摩从印度回

---

① 详阅刘炎生《徐志摩评传》（广东：暨南大学出版社，1996），第 234—245 页。

② 徐志摩这次旅游的航程及其在旅程中所写到的人与物，详同上书。

③ 见邵华强编《徐志摩研究资料》（西安：陕西人民出版社，1988），第 642 页。

返上海中途的歇脚处。

与其他中国作家一样，徐志摩马上也非常强烈的感受到了迥异于北方的、闷热而潮湿的热带气候。终日挥汗如雨的情况让多产的通俗小说家徐訏甚至失去写作的心情，但是，因雨后烦热而致的昏沉心绪，却让徐志摩写出了他向来比较少从事的文体：小说。也许昏沉的境况适宜虚构，更甚于抒情吧？单就小说的题目，已经足以看出作者的昏沉状态：《浓得化不开》（新加坡）。① ——这种精神状态，可能也与他远游半年之后的疲惫不无关系。

11月的新加坡适逢雨季。《浓得化不开》就从南洋风雨草木等自然景观对于北方人林廉枫的感官所起的刺激作用说起。② 像赤道上的大太阳会让温带地方来的人无法适应一样，赤道上的骤雨，在林廉枫的听觉与视觉上，都引发特别怪异的感觉。雨打芭蕉，听在他耳里，不是中国古典诗词中最常引起的"早也潇潇，晚也潇潇"的闲散情绪，而是"有铜盘的声音，怪"（页73）；雨洒小草，看在他眼里，别有一股"蛮劲"，一种"情热"。雨露之恩在此地不是以中国传统的温柔方式出现，而是变异成一种蛮相，一种"外表凶狠"的"变相的爱"（页73）。

在这种蛮、凶狠、急劲儿、"狼虎似的"风雨的灌溉下成长的草木，都相应带着热、烈、浓的色调特点："蕉心红得浓，绿草绿成油"（页74）。徐志摩的"南洋色彩"是大红大绿的。他说红心蕉"红得浓得好"，而且就是要"浓得化不开，树胶似的才有意思"（页73）。他认为新加坡的植物，就必须以那种热烈浓稠的色

① 此篇小说收集在徐志摩唯一的一本小说集《年轮》（上海：中华书局，1930）里。本文所引有关徐志摩小说的所有文字，皆出自此书，不另注。

② 这里的"北方"仅相对于"南洋"而言，并非特指中国地理历史中约定俗成的南北之分中的北方。然而，就主人公林廉枫不时哼着京调的情形看来，他虽然未必来自中国北方，但却是在一定程度上认同于北方的主流文化的。

调，标明自己的地方性——如树胶之拥有亚热带特产的身份——才能确立自己的特殊意义。徐志摩路经新加坡的 1928 年，是正值新马文学界激情呼唤建立本地作品的南洋色彩的时期。我们无从得知徐志摩对新马文坛状况是否曾经留意，但是，从他对大红大绿的审美的接受，我们可以说：徐志摩应该是最早通过诗化的文字、感性的色彩肯定南洋的意义的中国作家。

徐志摩是个诗人。在他短短十年的创作生命中，以诗创作收获最为丰盛。[①] 在《浓得化不开》里，他藉林廉枫的意识，透露自己的诗之泉源："自然的变化，只要你有眼，随时随地都是绝妙的诗。"（页 73）在与他所醉心的翡冷翠或康桥的自然环境大异其趣的新加坡，他也没有例外的看到了诗，可是，却是"一首淫诗"（页 74）。——作为"万千小生物的胎宫"，有着"从来不知厌满的创化欲"的"自然"（页 74），若被诠释为"淫"，那么任何国度的自然界都无法不淫；然而，由于"热带的自然更显得浓厚，更显得猖狂"，（页 74）因此，在徐志摩看来，热带自然"更显得淫"。

中国人有所谓"一方水土一方人"之说，认为一个人的精神面貌与气质习性，与孕育他的自然界有着密不可分的关系。《浓得化不开》也若隐若现的透露同样的观念。小说对芭蕉（的巨灵掌）、傻桐树（的毛大腿）、无花果树（的要饭腔）的描写，或许可以简单解释为修辞学上的拟人化手法；但是在另外一些地方，我们却要怀疑在拟人化的字面修辞或比喻的运用底下，是否积累着在小说里尚未完全明朗化的意识形态。廉枫乘坐戴回子帽的马来人驾驶的厂车上街散心，沿街所见，是"野兽似的汽车"和"磕头虫似的人力车"——在"马来人"及其"回子帽"等充满

---

① 他共得诗近两百首，出版过四本诗集。见《素描徐志摩》，收录于乐齐编《精选徐志摩》（北京：中国国际广播出版社，1998）。

"番邦"特征的氛围里，交通工具所标示的物质文明竟然都变形成前文明阶段的自然生命形态。而一路上的树木与行人，是"长人似的树，矮树似的人"。（页 75）人与自然已被两厢混同了起来，两者变成可以互为对调的本体和喻体，对自然的体认与对人的体认不须有太过严谨的区别，因此上段提到的热带的自然的浓厚、猖狂，不免也可以改动成"热带的自然浓厚，热带的人猖狂"——正因如此，所以即使廉枫所到的一座湖亭边明明置有表征着文明的水位度量尺，可是在浓得化不开的热带气流里，"肉糜的气息"是足以使文明昏沉的，果然，廉枫在湖亭里撞见"糊成一饼"（页 76）的一对正在亲热的男女。这是热带的自然的人化，或也可说是热带的人的自然化。徐志摩所感知的热带的人与热带的自然是也"糊成一饼"的，双方都可以从彼此身上照见自己、体现对方。

三、义理之外的异域

一般认为，自然是文明的前夕，文明是人类社会进化的成果。然而，一旦文明变成了阻碍幸福的咒语，站在文明对立面的自然就会摇身一变，变成了幸福的乌托邦。南洋也是如此。

恋爱小说家张资平的小说里浮现过新加坡、马来亚、爪哇、婆罗洲、兰贡（即仰光）等东南亚诸多地域的名字，然而，如前所述，这些地方没有特别的意义，对作者而言，它们只是整体性的南洋群岛；① 可是，不论这些南洋群岛如何"糊成一饼"的面

---

① 在张资平的《苔莉》里，克欧要与苔莉私奔到"南洋群岛"，而不是到南洋的其中一个地方。对于张资平而言，安排他的小说人物私奔到婆罗洲与私奔到新加坡或爪哇岛，似乎没有任何分别。作家对南洋模糊的总体性感知，由此可见一般。

目迷糊，它们总带着一个鲜明的标记：它们是他的小说人物的"异域"。

张资平小说里的男女情欲在中国社会境况中常常会引来道德义理的干涉。无法见容于社会礼法的男女于是梦想逃到另一个国度，一个"可以自由恋爱，可以逃避社会施加的压力，例如媒妁之言的婚姻以及不幸福的婚姻生活"的"异域"①。在几篇小说里，南洋就是这被点名的异域。

在长篇小说《苔莉》里，克欧爱上了表兄的第三个妾苔莉，他希冀可以全然占有苔莉，可是他也非常清楚自己和苔莉的乱伦关系一旦公开，则两人一定将为社会所斥责与唾弃。克欧和苔莉只有两条路可走：一是回到家乡，二是逃到异域。回乡，对苔莉来说，就是回到丈夫身边，心甘情愿的当他的三姨太太（她是摩登的女学生，并不甘心当妾）；对克欧来说，就是割舍自己对苔莉（肉体）的迷恋，明媒正娶一个门当户对的黄花闺女。这两者都意味着向传统社会与伦常义理靠拢。逃到异域，则他们不须要再扮演社会加诸他们的角色，而可以完全忠实于自己的情欲。最后，他们选择逃到另一个国度，一个用彭小妍的话来说是"没有'文明'的法律来羞辱对情欲的追求"的国度。② 这个"国度"，是南洋群岛。在私奔南洋前夕，克欧进行了一场毁弃文明的仪式，他一面把象征文明的书、手稿、大学毕业证书一一烧毁，一面责骂这些物件所代表的社会规范。③"文明"在这里是扭曲人类自然情欲需求的礼仪之邦，而南洋，因为在作家的想象中可以一任情欲自然抒泄，于是被暗示为没有文明法律的化外之地。

---

① 彭小妍《海上说情欲：从张资平到刘呐鸥》（台北：中央研究院文哲研究所筹备处，2001），第35页。

② 同上，第39页。

③ 同上，第40页。

在《性的屈服者》里，类似的人物关系与解决方法重复出现。吉轩和馨儿原本是一对情侣，可是在吉轩到外地求学期间，馨儿被吉轩的哥哥诱奸，当吉轩学成还乡，馨儿的身份已是他的嫂嫂。吉轩对嫂嫂馨儿存有性幻想，馨儿对他也未尝无意。然而由于对乱伦的恐惧，以及对馨儿的一种又爱又恨的复杂情感，吉轩一直克制着自己的情欲。后来，吉轩的哥哥去了婆罗洲做生意。遥远神秘的婆罗洲之旅成了两人关系发展的转机。在吉轩护送馨儿到南洋寻夫的途中，之前并没有任何淫荡征兆的馨儿竟莫名其妙的做出大胆的挑逗，她"只穿一件淡红色的贴肉衬衣懒懒地躺在一张疏化椅上"，并且还"像才喂了乳，淡红色的乳嘴和凝脂般的乳房尚微微的露出来"。[1] 她不仅对吉轩一点也不避忌，而且还一心要使吉轩"犯罪"，甚至为要阻止吉轩外出而把钥匙放进自己的贴肉的衣袋里，挑战吉轩来取。而吉轩，虽然也感受到伦理道德的压力，但是最后情欲还是战胜了伦理。叔嫂之大防，终于在奔往南洋——义理所不及之异域——的途中被消解了。

在另一篇长篇小说《最后的幸福》中，美瑛因为无法从丈夫身上获得心理和生理方面的满足，于是把她的"恋爱之力"转引到妹夫黄广勋身上。她和广勋的暧昧关系后来被丈夫的前妻之子阿和知晓，并以此来威胁她。阿和的威胁让美瑛不由想起在乡间，感情出轨的妇女所遭受的酷刑：妇女被捆缚在柱子上，被丈夫的族人用鞭子抽打、用锥子戳刺。这所谓的"宗族的制裁"让她不寒而栗，于是不得不向阿和屈服。后来，美瑛在阿和的陪同下到兰贡寻找也是去做生意的丈夫。途中，她重遇旧情人松卿。当船在新加坡靠岸之后，美瑛托辞要休息几天，故意拖延到兰贡的行

---

① 张资平《性的屈服者》，见《张资平小说选》（广东：花城出版社，1994），第144页。本文所引有关张资平小说的所有文字，皆出自此书，不另注。

程。她在新加坡终于有机会和松卿单独出游，两人乘火车北上马来亚散心，美瑛在海水浴场看到赤条条搂抱着跳舞的土人，大受蛊惑，于是在当晚与松卿发生了肉体关系。其实，美瑛与松卿的关系跟她与广勋的关系一样，一旦被揭发也是要面对"宗族的制裁"的。在美瑛南洋寻夫的路途中，作为"宗族"的代言人的阿和依然存在，然而，异域的场景与氛围，却似乎已足以瓦解"宗族的制裁"所构成的威胁。

从上述几篇小说看来，道德伦理是文明社会订下的规范，情欲则是一个人自然而原始的需求。当情欲违逆了义理，社会就会引用文明法规对之加以制裁。那些出轨的男女只有逃到南洋才能为他们的情欲找到一个安全的出口，因为南洋是没有轨道的，因此也就没有所谓出轨不出轨的问题。换言之，南洋处于义理与律法之外，它是自然之地，然而也显而易见是化外之邦。①

四、女性化的南洋

对从文明古国来的人而言，他们在南洋看不到他们所熟悉的文明思想轨道。这一方面说明南洋是相对于文明的"自然"，是原始情欲的保护区；另一方面则说明南洋是相对于文明的"不文明"，它不存在由文明社会演化出来的礼法规范。文明轨道之缺席虽然有时也是他们所庆幸的，但是庆幸之余他们又总觉得它具有

---

① 张爱玲《倾城之恋》里有一个情节，可以作为此处的注脚，或一个额外的论据：南洋华侨范柳原看上了名门小姐白流苏，"他爱她，可是他不愿意娶她"，而且因为"大家都是场面上的人，他担当不起这诱奸的罪名"。所以他跟她说想把她带到马来亚去。马来亚让他想起森林，到马来亚意味着"到原始人的森林去"，他认为唯有这样，白流苏才会"自然"一点。其实那时马来亚与上海和香港一样，都是英帝国的殖民地，然而对于多数中国现代作家而言，上海和香港虽然有传统礼教束缚，但终究还是文明古国；马来亚的对传统礼教"免疫"本身，就已经说明了它终究是化外之邦。

某种不透明性，以致他们无法理性的诠释它。因此在这个层面上，南洋也是神秘的。神秘，借西蒙波娃的解释是："它并非是指一种完全沉默的、黑暗的和不存在的状态，而是在暗示一种断断续续的存在，这种存在使它本身变得朦胧不清。"① 朦胧不清，是"糊成一饼"的另一个说法，其实正是徐志摩和张资平的南洋印象。波娃在论述所谓的女性神话时曾经非常精彩地指出，男人因为难以识破女性的特殊体验，于是她被认为在本质上是神秘的。女性"神秘"的神话带给男人莫大的兴奋和快感，因为感觉和一个活生生的神秘人物在一起，总比和人的真实关系更有诱惑力。而这种"神秘"，"直接隐含于绝对他者的神话之中"，并且只会存在于被看成次要的他者（Other）身上。② 从徐志摩和张资平的小说里，我们可以发现，这些拥有优厚的历史与文明家底的现代作家，正是从一个非常"男性"的角度来体验南洋的。

在《浓得化不开》里，徐志摩就以非常诗意的文字将南洋"女性化"。小说主人公廉枫回到旅店之后，他在湖亭所见的具象化的欲望诱惑，再加上雨后的烦热所设下的"昏沉的圈套"（页77），致使他的理性一时间失守，他对欲望的幻想顿时得以释放。欲望的暗流在还没有定型成一个黑女人的线条和轮廓之前，先以一股波动的彩流的姿态向他飞骠而来，他在凌乱中感觉到的尽是热带特有的浓烈艳丽的色调：火焰似的大红、墨晶似的乌黑、金漾漾的流蜜、最后是饱和着奶油的朱古律……而最终在他脑海里萦回不去的感觉不单是色，更是那股浓得化不开的"朱古律皮肉的色香味"（页79）。这种热带棕色人种的肤色（以及体味?）制

---

① 波娃西蒙《第二性》，陶铁柱译（台北：猫头鹰出版社有限公司，1999），第261页。
② 详阅同上书，第十一章。

造了一种异国情调，轻易的让他联想及西方艺术中相似的格调，孟内画的黑人和最早画朱古律肉色的高根于是出现在他的脑海里。把这相互"混迹"的人与自然置入艺术的殿堂并无法使徐志摩的新加坡"高贵"起来，相反的，他对高根的评价让我们更清楚地看到了他的眼中映照着的这个地方的"蛮相"。他觉得，高根的作品之所以能"开辟文艺的新感觉"，是因为他"到半开化，全野蛮的风土间去发见文化的本真"（页79）。像孟内的奥林比亚那样在鬓上插一朵花的朱古律姑娘虽然让他惊艳不已，但惊艳之中不乏"半开化，全野蛮"所带来的"打猎"般的刺激——而徐志摩在那女子出现之前后，都很"巧"的提到了猎户星座——不管是狩猎，还是被猎，在化外之地，都必然会更加刺激。

在旅店楼下惊鸿一瞥的朱古律姑娘，很快的在廉枫昏沉的睡梦边缘变成了"妖""艳"的性幻象，带着她浓重的色浓重的香接近他、挑逗他；廉枫在慌张中冒出一句"救驾"。这"救驾"与他之前断断续续哼着的京调《戏凤》有关，在行文上算是"前呼后应"，而且这京调的穿插在小说的结构上当然也别有趣味；但是，要认识徐志摩所感知的南洋，我们却无法不去挖掘这戏文底下的意识形态。李凤姐居住的梅龙镇虽然被她自誉为守礼最严谨的地方，但是相对于正德皇帝来自的京城，也不过是个乡野小镇；而李凤姐，再怎么美丽动人，也只是上不了殿堂的村姑罢了（李凤姐最终也是"没命"进宫的）。在朱古律姑娘的幻象和李凤姐的形象相互重叠的混乱中，林廉枫（徐志摩？）变成了微服出巡梅龙镇的"孤王"，而南洋，则"拟人化"成得君王雨露之恩的李凤姐。可以这么说：徐志摩是藉虚构的形式，通过主人公林廉枫的感官，来叙述他本身对南洋这个女性化了的他者的感受。徐志摩出身文化源远的中央大国，新加坡是刚"开埠"不久的赤道边上的弹丸小岛；徐志摩是康桥培育出来的西化绅士，新加坡当时则是英国的殖民地。因此，不论是站在中国抑或西方的本位上，新加坡对于徐志摩都只是一个边缘地带，他在这里很容易就生发一种理所当然的优越感。优越感阻止他去理解，不理解增添神秘感，神秘感最后催发了幻想。

其实，廉枫这个角色还出现在徐志摩其他两篇小说里——一篇就题目看来明显是本篇的续篇，题为《浓得化不开之二》（香港）；另一篇题为《死城》（北京的一晚）。① 若我们把这三篇分别以三个不同的地方为背景的小说放在一起读，则徐志摩感知中的新加坡将会在其他两地的参照下更容易被理解。

徐志摩对香港最初的印象是他一再重复的"富庶，真富庶"（页83，84）。虽然在他到山上去玩的途中也碰到一个引起他诸多幻想的女子，但这个女子与之前浓艳得颇具攻击性的朱古律姑娘大异其趣。徐志摩把她比喻作罗马神话中爱与美的女神薇纳斯（即维纳斯）——虽然这又是关于女性的一个神话，但这里主要突出的是她的慑人的美丽。徐志摩把她的腰身比喻为山的腰身，进而从她"浓浓的折叠着，融融的松散着"（页85）的腰身摆动看到了"动在静中，静在动中"的宇宙运作。女体的诱惑很快的就被"净化"，女性的肉身刹那之间完全变化为宇宙的肉身。廉枫感觉到"这当前的景象幻化成一个神灵的微笑，一折完美的歌调，一朵宇宙的琼花"，一切山光水色，"形成了一种不可比况的空灵，一种不可比况的节奏，一种不可比况的谐和"（页87）。他体验到

---

① 《死城》作于1927年12月，发表于1929年1月；《浓得化不开之二》不知作于何时，发表于1929年3月。见邵华彊编《徐志摩研究资料》，第643，646页。虽然在写作时间上《死城》要比两篇《浓得化不开》都来得早，但是在出版成单行本时却被排在此二篇之后，可见作者有意为他的人物安排的行程是新加坡—香港—北京。这与他本身环球远游后的归程是相似的。

一种情感上的升华，顷刻间，香港在他的凭眺下变成了蓬莱仙岛。当他回过神来的时候，他"也回复了各自的辨认的感觉"——这种"辨认的感觉"在新加坡迷糊昏沉的精神状态中自然是无法"回复"的——觉得眼前的景色虽然与适才的灵异不同，但是也别有一种美丽。他用了"绿玉""紫晶""琥珀""翡翠"等高贵的装饰物来形容这幅"天然图画的色彩"（页 88），在意趣上已大不同于用以比喻新加坡的"火焰""流蜜""朱古律"。

至于北京，徐志摩本来打算把它写成一座"死城"，不仅前门城楼看来像一个骷髅，而且主要的故事也是发生在一座墓园里。小说中的荒城、凉月、银霜、鬼火虽然酝酿了一种萧索诡异的气氛，可是，廉枫却在一个外国女子的坟墓前感到了"一种超凡的宁静，一种解放，一种莹彻的自由"（页 98）；这个早夭的女子在他心里唤起的竟是"爱的纯粹的精灵"，而他所爱的人的死，也让他初次会悟到了"生"（页 100）。不论守墓老人诉说的是如何凄惨的故事，它终究是一种现实，而非无从理解的一团神秘。而且，因为曾经爱的洗礼，所以尽管"世界是黑暗的"，然而廉枫却"永久存储着不死的灵光"（同上）。

萨义德（Edward Said）在他的巨著《东方主义》中指出，依据西方的观点看过去，"东方暗喻着危险，西方理性总是被东方的异国情调所瓦解；而东方的神秘吸引力，更代表着和西方正常相左的价值"。① 若我们把萨义德所说的西方换成中国，而东方换成南洋，同样的意思还是可以成立，因为对于这个大国的人来说，南洋何尝不是充满神秘异国情调的、足以瓦解他们的理性的地方？这就是为什么在香港，大自然的神奇可以平伏廉枫的幻想；在北

---

① 萨义德《东方主义》，王志弘等译（台北：立绪文化事业出版有限公司，1999），第 79—80 页。

京，对生与死的体悟可以让他滋生爱的力量。他在这两地经验到一定程度的感情的净化或者升华，而这种理性的体验无法在南洋获得。到了新加坡，大红大绿再加上朱古律色的皮肉所构成的南洋色彩，调制出一种异国情调，只会激发他蠢蠢浮动的欲望。

西方通过想象东方化了东方，同样的，中国也通过想象南洋化了南洋。所以，如若上述把"西方—东方"置换成"中国—南洋"的说法可以成立的话，那么，有论者提出的"中国是西方的'他者'、女性化的空间"① 的论点，也就可以被置换成"南洋是中国的'他者'、女性化的空间"。这一点完全可在徐志摩浓得化不开的欲望朱古律中得到印证，他所叙述的朱古律姑娘形象，其实也就是他的南洋想象。

张资平没有把南洋具体化为一个女体，但这并不是说他不是站在男性的位置对南洋进行叙述，而是作为一个通俗小说家的张资平，更注重的是他的作品的可读性。他不像徐志摩那样花费心思去琢磨文字的诗意，他单刀直入，直接就把南洋"性化"。性化，其实也是女性化，因为女性在男性面前，主要是作为性存在的。②《最后的幸福》里的美瑛渴望得到情欲的自由，然而当面对真正"自由"——可以随心所欲赤条条相拥起舞——的土人（应该也是朱古律色的吧？）时，她又不免把这种自由行为贬斥为"真野蛮的习惯"（页 670）。这些土人的"野蛮"行为与她所内化的社会道德价值相左，然而却具有瓦解"宗族的制裁"所标示的文明律法的力量。土人之舞的强烈蛊惑性，正是美瑛与松卿野合的直接激素。在这个也可以解读成"中国的理性为南洋的异国情调

---

① 周蕾《妇女与中国现代性——东西方之间阅读记》（台北：麦田出版有限公司，1995），第 69 页。

② 波娃西蒙《第二性》，第 3 页。

所瓦解"的创作意识下，我们其实可以发现作家对南洋的刻板印象。《最后的幸福》初版于1926年，然而里面所叙述的马来亚形象却与二十年代的当地情况相去甚远。我们或许可以从硬体与软体两方面的建设来指出张资平的谬误。十九世纪以来，英国殖民者为了搜刮马来亚的财富，不得不先发展当地的基本设施。至二十世纪初年，马来半岛的铁道系统一方面已连接几乎所有锡矿产区与马六甲海峡沿岸的重要码头，另一方面亦延伸至内陆地区，连接橡胶种植区与城市。① 基本设施的设立带动经济的成长，继而逐渐改善当地社会的生活品质。在文化建设方面，当时的马来亚也并非一片空白。马来世界的革新运动（Gerakan Modenisasi）在十九世纪末已由一群从埃及学成归国的青年掀起波澜。② 1906年，他们出版一本改革杂志 al-Imam，企图通过这本意为"领导者"的刊物来唤醒族人。该群革命者被称为"青年界"（Kaum Muda），他们呼吁族人积极革除陈腐的传统习俗，并强调应该吸收西方所有不与回教教义相左的正面价值。③ 因此，尽管他们的改革运动是从宗教出发，在1906年前后当他们开始兴办新式学堂（madrasah）时，所设计的课程却是跨越宗教的门槛，涵盖了包括阿拉伯语、英语、科学、数学及地理等多元的现代知识。④ 在政治方面，他们与向来臣服于皇权的传统族人不同，他们更推崇西方的那一套民主制度。⑤ 马来世界的这一群改革青年很容易让我们联想到五四运动时期那些文化/文学革命者，双方都意识到铁屋子的存在与呐喊的必要，双方都慧眼结识了赛先生与德先生。前

---

① Fuzian Shaffie dan Ruslan Zainuddin, *Sejarah Malaysia* (Selangor: Penerbit Fajar Bakti Sdn. Bhd., 2000), p. 145.

② Ibid, p. 115.

③ Ibid, p. 336—337.

④ Ibid, p. 115—116.

⑤ Ibid, p. 366.

者被称为"青年界",与后者所办的刊物《新青年》在名字上有不谋而合的玄妙。《新青年》标志着企求中国现代化的新文化运动的肇始,"青年界"的出现也有同样的意义。而可能令许多人难以置信的是,这群朱古律皮肉的青年第一本改革刊物 al-Imam 的初版,在时间上,竟比陈独秀等人的《新青年》还早了近乎十年。[1] 既然当时的马来亚在基本设施与文化上已有了这般的建设,那么在名胜地也可以轻易看到土人的"野蛮习惯"的叙述就显得过分夸张。我们不排除当时尚有"裸体的土人"存在的可能,但是那绝不可能出现在张资平所说的乘火车可以到达的、商业相当发达的有名的锡矿产区。

五、混沌地带

徐志摩曾经在他的《自剖》里藉一个朋友的口说出他之所以从事文学创作的原因:"正为是你生活不得平衡,正为你有欲望不得满足,你的压在内里的 Libido 就形成一种升华的现象,结果你就藉文学来发泄你生理上的郁结⋯⋯"[2] 我们可以藉这段话来理解他笔下的新加坡。香港是一个富庶的地方,况且它在地理位置和历史关系上和中国密切,于是对徐志摩而言不存在神秘和难理解的问题。北京是古都,又是他曾经求学和后来任教之处,是他的记忆之城,也是与他的现实生活攸关的真实世界。他在这两个地方必须符合现实原则(principle of reality),他必须遵守理性世界里清醒的自我的行为准则(虽然私底下的浪漫念头还是可以偷

---

① 《新青年》1915 年创刊,原名《青年杂志》,第二卷起始改名《新青年》。见钱理群、温儒敏、吴福辉《中国现代文学三十年》(北京:北京大学出版社,1998),第 5 页。

② 见乐齐编《精选徐志摩》,第 287 页。

偷"作怪"的）。但是，在偏远而陌生的新加坡，在理性的"辨认的感觉"被闷热的气候和异国的情调弄得昏昏沉沉的地方，他的不得满足的欲望（不美满的婚姻的郁结）就得以藉对这南蛮之地的描写发泄出来。他在《死城》里曾说"不到一个适当的境地你就不敢拿你自己尽量的往外放，你不敢面对你自己；不敢自剖"，把这里的所谓"自剖"与他的同名文章参照，就可知新加坡是他可以"藉文学来发泄生理上的郁结"的"适当的境地"，而朱古律姑娘，是他的 libido 的具体化与形象化。同样的，在张资平的小说里，南洋是 libido 可以避开检禁（censorship）而抒泄出来的地方。在这样的语境中，南洋，就是人格结构中最不可知、最不可捉摸的一个层面。如此一来，徐志摩和张资平感性认知中的南洋，倒是与当时新加坡、马来西亚的副刊，如《浑沌》《洪荒》等被如此命名的涵义，发生一定程度的"互文性"（intertextuality）。在这个层面上，这两个南洋过客与早期中国南来作家对于新马的感知，是有相似性的。

参考书目

［1］徐志摩：《年轮》，上海：中华书局，1930年。

［2］黄傲云：《中国作家与南洋》，香港：科华图书出版公司，1972年。

［3］邵华彊编：《徐志摩研究资料》，西安：陕西人民出版社，1988年。

［4］张资平：《张资平小说选》，广州：花城出版社，1994年。

［5］周蕾：《妇女与中国现代性——东西方之间阅读记》，台北：麦田出版有限公司，1995年。

［6］刘炎生：《徐志摩评传》，广州：暨南大学出版社，1996年。

［7］巫乐华：《南洋华侨史话》，北京：商务印书馆，1997年。

［8］钱理群、温儒敏、吴福辉：《中国现代文学三十年》，北京：北京大学出版社，1998年。

［9］乐齐编：《精选徐志摩》，北京：中国国际广播出版社，1998年。

［10］萨义德、王志弘等译：《东方主义》，台北：立绪文化事业出版有限公司，1999年。

［11］波娃西蒙、陶铁柱译：《第二性》，台北：猫头鹰出版社有限公司，1999年。

［12］Fuzian Shaffie dan Ruslan Zainuddin，*Sejarah Malaysia*，Selangor：Penerbit Fajar Bakti Sdn. Bhd.，2000。

［13］彭小妍：《海上说情欲：从张资平到刘呐鸥》，台北：中央研究院文哲研究所筹备处，2001年。

（本文曾发表在《柳州师专学报》第19卷第4期，总第58期，2004年12月。）

张爱玲：电影里外的新加坡镜像

赵秀敏

> 她没来过新加坡，但新加坡却是她后半生心心念念的地方，是她最后的寄放梦想之地。所以每到八月中秋圆月之时，新加坡人应该抬起头来迎送她，因为当她灵魂漂浮太空的最后那一夜，最前一站是上海，最后一站必定是新加坡。
>
> ——作者题记

引言　张爱玲：电影里的新加坡镜像

百年前，世上有了个奇女子张爱玲，上海人。属于上海的张爱玲。百年后，张爱玲渐渐成了新加坡的张爱玲。

> 她没来过新加坡，但新加坡却是她后半生心心念念的地方，是她最后的寄放梦想之地。

这就一定要谈到张爱玲写的电影和她的母亲黄逸梵。

我们首先来谈张爱玲在电影里的新加坡镜像。因为就是在她的电影里，新加坡成了她作为"他者"的镜像构建之地，新加坡成了她电影镜像设计的重要元素。学界或文化界至目前为止，对该课题尚无相关研究。本文作者在专著《张爱玲电影剧本研究》

（中国社会科学出版社，2018）中稍略提及，未有展开。故在本文暂做叙述，以抛砖引玉，引发张爱玲研究的一个新视角。

八十年前，20 岁的张爱玲曾以她的一番文笔，把整个的自己变成上海的梦影回声，使许多人提起上海自然就想起张爱玲，提起张爱玲即刻就想起上海。但是人们没有想到的是，后来出走美国、华丽转身为电影剧作家的张爱玲，却在她的电影中寄放了一份浓浓的"浓得化不开"的新加坡情结，她借助一部部电影从美国大西洋彼岸频频向南洋这块绿色安宁的小岛投来一道又一道热切向往的目光。曾经，我想起 25 年前的中秋节——张爱玲在美国洛杉矶仙逝的那一刻，那时美国秋意正浓，大陆秋意也正萧瑟，大陆学者余秋雨在一篇很有名的悼念张爱玲的文字中却颇有温度地写道：

> 她死得很寂寞，就像她活得很寂寞。但文学并不拒绝寂寞是她告诉历史，二十世纪的中国文学还存在着不带多少火焦气的一角。正是在这一角中，一个远年的上海风韵永存。我并不了解她，但敢于断定，这些天她的灵魂飘浮太空的时候，第一站必定是上海。上海人应该抬起头来，迎送她。①

那么此时此地，在张爱玲来世又别世的百年之际，在完全没有秋意光景的暖暖的新加坡，我想说的是：每到八月中秋那圆月之时，新加坡人应该抬起头来迎送她，因为当她的灵魂飘浮太空的时候，最前一站是上海，而最后一站必定是新加坡！

上海是张爱玲小说里的梦影回声，而新加坡则是她电影里的回声梦影。

---

① http：//www. jxnews. com. cn/2007-11-11.

她在电影中设计了新加坡背景镜像；

她在电影中塑造了新加坡人物镜像；

她在电影中营造了新加坡故事镜像；

她在电影中建置了新加坡情节镜像……

"镜像"在这里是个重要名词。我们先对它做一个粗浅的解读。

"镜像理论"是由被称为"法国弗洛伊德"的心理学家雅克·拉康（Jacques Lacan，1901—1981）提出的。百度搜索到的对"镜像理论"的注释是：

拉康认为，意识的确立发生在婴儿的前语言期的一个神秘瞬间，此即为"镜像阶段"，之后才进入弗洛伊德所说的俄狄浦斯阶段。儿童的自我和他完整的自我意识由此开始出现。其对镜像阶段的思考基本上是建立在生理事实上的。当一个 6—18 个月的婴儿在镜中认出自己的影像时，婴儿尚不能控制自己的身体动作，还需要旁人的关照与扶持。然而，它却能够认出自己在镜中的影像，意识到自己身体的完整性。

其具体过程是，刚开始，婴儿认为镜子里的是他人，后来才认识到镜子里的就是自己，在这个阶段，婴儿首次充分认识到自我。而在此之前，婴儿还没有确立一个"自我"意识。从镜像阶段开始，婴儿就确立了"自我"与"他人"之间的对立。换句话说，婴儿只有通过镜子认识到了"他人是谁"，才能够意识到"自己是谁"。"他人"的目光也是婴儿认识"自我"的一面镜子，"他人"不断地向"自我"发出约束信号。在他人的目光中，婴儿将镜像内化成为"自我"。

拉康的镜像阶段从婴儿照镜子出发，将一切混淆了现实与想象的情景都称为镜像体验。

　　以张爱玲电影中的新加坡镜像为例，张爱玲电影中围绕新加坡所产生的人物、情节、线索、场景等"新加坡世界"，是经过一个被艺术编码过的系统，跳过了现实生活中的实在阶段。张爱玲是通过周围人们的介绍（即听说）、心理构想，来建构自我电影镜像。在这里，虽然不存在一面镜子映照出"新加坡"真实的本体，也不存在一面镜子反照出张爱玲本人真实的自我心像，但是就与婴儿的镜像阶段相同，是通过"他者"获取的"自我认知""自我心像"。从这个角度说，观众在看电影时，会在短暂的电影审美接受时间内，通过银幕上影像世界中的角色、故事、情节、时空来获取一种对"新加坡世界"的认知，对张爱玲"心像"世界的认知。此时，电影中的世界便是观众的"他者"，张爱玲又是以"他者"的目光投射"新加坡世界"，于是观众就如同张爱玲一样进入类似婴儿镜像阶段的体验。看张爱玲的电影，我们既可以在她的笔下进入"他者"的"新加坡世界"，又可以在"他者"世界中寻找到"张爱玲的心像"镜像。

　　我们也不妨抛开拉康那么深奥的心理学学说，而用最最浅层次的解读去定义"镜像"：如果我们把"镜像"定义为镜头下塑造的形象、或者是通过镜头建立的形象、抑或引申为在电影里创造的艺术形象的话，那么张爱玲，这位专爱制造文学"神话"艺术"传奇"的奇女子，正是在她的电影剧本创作里，即通过她的电影手段，通过艺术虚构塑造了许多新加坡的艺术形象，诸如新加坡的人物形象、新加坡的背景形象、新加坡的故事形象、新加坡的情节形象等等，进而也让我们透过她的电影剧本窥视到在她后期的艺术创作里，揉入了许多对新加坡遥望的情怀。

　　张爱玲在人生的夕阳处，新加坡成了她最后的寄放梦想之地。也就是说在她的电影里外，都真真切切地向往过新加坡这个国度。

以下我们先对张爱玲的电影剧本创作做一个简要的梳理:

张爱玲的电影创作开始于 1946 年,封笔于 1965 年,前前后后凡二十年,共写了 14 部电影剧本。详见下表:

张爱玲的电影剧本统计表

序号	剧 名	导 演	演 员	上演日期	演出国家/地区
1	《不了情》	桑 弧	陈燕燕 刘 琼	1947	上海
2	《太太万岁》	桑 弧	蒋天流 上官云珠 张 伐 石 挥 韩 非	1947	上海
3	《哀乐中年》 (与桑弧合编)	桑 弧	石 挥 朱嘉琛 李浣青 沈 扬 韩 非	1949	上海
4	《金锁记》			未上演 写于 1948)	
5	《情场如战场》	岳 枫	林 黛 张 扬 陈 厚	1957	香港
6	《人财两得》	岳 枫	陈 厚 叶 枫	1958	香港
7	《桃花运》	岳 枫	陈 厚 叶 枫	1958 1959	台湾首映 香港上映
8	《红楼梦》上下			未上演 写于 1961	
9	《南北一家亲》	王天林	丁 皓 白露明 雷 震 刘恩甲 梁醒波	1962	香港

（续表）

序号	剧　名	导　演	演　员	上演日期	演出国家/地区
10	《小儿女》	王天林	尤　敏 王　引 雷　震 王　莱 郑小宇 郑小宙	1963	香港
11	《南北喜相逢》	王天林	雷　震 白露明 钟　情 刘恩甲 梁醒波	1964	香港
12	《六月新娘》	唐　煌	张　扬 葛　兰 乔　宏	1964	香港
13	《一曲难忘》	钟启文	张　扬 叶　枫	1964	香港
14	《魂归离恨天》			未上演 写于1965	

以上14部电影剧本可以按创作时间、空间和题材分成两个时期：

第一个时期，上海时期：1946—1949年。

第二个时期，香港时期：1957—1965年。

前一个时期，张爱玲在上海以其经典文本拉开了她电影神话的序幕；后一个时期，张爱玲以其清新的喜剧风格形成了她电影神话横扫香港的一个时代。而在后一个时期上映的8部电影中，竟有3部设置了新加坡镜像，充满浓重的新加坡元素。这三部电影分别是《情场如战场》《人财两得》《一曲难忘》。以下我们就来扫描一下张爱玲在电影艺术领地婉转旖旎出的这片新加坡热土镜像。

一、《情场如战场》：新加坡父子"潜在"镜像

在张爱玲电影中第一个出现新加坡镜像的是 1957 年上映的《情场如战场》——她以卓越的才华一起笔就"奠定了电影爱情喜剧日后的基调"。[①] 这部剧本是张爱玲后期电影创作的代表作，和前期的《太太万岁》一并成为她电影剧本的经典喜剧之作，开中国电影的一代影风。

《情场如战场》写的是一个女孩和几个追求者之间好事多磨的爱情纠葛。全剧三十九场，剧情紧凑，丝丝入扣，节奏明快，悬疑处处，成为一个特别有"看头"的故事。该剧是由当时十分走红的艳星林黛演女主角，帅气的张扬、陈厚演男主角，靓女俊男，风流倜傥。所以无论从编剧家电影语言的老道成熟还是演员阵容的整齐，都使这个片子在影院占尽风头，一举打破了当时香港国语片的卖座纪录，高奏凯歌，"幕"开得胜。就连片中主题曲都成一时流行："情场如战场，/战线长又长，/你若想打胜战，/战略要想一想。/你若要打败仗，/最好是先投降，/楼房买一栋，/汽车送一辆，/只要你口袋肯帮忙，/不怕她不欣赏……"，那轻快飞扬的旋律，犹如春风扑面，得意洋洋，一夕风靡大街小巷。这部片子上映当年即斩获台湾金勳奖，风头极盛。她的平生知己邝文美——宋淇的妻子喜气洋洋地撰文说："最近张爱玲所编的一出电影《情场如战场》在香港上映，一连三周，盛况空前，突破了几年来国语片的最高卖座纪录，使人不得不承认：'名家的作品，到

---

① 周芬伶：《艳异——张爱玲与中国文学》，北京：中国华侨出版社，2003 年，第 361 页。

底不同凡响!'"①

也正是在这部电影中，张爱玲首次融入了新加坡元素，里面设置了父子两代新加坡人物镜像。父亲是新加坡成功的富商，儿子则是从新加坡来到中国求学、回归故土的"留学生"。张爱玲用父子两代形象在这部电影中设置了一种不容忽略的"潜在力量"。

1. 新加坡父子两代在角色设置上的"潜在力量"

《情场如战场》中，新加坡父子都仅仅出现一场：父亲出现在开端的第 21 场，儿子出现在结局的第 39 场。然而就这凤毛麟角的两场，却影响了整个剧情发展，留下"此时无声胜有声"的潜在信息。

父亲王寿南出现时，是在正要飞回新加坡的机场，"矮胖，发已花白，戴黑边眼镜"。登机时"摄影记者瞄准镜头，一行送行者脱帽挥动"。② 张爱玲寥寥几笔，就简笔画式的塑造了一个且富且贵的新加坡商人形象，一个新闻焦点人物，受尊受敬。接下来，张爱玲通过两个情节建置，塑造了这位新加坡富商成功后心系母国的爱国商人形象，一是登机前向香港商人叶经理提出"托孤留学"的拜托；二是通过他人之口，说出他从新加坡带巨资到中国投资开发事业，因而在商界"大名鼎鼎"。由此，这位新加坡富商在电影里虽只出场一次，却象征着新加坡华人的成功，新加坡华人的富足，同时也代表着新加坡华人对母国的回望与乡情。他身为一个大公司的董事长，却投资母国，并且将儿子送回母国"留学"，浸濡母国文化，表达了对母国文化扭结不已的缘情。这里，张爱玲开启了她对新加坡的"他者"的想象，最早在电影里向中

① 张爱玲、宋淇、宋邝文美：《张爱玲私语录》北京：北京十月文艺出版社，2011 年，第 5 页。

② 张爱玲《张爱玲全集·六月新娘》，北京：北京十月文艺出版社，2010 年，第 106 页。

国人推开了遥望美好的、富庶的新加坡之窗，让人们隔着屏幕，偷窥了一下新加坡世界，一睹新加坡富商成功后心系母国的形象设置。从"形象学"角度看，含有张爱玲对新加坡商人、商界的"他者"想象成分，同时也融入了张爱玲本人心灵深处、潜意识之中，对新加坡隔着千山万水的美好"设定"。

其次，在王寿南的下一代即他的儿子这个形象上，更暗含了张爱玲对新加坡一股"潜在力量"的设定。

这部电影写一个流丽风趣的多角爱情故事：香港商人叶经理家的二小姐——美艳活泼的少女纬芳和三个男青年的爱情纠葛。就在这三个男青年争得不亦乐乎时，突然杀出一匹"黑马"，新加坡富商王寿南之子、且富且贵的王家少爷要来香港留学了。这匹"黑马"虽未出场，看起来却是四个竞争者中条件最好、最有获胜可能、最具竞争力的一个——仅凭他的父亲是纬芳父亲的顶头上司、公司董事长王寿南，他就已经占据优势了。这下，故事中男人女人、男男女女的热点一下子全被转到要从新加坡来的这位"富二代"少公子身上了，三个男青年，一个个惶惶不可终日地等待着那个最具竞争力的"情敌"的出现；女人们纬芳、妹妹纬苓、加上母亲，也都瞩目以待，尤其那位母亲已经抱着选女婿的心思了。至此，未曾出面的新加坡王家公子就一直是情节的焦点了，同时也是众人心理的焦点，带着极大竞争力量的"假想敌"焦点。这个人物的设置，同样返现出张爱玲对新加坡的"他者"想象成分，带着她对新加坡的"优势"设定成分。原本追求纬芳的三位男人其实也都是大好青年，要么作家，要么教授，要么帅气的才俊，但是，却都在士气上输给了新加坡那未谋面的"假想敌"，确切地说，是输给了新加坡——张爱玲心目中的"潜在力量"情结，张爱玲心目中的优越地域心理。剧作家的这种"潜在力量"情结自然投射在电影中的人物身上：三位追求者居然未战自败，先歇了追求的勇气；而作为女性主角的纬芳跃跃欲试，精心打扮，热情加入迎接王家公子的行列，时刻准备博得那海外来子的青睐；叶家主母叶太太竟也对身边的三个大好青年视而不见，一心等着这外来的"金龟婿"。可见这个新加坡之子神秘地躲在幕后，却一直"惘惘地威胁"着剧中所有其他角色。

由此可见，张爱玲在"情场如战场"的爱情角逐中，让新加坡之子单凭着"新加坡"这三个字，这代表着富裕、成功的"他者幻想"资本，就占了上风。由此可以窥见一丝新加坡这块富裕的土地在女作家深层心理的"潜在优越性"。

2. 新加坡父子两代在情节建置上的"潜在推进"

在张爱玲的电影《情场如战场》中，新加坡的富商王寿南父子不仅在角色形象设定上成为一股强劲的"潜在力量"，同时在情节建置上，也是"潜在推进"的重要元素，尤其这种"潜在推进"往往以一种"突转"的设计出现，进而带动出一种"翻转"的情节建置。

英国近代戏剧理论家威廉·阿契尔（1856—1924）在他的戏剧理论著作《剧作法》中说："在希腊戏剧中，命运的突转（peripeteia）——即形势的突然逆转——是戏剧有机体里的一个有着明确含义并为大家公认的成分。它是常常和'发现'（anagnorisis）联系在一起的"。① "如果一个剧作者在他的主题发展中，发现经过他精心设计的、异常吸引人的伟大场面没有任何不自然的紧张或过多的准备、巧合，而此场面中的一个或多个人物，将要经历一种内在精神状态或外在命运的显然转变，那这位剧作者将是非常幸运的……对我们来说，'突转'的理论实际上就变成了一种

---

① ［英］威廉·阿契尔著，吴钧燮、聂文杞译：《剧作法》，中国戏剧出版社，2004年，第222页。

'伟大场面'的理论。"①

这种"突转"理论提出时，虽然是针对悲剧而言，但从戏剧冲突的接受效果而言也同样适用于喜剧。张爱玲便最有效地运用在《情场如战场》这部喜剧电影的设计上。她成功地运用了这种突然的跳脱，突然的解构，突然的逆转，而后突然地造成一种出其不意的效果。我们把情节建置推至这部电影的结尾，就可以窥一斑而知全豹了。《情场如战场》的结尾无论从叙事结构到喜剧审美特征，从文化意蕴到喜剧效果，无论从哪一个角度看都太出色了，实事求是地说，那是"天才"的手笔，是经典的制造，完全可以称得上阿契尔所说的"伟大的场面"。它是由一连串的伏笔、悬念、渲染铺陈出来的：

第二十一场

（叶经理送王寿南回新加坡。王矮胖，发已花白，戴黑边眼镜）王上机，摄影记者瞄准镜头，一群送行者脱帽挥动。

王：（忽在机门口转身大唤）叶经理！

叶：（趋前）嗳，董事长。

王：我忘了跟你说，我那孩子到香港来读书，想请你照应照应。

叶：那当然，那当然。令郎大概几时动身？

王：大概就在这两天。

叶：好极了，那我等您的电报，我来接飞机。

王：费心费心。（入机）②

---

① 〔英〕威廉·阿契尔著，吴钧燮、聂文杞译：《剧作法》，中国戏剧出版社，2004 年，第 224 页。

② 张爱玲：《情场如战场》，选自《六月新娘》，北京：十月文艺出版社，2010年，第 106 页。

　　这里留下的伏笔是有着相当信息含量和诱惑力的：新加坡、董事长、发已花白、记者、令郎、留学，等等，这一切都在告诉人们：一位年轻的富豪之子就要来了！一个有身份、有地位、有竞争力的年轻才俊行将出现。而他的即将到来，一定引起年轻的男性公民们的不安与骚动，于是张爱玲开始推波助澜，继续浓化着这骚动的气氛：

第二十二场

　　（榕领文入，文手提小皮箱）。

　　榕：对不起，这儿的主人暂时不能来欢迎你，只好由我代表。

　　文（低声）他们有事？要是不方便——

　　榕：不，不，没关系。坐。（二人坐下）他们在那儿忙着预备招待贵客。

　　文：什么贵客？

　　榕：王寿南的儿子明天从新加坡来。

　　文：就是大名鼎鼎的王寿南呀？

　　榕：嗳。我姑夫那公司，他是董事长。①

　　情场利益受到严重威胁的年轻男性，此时同病相怜，一个说话酸意十足，一个听了如临大敌，总之底气都不足了。

　　此刻，年轻女性们的心理也有了微妙的反应，纬芳与姐姐纬苓围绕着南洋富豪之子的到来，也在情场上摆开了"战场"，二十九场两姐妹的对话十分有趣：

---

　　① 张爱玲：《情场如战场》，选自《六月新娘》，北京：十月文艺出版社，2010年，第107页。

苓：（转身反顾，在镜中自照）那么，你不肯放弃文炳？

芳：唔。

苓：那何教授呢？……

芳：我两个都要。

苓：妹妹，我跟你商量，王寿南的儿子明天就来了。一个他，一个何教授，你还不够么？

芳：不行，我喜欢热闹，越多越好。

王寿南之子人还未到，就已被卷入这场"战争"了。

张爱玲用一路的铺垫，铺垫出那富豪之子的脚步声，越来越近了。

第三十七场

榕：（唤住工役）嗳，你们的汽车呢？

工：老爷开出去了。今儿一早就上飞机场去了。

榕：（向文）噢，去接王寿南的儿子。

（工役走了过去）

文：（低声向榕）恭喜恭喜，你的替身来了。人家有了王寿南的儿子，还要你吗？

（榕苦笑）①

第三十八场

〔苓正吃早饭。芳坐在她对面，怔怔地用茶匙搅着红茶。

苓：（嘭地）你还不去打扮打扮，预备招待贵客。有了王

---

① 张爱玲：《情场如战场》，选自《六月新娘》，北京：十月文艺出版社，2010年，第138—139页。

寿南的儿子，表哥就是在这儿，你也没功夫理他。①

如此这般千呼万唤，左烘右托，王寿南之子终于就要出场了！剧作家更是不尽不休，又把他正式出场的气氛造得足上加足——

第三十九场

（叶太太立大门等候。二男佣二女佣左右侍立）。

叶太：（紧张地）大小姐呢？——叫二小姐快下来。

女佣甲：噢。（去）

叶太：表少爷走了没有？请他来帮着招待。

男佣甲：噢。（去）

叶太：飞机上不知吃过早饭没有？叫他们马上预备开饭。

女佣乙：噢（去）

叶太：多叫几个人来搬行李。

男仆乙：噢。（去）

（芳盛妆出）

叶太：嗳，纬芳，快来！他们来了！来了！

（母女并立廊上欢迎，芳立母右。榕来，立叶太左。苓在榕背后出现，榕让出地方，苓立母与榕之间。②

这般的吆吆喝喝，呼呼唤唤，奔奔忙忙，张张罗罗，好一派紧张的气氛！

于这千呼万唤之中，我们新加坡的青年才俊便"闪亮"登场了！

---

① 张爱玲：《情场如战场》，选自《六月新娘》，北京：十月文艺出版社，2010年，第139页。

② 同上，第141页。

（汽车驶到门前停下。司机下车开门，叶经理下车，一个十一二岁的男孩跟着下车，吮着一根棒糖，东张西望。）①

哇——非常漂亮！哗啦一声，突然翻转，陡然"解构"，完全又彻底的出人意表，达到前所未有的"幽默效应"——铺垫了一路，再也没想到，众目睽睽、众星望月之下，从车里钻出来的且富且贵且俊的豪门之子竟是一个傻乎乎的、吮着棒糖的男孩儿。

这种构思实在是太精妙了，它的"包袱"结构使得众人的期待值彻彻底底落了空，彻彻底底的"期待遇挫"，完全突出了戏剧的实质是"激变"（crisis）的特质。人们拍案叫绝的下意识动作大概就是在这样的时刻——悬念，突转——这种叙事策略，使观众在最想看到的心理状态下看到的是最不曾想看到的事情，制造了令人最意想不到的喜剧效果，这个结尾，绝对可以和著称于世的"欧亨利式结尾"媲美，完全无愧于"经典"，天上地下，尽得风流。

不难想象，如果没有"新加坡"这个"他者"的幻想设定，那么这样伟大的结尾要如何来完成。张爱玲用一个新加坡之子的形象表达了一下新加坡华族对故土的守望，下一代的少年回归，又用这个即将回归母国的新加坡之子，贯穿着整个情节的向前推进和发展，最后，用这种新加坡元素制造了一个经典性的电影结尾，那个一边啃着棒糖，一边东张西望的小男孩一出场，就抖出一个喜剧大包袱，观众席里那阵陡然而起的笑声，至今还在中国电影史上书页飘飘，一直飘向今日的新加坡。

---

① 张爱玲：《情场如战场》，选自《六月新娘》，北京：十月文艺出版社，2010年，第141页。

二、《人财两得》: 新加坡的隐形 "幕后推手"

1958 年张爱玲写下了她的最具轻松风格的喜剧《人财两得》。这部电影被排上 1958 年香港电影元旦档。故事围绕一笔百万遗产——新加坡一位华侨留下的遗产——他写下一份很有 "黑色幽默" 意味的遗嘱。张爱玲用连环套式的矛盾逻辑，把一个年轻钢琴师推向被前妻与后妻两个女人纠缠困扰的尴尬境地。而这部电影中，仍巧妙地设置了一股来自 "新加坡的潜在力量"，不同的是这股 "潜在力量" 从未出场，是以一种隐形的 "幕后推手" 存在，但我们却可以清楚地感受到那位笑哈哈的 "幕后推手" 远在新加坡，却运筹于万里之外，帷幄于股掌之上，把故事情节调动得波澜起伏，不停翻转，就像一个总导演无时不在地搅弄主宰着 "江湖风云"，把观众口味吊得云里雾里，心急火燎，绝对是一个 "好看的故事"，堪称一部挑起观众笑声和热烈情绪的元旦大戏。

一部电影的成功取决于情节点的建置。悉德·菲尔德在阐述情节点时用 "锚" 来做比说: "情节点是相当重要的。情节点，它是一个事件，它 "钩住" 动作，并且把它转向另一方向。它把故事推向前进。" 张爱玲的《人财两得》清楚地反映出她所设置的情节点的这种 "锚" 的 "钩住" 效应，而一份新加坡华侨的遗嘱，就是这种 "锚" 的存在。这个新加坡元素贯穿整部剧的情节点。剧本一开场，穷困的作曲家孙之棠彻夜未眠，正在赶谱一首曲子，来赚得一些生活费用。之后唱片公司李经理请他吃饭。宴会上遇到他和第一个妻子离婚的证人。赵太太告诉他，他六年前离了婚的原妻翠华从新加坡回到香港了，正在到处找他。与此同时有个姓吴的律师登了则广告也在找他。很快，新加坡回来的原妻翠华登堂入室，迅速把之棠原有的生活航道引到另一个方向去，他和前妻后妻两个女人之间关系一下子变成剪不断的乱麻；然后吴律师来了，至此，新加坡的遗嘱"效应"开始操纵整个情节链：

1. 新加坡的"遗嘱"操纵第一个情节点

吴姓律师登广告找之棠与翠华找之棠这两个"动作"的"动因"有着十分密切的关系，吴律师是翠华在新加坡开饭店的三叔的律师，三叔有一份遗嘱在吴律师手里。现在三叔死了，遗嘱揭开：如果之棠有儿子，而且期限日是第二天早晨九点出生的，那么便由这个儿子继承遗产；如果他到期限之前还没有儿子，遗产便由翠华来继承，遗产是一百万块钱。那么三叔为什么会立这样的遗嘱？他的财产和之棠的儿子有什么关系？为什么三叔的遗产不直接给翠华而是给之棠的儿子？这些正是上一个情节点所要"钩住"的动作，会在后边的动作发展中，一一破解。那么既然遗产和之棠的儿子有关，所以翠华马上采取"动作"，来到之棠的家，确认了他到现在还没有儿子，那么遗产就应该由翠华继承了。

2. 新加坡的"遗嘱"操纵第二个情节点

就在翠花这样神往着"人财两得"的梦想时，新的情节点出现了，把"动作"转向另外的方向，那就是之棠现在的妻子马上就要生小孩了！翠华听后，立刻神情大变。这个情节点"钩住"出下边情节点：原来她的三叔并不知道翠华已经和之棠离婚，他想当然地以为之棠的儿子就是翠华的儿子，所以遗嘱上便顺理成章地写上遗产给孙之棠的儿子，没有儿子，一百万块钱遗产才传给翠华。这样的遗嘱对于翠华，结果就完全不同了，如果之棠有儿子，之棠一家就会凭空得到那一百万遗产，而翠华这个真正的财产继承人却会分文尽无。如此，之棠的妻子正要生的孩子就是个极其关键的情节"动作"了：只要在第二天九点之前生个儿子，那么，按遗嘱规定，翠华三叔的一百万遗产就会传给和翠华毫无关系的孙之棠一家名下了。这样的结果让一直穷过来的、因为穷才和之棠离婚的翠华如何不急？如何不恼？如何不气？这时"人财两得"的情势出现"人财两空"的逆向式发展。然而——

3. 新加坡的"遗嘱"操纵第三个情节点

就在这时，又一个逆转情节点出现，"钩住"了动作，使动作重新转向：六年前为翠华和之棠做离婚证人的赵太太哭哭啼啼地跑来，她哭着喊着让观众明白了一件事：当初翠华之棠办离婚手续时是在爪哇，用的是荷兰文，他们全都不懂荷兰语，所以在签字时，阴差阳错颠倒了签名，离婚人在证婚人名下签了字，证婚人在离婚人名下签了字，造成的结果让人瞠目结舌：赵太太无形中竟"被离婚了"，而翠华和之棠反而仍是合法夫妻——这样荒谬的情节建置也就张爱玲想得出——赵太太祸从天降，躺着中枪。情况陡转——如果翠华和之棠仍属于合法夫妻。那么结果就是之棠属于犯了重婚罪，和现任妻子属于非法同居，他们生的孩子属于私生子，私生子是没有权利继承那一百万的。突来的变故，让翠华简直像捡了金元宝，大喜过望，于是欢天喜地开始大肆布置家居，"名贵的新型桌椅沙发地毯无线电堆满一屋"，大有"人财两得"之势了。原来的主题逆向式发展又归回主题正向的叙事。然而，就在翠华志在必得，之棠束手无策，现任妻子彷徨无助之际，张爱玲又出人意表地抛了一"锚"，又一个峰回路转的情节点上挂下连地"钩住"般地出现了。

4. 新加坡的"遗嘱"操纵第四个情节点

之棠的友人律师研究了翠华和之棠当年的结婚证书和离婚证书等证件后，意外发现，当年二人是在汤加岛办理的结婚手续，根据当地婚姻法律，"得要住满七天""婚姻才有效"，但他们并没有住满七天，只住了六天——完了，翠华完了！她和之棠居然婚姻无效。翠华一下子成为和之棠毫不相关的局外人了。"动作"再一次转变方向，转回到翠华的"人财两空"方向，对应着的是之棠的"人财两得"。可是此刻观众听到什么？居然是翠华的笑声，她笑什么？即将失去万贯财产居然还笑得出来？因为巨大的失望刺激得发疯了吗？——不会！

5. 新加坡的"遗嘱"操纵第五个情节点

原来之棠的妻子生了，生的却是个女儿——三叔的遗嘱说的是把遗产传给儿子，却没说传给女儿——哗——又一个陡转！仿佛"山重水复疑无路，柳暗花明又一村"一般。尘埃落定，"你添了个千金，我拿到一百万！"翠华得意地对之棠说。这似乎是最后一个情节点了，几乎没有兜转的余地了。可是，观众们的心刚刚舒了口气——

6. 新加坡的"遗嘱"操纵第六个情节点

偏偏这时，观众的心陡然一抖，因为突然产房门一开，医生出其不意地又抱出一个儿子来——生的是龙凤双胞胎！这才是"钩住"最后动作的最后一个情节点，"动作"完全沿着观众意想不到的方向发展了。一种令人精神境界得以升华的发展方向——双胞胎的出生，儿女成双，这生命的奇迹不禁震撼了之棠的心，也震撼了翠华的心，之棠坐在钢琴前欣喜若狂地弹着曲子，翠华被之棠的兴奋和琴声深深地感动。这最后的情节点终于"钩"出了"解决"的动作：翠华把手搭在之棠肩上，说："她给你生了个双胞胎，我给你五十万。"之棠一边疯狂地弹着琴一边说："我不要钱，我一个钱也不要，我只要我的儿女。"翠华说："我不是给你的，是给我们的儿女的。"——事情圆满解决，向上的结尾——之棠自然是"人财两得"，翠华也是"人财两得"，她将会成为这个家庭亲密的一分子了。人物在新生命的到来中精神获得了提升，每个人都为新生命的到来付出一份热爱的真心——生命原来这么美好——《人财两得》是探讨人之于钱、钱之于人这样一个永谈不休、越写越精彩、越写越触目惊心的话题的。张爱玲就像巴尔扎克一样老早就抓住了"人"和"财"这对难分难解的永恒搭档，在银幕上延续着这个无尽无休的故事。只不过她在电影里，没有像在她在小说里诸如《金锁记》那样写得苍凉，也没有像巴尔扎克的小说诸如《高老头》那样写得悲酸，而是用了喜剧的"锚"，"钩住"了"人"和"财"既互惠又互害的关系，善意地挖苦了无法摆脱"财"困惑下的"人"。

而那位隔洋看热闹的新加坡老华侨不仅从未出场，而且已然驾鹤西游，此刻却高居云端里，发出天堂里的笑声，成为牵引着剧情发展的关键人物，使观众们因了他，深深记住了新加坡，记住了新加坡一个乐哈哈的老华侨，用他的一笔遗产传递着中国传统文化在海外华侨身上的余香流放。正是这位"总导演"不停地把剧中人物的欲望提出来，然后再解决掉；把观众的兴奋点挑起来，再用笑声释放出去，帮剧里剧外所有人完成了欲望解决的过程，最终也就使观众产生了期待实现的快感。这便是张爱玲带着"他者"的想象设置的新加坡镜像，机智而幽默。在那作家的"他者"式镜像中，新加坡是一个居住很多有钱人的地方，是一个产生许多富裕华侨的地方，是一个能留得起"遗产"的地方，也是一个能留得住传统观念文化的地方。事实上，新加坡部分真实的图像也确实折射在她这面"他者"的镜子里，她便恰恰利用了这些合理化想象，构建了合理化情节，加上夸张、噱头等喜剧手段，让这"新加坡镜像"不断地使这部戏的情节一波未平一波又起。

三、《一曲难忘》：新加坡成为终极梦想家园

1964 年，是张爱玲搅动香港、台湾两地的一年，她的几部电影让这两地的电影院风生水起。而最后收尾的，则是让香港、台湾荡气回肠的电影《一曲难忘》——一部中国版的《魂断蓝桥》。这部电影，成为她呈现给银幕的最后手笔；片中插曲《除夕念故人》，成为她在银幕上留给观众缠绵悱恻的最后绝响；片中结尾，成为她企望新加坡的最后一束目光：男女主人公，登上开往新加坡的船，向着美好的新加坡、向着美好的自由的梦想之地、向着爱情的着陆点，扬帆起航。

电影在一个老套的故事中泛出新意：年轻人伍德建与友人一道去郊外钓鱼，邂逅了同样与友人来垂钓的歌女南子，一见钟情，自然遭到德建母亲及正统秩序的反对，马上送德建去美国留学。临行，德建与南子两人在南子唱的《是否应当忘记故人》的乐曲声中相拥而舞，依依惜别，德建送一小福字、金链给南子做爱情信物。德建走后一年，日本侵占香港的战争打响，战乱中南子家被强盗洗劫一空，竟至没米下锅。南子与妓院签下一纸借据，卖身青楼。战争结束，德建回来，德健意外遇到正在街上拉客的南子，两人来到舞场，里面恰巧播放南子灌的唱片《是否应当忘记故人》，再度与德建共舞，南子眼里涌满了万般忧伤而无奈的泪水。情节中充满和爱情"对抗"的因素，来自母亲的"对抗"；来自战争的"对抗"；来自封建伦理道德的"对抗"；来自女主角沦为妓女的"对抗"，总之剧作家就把来自社会的、家庭的、观念的、心理的，以及战争的等等因素，组成一条冲突链，缠夹着有情人走向一起的镣铐。——这是一个令年轻人窒息的世界。而解

决"对抗",解脱镣铐,给一对年轻人自由、美好的乌托邦的世界正是新加坡。新加坡成为消解这些"对抗"的光明之所在。所以最后的结局仍是向上的结尾:就在男主角登上去新加坡的客轮时,女作家没有忘记让他在船下送行的人群中做了个原本无望的恋恋回望,结果,震撼人心的高潮就来了——他意外发现船下有一遮头破衣人,正在捡掉在地上的小金福字饰物,而那小金福字饰物德建是多么熟悉,观众又是多么熟悉,于是德健疯狂着往下冲去了,于是观众知道要发生什么了,于是两个历尽艰辛的人儿抱在一起,南子放声哭出,德建泪水盈眶,最后两人相拥着一同走上船去,两人泪眼中漾出无限的笑意。观众的泪、观众的笑、观众的舒心也都完美地抛洒进女作家完美的叙事套子中去了。中国人多么喜欢这样的圆满的结局,那是能让心灵舒畅地透出一口气的一阵快意,那是能让神精放松的一阵快慰,那是能让现实的渴望在幻像中暂时实现的一阵快感——是一份心意在审美境界中完美的完成。而这种完成正是通过"新加坡"这个元素实现的。"新加坡"帮主人公完成了对既成规范的偏离:德建,一个前程似锦的学子,偏离了门第规范,爱上了一个妓女;南子,一个青楼中人,偏离了阶级地位规范,爱上了一个良家青年;他们却都在阶级门第规范的偏离中爱得不离不弃:德建便把南子带走了。带哪去了?带去新加坡了——一片没有偏见、没有封建道德规范的一片自由的天地——新加坡成了电影里电影外的人的终极梦想家园。

这样的结尾,无疑把"新加坡镜像"又一次以美好家园的象征体推向广大接受群体。张爱玲没有让她主人公的船停泊在香港,显然香港不是张爱玲心目中的"理想国";张爱玲没有让她主人公的船开往台湾,显然她曾经钟情过的台湾也不是她的"桃花源",她甚至没有让她主人公的船开往美国,那可是她当年从大陆转身出走时的投奔之地，那么显然美国也不是她心目中的"乌托邦"。可见，当她以"他者"的目光审视这个世界时，"新加坡"成了她那面艺术之镜中最佳的折射图像，最理想的、比美国更理想的投奔之乡。而新加坡到底有多好？她到底对新加坡了解多少？她到底从哪里了解到新加坡的信息？对这些我们都无从解答，因为没有太多的史料能回答这些问号，但是我们却从她的电影剧本里看到了新加坡切切实实的存在，人物的存在，故事的存在，情节的存在，线索的存在，而且是美好的存在，富裕的存在，族群的存在，文化的存在，理想的存在。虽然是以"他者"的幻想式的镜像存在，但是，当我们今天处身于当代的新加坡，感受这个岛国的安宁、美好，富裕，以及对传统文化的坚持，便会感到张爱玲电影里的"新加坡镜像"不仅带着"他者"幻想的合理性，也带着"他者"成分与现实成分的接近性，甚至还带有这种"镜像"的前瞻性。

可见，新加坡早在半个多世纪前，就成了张爱玲闪耀着善念慈光的理想象征地。

结语　张爱玲：电影外的新加坡情结

在张爱玲的电影世界里，我们不断发现张爱玲"他者"的"新加坡"镜像，不断发现新加坡之于张爱玲的那份遥遥企望的情结。而张爱玲总是把新加坡写得那么喜庆，那么富裕，那么美好，那么乐不可支。也许在对新加坡的向往里，遥望中，她揉入了自己晚年最后的梦，有着她安放灵魂的终极期待。所以，她小说中的阴暗的、灰色的、苍凉的色调统统不见了，黯然苟活在没有光的世界里、被压抑着的一代又一代的怨妇俗女不见了，取而代之的是电影世界里，她给人物增添的慈意的光辉，以往被沦伤的亲情、友情、爱情都得到了复苏，人性有了亮色、人情有了和解、岁月有了温存的暖意。张爱玲这种由悲向喜、由冷转暖、由无望的苍凉到希望的回温，总蕴含了些新加坡的功劳吧！新加坡点燃了这位曾经"打个手势都苍凉"的女子心里的点点灯火。

而张爱玲不仅在电影创作里再一再二再三再四地书写新加坡，现实中的她，也在策划着离开美国，前来新加坡，定居新加坡。她在写给闺蜜邝文美（宋琪妻，宋以朗母亲）的书信中喜滋滋地计划着，要到新加坡来度过她生命的最后阶段，她甚至告诉邝文美，她已经打算在新加坡开银行账户了①——她是实实在在地喜欢过、向往过新加坡的。

为什么？为什么张爱玲的终极梦想家园偏偏选择了新加坡。这就不得不提到她的母亲黄逸梵。

黄逸梵可说是这个家族女性制造"传奇"的先辈。她有一个非比寻常的家世：名震一时的江南水师提督、男爵黄翼升的孙女；她嫁给了一个簪缨世家的后代：晚清重臣李鸿章的外孙儿张廷重；她是民国第一个主动离婚的勇敢女子；她是靠着一双三寸金莲闯出国行走欧洲、南亚的"环球旅行家"；她是在一个封建专制社会身体力行写下一部"为自己而活"奇书的典范女性。这样一个超前而生的女性，她的一生有多少绚丽就有多少苦楚。关于黄逸梵——一生飘逸、一路梵歌的精彩而忧伤的故事，已经有很多文字记载了，我们这里只选择她与新加坡的一份缘情：据新加坡《联合早报》记者余云、林方伟等人考证，这位裹着缠足却穿着皮鞋走世界的果敢女子至少三次来过新加坡。2019 年 1 月 26 日，

---

① 张爱玲、宋淇、宋邝文美：《张爱玲私语录》，北京：北京出版集团公司，北京十月文艺出版社，2011 年版。

《联合早报》记者与《亚洲周刊》记者一起拜访了黄逸梵在马来西亚的闺蜜邢广生。94 岁的邢广生忆述了黄逸梵在南洋的故事，并提供五封她与黄逸梵的书信，这些书信和闺蜜邢广生的叙述可以让我们大致钩沉出黄逸梵在新加坡、在南洋的一段岁月：在新加坡居住过，在新加坡留下过一段缠绵悱恻的爱情故事，还在新加坡坐过一年牢……可见这位勇敢的女性在新加坡并非一个穿梭在普通人群中没有留痕的过客。[①] 其实关于她在新加坡的这段经历，她的一双儿女张爱玲、张子静也早有记录。她的女儿张爱玲的叙述是这样的：去了新加坡一两年，不结婚，也不走……听上去是与劳以德同居了。她儿子张子静的回忆是这样的：他母亲带了一位做皮件生意的美国男友回上海，1939 年他们去了新加坡，在那里搜集来自马来亚的鳄鱼皮，加工制造手袋、腰带等皮件出售。这人"四十多岁，长得英挺漂亮，名字好像叫维葛斯托夫……1941年底新加坡沦陷，我妈妈的男友死于炮火"。

也许正是她的这份新加坡缘情，成为日后她的女儿张爱玲——另一个"他者"摄下了"新加坡镜像的第一组蒙太奇镜头。

母亲待过的地方，母亲爱过的地方，母亲恋过的地方，往往就成了女儿遥望、向往的"精神故里"，一种潜意识中隐秘的"精神家园"。

虽然，表面上看，张爱玲与把她的童年甩给了孤独的母亲并不亲近，但是被抛弃的孩子，往往在潜意识中更想走近母亲。有文章记载过这对母女关系心理层面的复杂纠缠：

　　她（黄逸梵。笔者注）可以一边关心女儿，一边又在女

---

① 百度搜索：《传奇的传奇——张爱玲之母最后的南洋岁月》发布/2019 年 2 月 22 日 3:30AM 文/林方伟来自/联合早报。

189

儿身无分文的情况下住着最昂贵的酒店，一边和女儿说着为人之理，一边又看着女儿苦苦挣扎漠不关心。她不会因为女儿放弃自己优渥的生活，更不会因为女儿收拢自己恣意的心。这样一个狠心无情的人，张爱玲是恨的，这样一个优雅多姿的女人，张爱玲又是爱的。她爱母亲的优雅从容，感激母亲对她的精心培养，但又恨母亲的冷血，恨母亲的自私，恨母亲面对她的苦痛从不关心。她们的爱恨纠葛早就找不出线头，捋不清线路，就像两根紧紧攀绕着的藤，你中有我，我中有你。①

所以，母亲的"新加坡"生长出了女儿的"新加坡"，母亲在新加坡摇曳多姿的故事，生长出了张爱玲在艺术创作中影影绰绰的新加坡故事。张爱玲早在她的小说创作中，就不时出现过新加坡元素。如在《倾城之恋》中，张爱玲就几次提到男主角柳原想从香港到新加坡去，也曾写道流苏为柳原做的马来菜"沙袋""咖喱鱼"，这里的"沙袋"应该就是指我们平时吃的沙爹。而到了她的电影创作时代，则把新加坡作为一个重要人物镜像、情节建置镜像、贯穿情节的线索元素推向更显耀、更重量的层面。

在张爱玲心目中，新加坡是母亲曾经的所在，在某种意义上，是这个从小缺少母爱的女孩子向往中的精神家园。而这个终极"精神家园"成为她的电影剧本里曲曲折折的、永恒的精神系恋镜像。所以当我们看到她安排她电影里的主人公最后乘船奔赴新加坡时，那船畔的朵朵浪花，正泛着她本人遥想、企望，涌动着她向往新加坡的朵朵遐思，释放着随之释放着她自己的一点喜、一

---

① 臆说历史：《张爱玲的母亲：有钱有颜，男友无数，论传奇，张爱玲比不上》，发布时间：20-10-0415:13 百家榜创作者，优质历史领域创作者。

点悲、一点盼、一点歌……

　　那么新加坡，每当中秋月正圆时，有心人必应站在新加坡环路的街角，迎这清净的女子爱玲回家，就像她在电影里电影外对新加坡牵衣不舍一样，牵住她那大花小袄的衫襟，挽住她那一抹高古的风华，让她走进新加坡大街通衢熙熙攘攘的人流中……

　　（本文曾发表在马来西亚南方大学《南方大学学报》第 14 期，2021 年 8 月。）

失落的 1945

——张爱玲"笔误"解谜

余 云

一

张爱玲记性不好，本就有许多例子，读宋以朗编辑、皇冠近期出版的七十多万字《张爱玲往来书信集》，更加深了这种感觉。

以往印象中，张爱玲的坏记性集中于日期和数字。比较著名的"公案"，有关那篇诞生了张氏金句"生命是一袭华美的袍，爬满了虱子"的《天才梦》。直到晚年张爱玲还对 19 岁时在《西风》征文中遭遇的"不公正待遇"耿耿于怀，但学者和张迷们考证，无论是征文字数限制、征文格式乃至奖项等，她都记错了，而且可能当年就没看清楚征文广告具体条款。征文字数限制 5 000 以内，她误以为 500；她最终得到的名誉奖第三名，她写成"特别奖"；甚至把自己获奖文章的 1 500 多字，记成 490 多字。

不久前翻家中旧杂志，无意间找出 2004 年 7 月号的《印刻》，这期的张爱玲专辑里，刊载了一封 1966 年 6 月 4 日她写给驻华盛顿英国大使馆的信件。事缘其时张爱玲有意应聘某大学驻校作家，需学历证明，她因文件遗失致函港大要求补发，但港大注册处只证明其"两进两出"，只字不提她成绩优良获奖学金等荣誉，几番交涉未果。当时香港仍为英国殖民地，她于是去信驻华府的英使馆求助。为说明自己的状况，千余字的信里有这样一段："……1955 年我移民美国，60 年代嫁给一位美国人，获得美国籍。我的母亲已归化英国籍，于 1958 年在伦敦过世……"

这封信以前没读过，饶有兴致，可读到此处心里真是一惊：她和赖雅登记结婚是抵美第二年的 1956 年 8 月 14 日，8 月 18 日她还写信告诉邝文美，怎么忽然变成了 "60 年代"？其母黄逸梵 1957 年 10 月 11 日在伦敦病故，10 月 24 日她在给宋淇夫妇的信里准确地报告，母亲已 "在两星期前去世"，给使馆的信里却白纸黑字写成 "1958 年"。

这封信由陈姿羽翻译为中文，苏伟贞写导言，两人都没发现，因此也不见注明信中的 "笔误"。的确没人会想到，1966 年的张爱玲 46 岁，仅属中年，记性再差，也不至于把母亲去世的年份和自己再婚的年代都搞错，而且是在一份致官方机构的正式信函里。

所以，当我在张爱玲与宋淇夫妇的书信集里看到那么多的 "我记错了" "我又忘了"，不再惊奇莫名。张爱玲在美国很大程度上靠稿酬生活，却连皇冠出版社某个时期固定给她的稿费是半年还是一年 2 000 美元都弄不清楚。更离谱的是，1955 年她离港赴美前，在宋淇帮助下向电懋公司预支了两部剧本的全部稿费，五年后却忘了个一干二净，经邝文美提醒才想起确有这回事。一个最怕欠人钱、欠人情的人，居然忘记这么一笔款项，简直不可思议。

这几天翻阅我蛮喜欢的书评人刘铮（乔纳森）的一本随笔集，赫见有篇文章名为《张爱玲记错了》，记载了张爱玲作品中的字句错误、出处错误、情节错误、张冠李戴，总共 22 例，让人大开眼界。引用方面的错误，我在陈子善所著《张爱玲丛考》中也读到过，说张爱玲在《谈吃与画饼充饥》中，把鲁迅翻译的苏联作家淑雪兼珂（也译左琴科）1926 年的短篇小说《贵家妇女》，误记为《包子》；而张爱玲所写的"包子"，鲁迅实际上译为"肉馒头"。

陈子善和刘铮都眼尖，火眼金睛有学问打底。对"祖师奶奶"他们还是很尊敬。刘铮这么说："在人情事理上，在遣词造句上，张爱玲都可说是个心思极细的人，不过，她对引用是否精确，似乎并不怎么措意。加之彼时查检资料不易，张爱玲又没有藏书的习惯，引用时有些误记是再平常不过的事情。往大处说，张爱玲显然没有'照相式的记忆能力'，也许有的只是一个 poor memory（差记性）；她留下的笔误着实不能算少。"

刘铮解释，自己读书时记下这些并无他意，只是觉得好玩——张爱玲也会记错哦！文章末尾还引了桑塔格小说《火山情人》里的一句："天才啊，就跟美一样，一切，好吧！几乎一切，都会被谅解的。"

有意思的是，和他把笔误皆归结于记性和未查证资料相反，张爱玲在《对照记》里说：心理分析宗师弗洛伊德认为世上没有笔误或是偶尔说错一个字的事，都是本来心里就是这样想，无意中透露的。

但也正是在《对照记》里，张爱玲留下了另一个著名"笔误"：把有案可查的 1945 年 7 月 21 日在沪上一场"纳凉会"里与李香兰的合影，注写成"1943 年在园游会中遇见影星李香兰"。而仿佛循着张爱玲所说的弗洛伊德的思路，至今已见两位学者试图分析，张爱玲这个"一错两年"的"笔误"，只因记性太差，还是背后另有意味深长的缘由。

二

《对照记——看老照相簿》是张爱玲最后一部作品，也是她仅有的自传体图文对照集。书中的"图四十一"为一张珍藏了近 50 年的与李香兰合照，她写：1943 年在园游会中遇见李香兰，要合拍照片，她太高，两人并立会相映成趣，有人就让她坐下，李香兰侍立一旁。

"《余韵》书中提起我祖母的一床夹被的被面做的衣服，就是这一件。是我姑姑拆下来保存的。虽说'陈丝如烂草'，那裁缝居然不皱眉，一声不出拿了去，照炎樱的设计做了来。米色薄绸上洒淡墨点，隐着暗紫凤凰，很有画意，别处没看见过类似的图案。"

"1943 年"，这个年份错得离谱，正确的时间地点是：1945 年 7 月 21 日，上海咸阳路二号，由《杂志》月刊社主办的"纳凉会"。依据是 1945 年 8 月的《杂志》，上面刊有《纳凉会记》一文，配图除了这幅张爱玲与李香兰，另有一张合影：保持同样姿势的李香兰与张爱玲之外，还见张爱玲的姑姑张茂渊和闺蜜炎樱，一位身份不明的陈女士，两个长衫男子——《申报社》社长陈彬龢、《平报社》社长金雄白。而据中国留日学者、现为日本东洋文库研究员的邵迎建在《张爱玲的传奇文学与流言人生》一书中考证，咸阳路，就是如今的陕西南路在 1943 年到 1945 年的路名，它更为老上海人熟悉的名称是"亚尔培路"。咸阳路二号，那时是金雄白的私宅花园。

出版《对照记》的 1994 年，是张爱玲离世前一年，急景凋年的她，对当年那条祖母老被面改成的裙子，从质地、颜色、图案、花纹，到来历、款式、设计、裁缝，都记忆犹新历历分明，为什么偏偏把拍照的时空记错了？这个 1943 年，这个"笔误"，透露了怎样的信息？

邵迎建认为，懂得张爱玲的一生，这个谜便不难破解。对张爱玲来说，1943 至 1945 年是今生今世最辉煌的日子，短短两年写出《传奇》和《流言》，初出茅庐便跃上文坛峰巅，"在大脑的数据库里，这是一份完美无缺的档案，没有细目，整块展现在记忆的屏幕上。"——这个说法甚为诱人：烈火烹油、鲜花着锦的人生阶段，记忆是混杂一片，条理不清的。

至于邵迎建指出的张爱玲把"纳凉会"写成"游园会"，在我们看来似乎不算笔误，就像本地人说去"戏院"或是"电影院"看电影，并无实质分别。但邵研究员咬住这两个词的差别，找到了他的答案——有意思的是他自己也"笔误"了，查几个版本的《对照记》，张爱玲写的都是"园游会"而非"游园会"——他从陈年的《申报》中翻检到，1944 年 7 月 8 日，上海新闻联合会在哈同花园的中央广场举办了有工商各界千人参加的"市民游园演讲会"，游园会的演讲者为中央海军学校校长姜西园中将，日本海军当局特派军乐队演奏名曲，节目还包括红星歌唱、电影名片放映。

虽然以政治为中心的新闻报道大篇幅突出的是姜氏演讲，并未具体提及当晚的演唱红星和到会名流，邵文却认定，红星"极可能"就是炙手可热的李香兰，已属海上文坛名流的张爱玲，"顺理成章"也应在场。他由此推导出，张爱玲与李香兰，正是在这个场合首次会面："……有声有形的第一次相见，是在这次游园会上。对其印象之深刻，不可磨灭。随着岁月的推移，后来的印象都浅了，平了，只留下这一道刻痕。多少年后，在张爱玲的大脑库存里，与李香兰所有的缘分都并入了这一回。"

他进而说，当年张爱玲站在公寓（爱丁顿公寓，今常德公寓）的阳台上，是能看到哈同花园一角的。哈同花园也算是张爱玲的街坊。张爱玲 1944 年在《万象》连载的《连环套》里，也两次提到这座传奇的园子。"金雄白的私宅花园与哈同花园，规模虽不能同日而语，但局部应有相似之处：都是带花坛草坪的西式洋房。光凭照片的背景及西式软垫椅，在张爱玲记忆中，不知不觉，金雄白私宅花园置换成了哈同花园，'纳凉会'也随之化为了'游园会'。"

是耶非耶。有一点是肯定的：张爱玲从未提到，至今也没见任何资料显示她到过哈同花园那场"游园会"，所以，邵先生建立在假设基础上的论述，推理成分浓厚，更像一则想象力丰富的虚构。遗忘之谜扑朔迷离，令人信服的剖析，出自大陆留美学者、现任香港大学比较文学系主任黄心村教授。她在一篇精彩论文里，以六页半的篇幅，探讨拍摄于日本投降前夕三个星期的张爱玲与李香兰合照，提出了一个意味深长的"或许"。

三

《对照记》"图五十"是一幅 1955 年张爱玲离开香港去美国前的照片，妆容精致侧脸垂目。张爱玲记述从香港乘船途经檀香山，海关关员是个瘦小日裔青年，在她的入境表格上赫然填写：身高 6 呎 6 吋半，体重 102 磅。她憎笑此青年的粗心大意，把 5 呎 6 吋半写成 6 呎 6 吋半，犯了 Freudian slip（弗洛伊德式的错误）。"我瘦，看着特别高。那是这海关职员怵目惊心的记录。"

《对照记》"图四十一"，张爱玲"粗心大意"误记为"1943年"的那帧与李香兰合影，被学者认为是她上海时期最重要的照片。港大比较文学系主任黄心村教授有一篇论文《光影斑驳：张爱玲的日本和东亚》，其分析就从这照片开始。摄于 1945 年 7 月 21 日，距二战终结和日本投降仅仅三周，"这张照片之所以重要，是因为它将当年两位最耀眼的女性文化形象放在了同一个框架中。它的奇特构图及不甚协调的视觉风格亦令人印象深刻。熟识照片背景的观者甚至将它视为一个描绘日本帝国崩毁前夕，日中组合摇摇欲坠的视觉寓言。"

1945 年 7 月的李香兰和张爱玲都已炙手可热，同为上海沦陷区的文化人代表。张爱玲后来轻描淡写的纳凉会——"园游会"，在当时所有媒体报道中，皆被描述成一个"众星云集"的场合。出席者除了李香兰、张爱玲两大红人，还有媒体巨头：陈彬龢的背景比较复杂，当时他的后台被认为是日本；金雄白则以周佛海为靠山；日本殖民高官松本大尉、中华电影副董事长川喜多长政也在座。黄心村的质疑一语切中要害：当地传媒何以对日本即将落败的蛛丝马迹如此无感，在帝国崩坏前夕，仍大张旗鼓为那场盛会锦上添花？

黄教授对照片的分析，围绕张爱玲和李香兰的不同神情，相片的蹊跷构图，两人迥异的装扮风格，尤其是张爱玲乖张的坐姿，偏离镜头的朝下视线，种种细节，抽丝剥茧。她说，"张爱玲的脸部表情和身体，或许暗示着抗拒亦或是蔑视，但更重要的是，她显然懂得将摄影镜头对她的凝视，反转为深化自身形象的助力"。

我更感兴趣的是，对媒体"无感"的犀利质疑，不也同样适用于这些出席者：张爱玲、姑姑、炎樱，在日本战败的三周前，是抱着怎样的心情赴这一场"中日联谊盛会"？8 月 15 日日本无条件投降，时局骤变，身为汪政府要员的胡兰成遭国民政府通缉仓皇逃亡，又如何给张爱玲带来震惊惶恐？

忽然想到应该重温《小团圆》。1945 年的夏天发生了什么，书里都有叙述。而且，第八章开头，张爱玲写九莉的那些话，简直就是预先对自己后来的那个"笔误"作了注解：

"从这时候起，直到第二次世界大战结束，有大半年的工夫，她内心有一种混乱，上面一层白蜡封住了它，是表面上的平静安全感。这段时间内发生的事，总当作是上一年或是下一年的……这一年内一件事也不记得，可以称为'失落的一年'。"

"她刚认识他的时候就知道战后他要逃亡，事到临头反而糊涂起来，也是因为这是她'失落的一年'，失魂落魄。"

失魂落魄，她在心里摈除了 1945。

"或许张爱玲自己也不愿意相信，这照片竟拍摄于日本战败前夕。"黄心村写在论文"注释"里的一句话让人心颤。是的，没有 1945 年，只有 1943 年，只有上一年或下一年。虽然《对照记》问世的 1994 年，离那段不堪和混乱的日子已有半世纪之久，而她也依然记得，有一种叫作弗洛伊德式的错误。

关于记忆和遗忘，心理学有很多说法。张爱玲在去世前一年留下有缺陷的记忆，是因大脑海马体损伤造成逆行性失忆，还是情绪性记忆的主动遗忘？至此已不是问题。当然，探讨其间隐秘非为"祛魅"，如黄心村所言，只为"还原一个历史的张爱玲""更复杂的张爱玲"。

下意识地屏蔽不堪回首的以往，删除记忆芯片上的黑暗块面，我们自己，很多普通的"人"，何尝不是如此？

我很同意这样的说法：最终构成人一生的东西，不是阅历、灵性与任何事件，而是对所有这些经验的记忆、描绘和阐释。

松尾芭蕉有俳句：寺庙的钟声/停了，但花中余音/持续地回响。

（本文部分内容曾在不同时间发表在新加坡《联合早报》副刊，现特别为本书重新整合呈现。）

杨骚在东南亚文化前线与
森林深处：抗战与逃难

青禾

一、狮城，难忘的半年

1941 年 5 月 20 日，新加坡《星洲日报》副刊《晨星》上刊登了这样一篇文章：

> 诗人杨钟的南来与杨骚在福州别后，已经有三年不见了。虽在报章杂志上，时时看到他的消息，但是从武汉而湘西，从湘西桂亭，我却终于没有机会和他在旅途中一见。现在他从抗战的陪都，经过香港，而到了这长年是夏的南国，我们很庆幸旧友的天盖，同时又欣幸着南荒的热带上，重增上一执笔的战士。诗人是曾经到过各战区去慰劳将士、视察过抗战的实况的，我们希望他能于征尘暂洗后，将他的所见所闻，都写出来报告给我们。文化人在这一战乱时代里所能做的事情并不少，尤其是在文化和我国不同的这南岛，我们希望诗人杨骚能给予我们以簇新的制作，而增加些我们的兴奋。

二、杨骚、郁达夫与胡愈之在新加坡

这篇文章的作者是《晨星》主编郁达夫。郁达夫应《星洲日报》社长胡昌耀之邀，于1938年底到新加坡宣传抗日，他对老朋友杨骚的南来，表示热烈的欢迎和由衷的喜悦。

新加坡，久违了，杨骚回来了。踏进这块陌生而熟悉的国土的那一刹那，杨骚的心中涌起了一种近乎亲切的感觉。

新加坡变了，尽管它的背后，是殖民者的残酷的压迫和剥削，是殖民地各民族人民的苦难和不幸。它已经抛弃了过去的荒凉，得天独厚的地理环境，使它迅速地变成一个军事要塞，海上和空中的交通枢纽，繁华的贸易商埠。宽阔的大街，高大的楼房，刚刚建成的耗资一百五十万元的雄伟的法院大楼……杨骚也变了，他已经不是当初那个为了寻找出路、寻找黄金的迷茫的失意青年。已经是一位知名的诗人，一位爱国主义的执笔的战士。他肩负着宣传抗日的使命，他的心中没有凄凉，没有往常的那种漂泊感，他是迈着坚定的步伐踏上这块故土的。

南国的海风轻轻地抓着他的衣服，抚摸他的脸颊，仿佛在辨认一下这位昔日的朋友，狮城的橡树在风中弹奏着他熟悉的音乐，仿佛想唤起他过去的回忆。

老朋友周赁来了，啊，还是老样子。在过去的那段凄风苦雨中，是他给了他难忘的友情和温暖。

三弟杨维来了，久别重逢，多少家事要说，多少亲情要诉，使他们凄然落泪的是母亲的死，他们都没能回去为她老人家送终，这使他们都感到深深的负疚和遗憾。

杨骚先住在三弟的家里，以后在龙溪会馆住过一段时间，又住到赵芳路29号。杨骚惊喜地发现，在这块曾经使他感到凄凉无依的土地上，聚集着如此之多的新朋故旧：胡愈之、张楚琨、王纪元、高云览、汪金丁……当然，还有郁达夫。

郁达夫伸开双臂热情地迎接老朋友。他们紧紧地拥抱在一起，这是战士与战士的拥抱，这是作家与诗人的拥抱，这是诗人与诗的拥抱，这是知己与知己的拥抱。他乡遇故知，这是人生的一大幸福。杨骚来到郁达夫的家里。郁达夫住在中峇鲁一幢小洋房的二楼和他的大儿子郁飞及女友李筱瑛住在一起。在他那间曲尺形书房里，他们促膝谈心。老友相聚，岂能没有酒？杨骚自然谈起国内的抗战，谈起陪都重庆，谈起文协，抗战访问团，谈起皖南事变，谈起他这次南行的使命和周公的指示。谈得更多的是郁达夫。郁达夫是个容易披肝沥胆的真情男子，何况对着故友知己。他谈得很多很多。妻子离异回国与他人结合去了。新加坡如今来了许多国内的文化人，虽然大都是过去熟悉的朋友，可是，以《南洋商报》主编胡愈之为中心的文化人和以《星洲日报》为中心的文化人，旗鼓分明，彼此对垒，而他偏偏在《星洲日报》编副刊，叫人又尴尬又孤寂。他对南洋文艺方面的问题，提出自己的看法，写了一篇《几个问题》，却引起新马文化界却料不到的一场文字论争。他漫游马来亚，写了一些游记，却被人认为是国难当头，竟醉生梦死，游山玩水……

郁达夫越说越伤心。

"达夫，别往心里去，你的爱国我理解，朋友们也都会理解的。"

杨骚用他那带着漳州腔的普通话安慰道。

郁达夫举起手中的大酒杯，一饮而尽，以此来表示对朋友理解的感激。

杨骚知道，达夫在暴露自我这一方面虽然非常勇敢，但他在迎接外来的攻击上却是非常脆弱的。他有"一颗努力向善和上进的灵魂，但必须有爱情与友情统以抚胞和鼓励"。（巴人《记郁达夫》）

这时候，朋友的理解、信任和支持，对于郁达夫比什么都重要。

杨骚的话不多。但他的确给孤独的郁达夫以莫大的安慰。十几年后，当杨骚去世之后，巴人在他的纪念文章《记杨骚》中这么说："大概由于杨骚深沉地表现了对达夫的友情的温暖吧，达夫从各方面都表现积极了。"

有一次，他们谈到了林语堂，那时，郁达夫在《华侨周报》译载林语堂的《京华烟云》。他说，你的老乡寄了美金来，一定叫我翻译，林语堂和杨骚、郁达夫都是老相识，自然有话可谈。自从 30 年代初，由于种种因素，杨骚与林语堂的关系已经疏远了。1932 年初杨骚自上海回漳州，与林语堂太太廖翠凤同坐一条船，一个在三等舱，一个在二等舱，杨骚没有去看她。但是，杨骚对林语堂还是了解的。他以自己的方式向西方介绍中国文化，他的《吾国与吾民》取得巨大成功。去年，又把他在重庆北碚的小洋房借给"文协"使用。他写《京华烟云》，在给郁达夫的信中说，是为"纪念全国在前线为国牺牲的勇男儿，非无所为而作也"。这一点，杨骚是相信的，他以为，以郁达夫的优美文笔来译《京华烟云》自然是一件好事。可惜，由于忙，郁达夫没有译完这部小说。钱用光了，译文尚未出来，郁达夫感到对不起朋友。杨骚非常理解他的这种心情，杨骚的理解，多少减轻一点郁达夫的那种负疚的心情。这一次，杨骚谈到林语堂似乎有些感慨。前不久，他刚刚得到许地山去世的消息，作为漳州人，有一种说不清楚的感情在诗人的胸中读过。

三、主编《民潮》，支援抗日运动

杨骚找到胡愈之，很快地，通过关系，他来到怡和轩俱乐部南侨总会，获得陈嘉庚先生的聘请，出任《民潮》主编。《民潮》是南洋侨总会的会刊，半月刊，十六开本，每逢十日、二十日出版。创办会刊是南洋闽侨总会刚成立时就决定了的。"鉴于南洋各地华人对中国抗战的实际情况了解太少，当时新马各报无法及时和全部将国内情况反映；另一方面，南侨总会也很需要一份属于自己的宣传刊物，因此，就由南侨总会筹办《民潮》半月刊"，转引自《杨骚与〈民意〉半月刊》，历史和机遇使杨骚担负起主编《民潮》的重任。杨骚到新加坡原来是想能编一个报纸的副刊，对主编一个刊物，没有充分的思想准备，为了把刊物编好，他想请楚云协助。

楚云是杨骚的老朋友。1935 年，楚云在上海参加《读书生活》半月刊的编辑工作。《读书生活》常常发表新诗，不时有读者提出关于新诗的问题，楚云想起新诗界已有名气的诗人杨骚，便把几期"青年习作"的新诗剪下，连同一些读者来信，托友人转会尚未谋面的杨骚，请他评议和解答关于新诗的问题。不久，杨带着写好的稿子来找楚云，他们都是福建人，在上海可谓是老乡了，却又不懂对方的家乡话：楚云是福安人，福安话和漳州话有很大的区别，两个老乡只好用官话对话了。后来，楚云到重庆"读书生活出版社"工作，还带杨骚到他们出版社的门市部买过《资本论》等进步书籍。1941 年 5 月，楚云"疏散"到新加坡，在南洋女子中学任教，并兼任《南洋商报，青年和学习》编辑。

（陈松溪《爱与楚云》，自南日报；1992 年 11 月 13 日）。

楚云欣然答应协助处理编务。刊物原来拟名为"南侨"或"闽侨"，杨骚与楚云商量后觉得这名称不够理想，建议改为"民潮"，既和"侨"音相近，又有"民主潮流"之意。他们的意见得到陈嘉庚和李铁民（南侨总会秘书《民潮》督印兼发行人）的同意，正式定名为《民潮》。（同上）

楚云是 1928 年加入中共的老党员，他尽力帮助杨骚，从开始筹备到第二期出版，他每天都有一定时间到编辑部。第二期出版之后，由于杨骚对编辑工作已经熟悉了，楚云便不再来帮忙了。（陈松溪、黄安榕：《杨骚与〈民潮〉半月刊》，见厦门大学出版社《杨骚的文学创作道路》）。

1941 年 8 月 10 日，《民潮》创刊。《民潮》是综合性的刊物。包括政治、时事、经济、文化、教育等方面文章及文学作品，也反映华侨妇女、青年和学生活动，并设了"乡讯"专栏，刊登反映福建近况的通讯、报道及专文，《民潮》忠于南洋闽侨总会的宗旨，努力呼唤华侨社会加强团结，支援祖国抗战事业。杨骚在创刊号上发表《民主运动在祖国》。他指出：祖国的民主运动如大海的浪潮汹涌澎湃，尽管那些反民主的所谓"忠实同志"以种种大逆不道的罪名，什么"灰色汉奸""分赃""夺取领导权""颠覆政府""异常"等等反对民主浪潮，……

此时的新加坡，抗日宣传活动，如火如荼。杨骚的工作环境是好的，他既得到陈嘉庚的支持，又得到朋友们的帮助和支持，有同在星洲的知名人士，如胡愈之，沈兹九、巴人、蔡高岗、高云览、王纪文，有在香港的乔冠华、金仲华，还有在国内的胡风、叶以群、林林等。对他帮助最大的要数巴人，他"是非全职人员当中最常来的作家"，有时为了应急，巴人一期就为他写了几篇杂文。(《杨骚与民潮》半月刊》)《民潮》在众多的抗日报刊中,显示了自己的特色。

8月4日,许地山在香港病逝,新加坡华侨各界举行追悼会。《民潮》推出"纪念许地山先生特辑",杨骚发表《哀念地山先生》。(《民潮》1941年11月10日第1卷第7期)《民潮》编辑部设在武吉巴梳路梁氏总会的楼下。杨骚住在赵芳路29号,与作家、新闻工作者蔡高岗合租一房间。他天天到《民潮》办公,有时甚至彻夜不归,反正家对于他,只是一张床。几十年后,当时在侨总会秘书处任职,如今已年逾古稀的林云先生说:"杨骚天天到《民潮》社,埋头写稿、审稿、处理版面……杨骚平时说话不多,也不大注重仪表,穿着很随便,不过,他说话的态度倒是很温和的。"(见《闽南日报》1988年6月18日)

四、流亡的开始

1941年11月8日凌晨,构建完一篇文章,刚刚入睡,他突然被一阵轰炸声惊醒,在重庆,他听惯了这种可怕的声音,他一跃而起,匆忙中看了一下腕上的手表,正是凌晨4点。"十九架来自印度支那南部的日本基地的海军轰炸机,未先发出警告,直通这个灯火通明的城市。炸弹大部分投中轰炸目标登加和实里达两个机场,一部分则投在闹市区,造成二百亚洲人伤亡"([英]哈·弗·皮尔逊著《新加坡通俗史》)。

一个多月后,英军从柔佛新山撤退到柔佛海峡南岸的新加坡岛,新加坡成了"四面倭歌"的孤岛了。

兵临城下,战火纷飞。杨骚没有畏惧,《民潮》停刊后,他同文化界同仁,积极投入抗敌保卫星岛的群众热潮之中。杨骚和巴人、郁达夫、胡愈之、王纪元、张楚琨等人组织"华侨文化界战时工作团"，他们在炮火中培训青年干部，准备担任民众武装的政训工作，组织演讲队、戏剧队、歌咏队，到群众密集的地方去进行抗敌宣传。一直到兵临城下，英殖民当局才允许华侨参加抗战，然而，一切都已经太晚了。"15日下午5时15分，白恩华将军带着求和的白旗，到武吉知马路福特汽车厂的经理办公室，站在日军第二十五军司令官的面前，接受山下将军的命令无条件投降。当天晚上8时半，新加坡的英军放下了武器。"

2月9日，杨骚和一批文化界人士，搭大航舰逃出即将沦陷的新加坡。

五、隐居苏门答腊森林生活

2月12日，杨骚来到苏门答腊东海岸的一个叫萨拉班让（石励班让）的小岛上，开始了他三年的隐居生活。

杨骚在这个荒僻的小岛上遇见了巴人和他的女友雷向予，巴人、雷向予和郁达夫、胡愈之等人比杨骚早几天逃到这里，后来郁达夫、胡愈之等六人与巴人、雷向予分离，准备上苏门答腊，经由巴东去爪哇的巴达维亚（雅加达）。巴人、雷向予则因语言隔膜和社会关系不多等原因留了下来。杨骚改名杨笃清，隐居在萨拉班让对面的邦加岛上的门托克（文岛）的一个漳州老乡的家里。杨骚的三弟在新加坡旅居多年，认识不少同乡，加上这些小岛上有许多闽南华侨，语言相通，便于隐居。

3月12日，苏门答腊和爪哇相继被日军占领，与马来亚仅有一水之隔的廖州岌岌可危。杨骚听到这个消息，很着急。他想，巴人和小雷都是北方人，不会讲闽南话，要在这华侨社会里隐蔽下来是十分困难的，便去找他们，说："住到山里去吧，我跟你们一起住。让我们结上亲戚关系，小雷算作我的妹妹，你作了我的妹夫，这样，我就可掩护你们了。"

他们在萨拉班让对面的亚里岛上的一个叫牙生比（狭何）如山芭（小乡村）住下来。

这是一片胶树园，一条二三尺宽的小河在胶园中间穿过，流淌着血一般的红水。在胶树园正中有一所白木板房屋。他们就隐居在这所房子里。房子的主人叫任生，是一个外表冷淡内心热情的"广西客"，杨骚对主人说："我是在新加坡开小店，做小本生意的。他是上海人，在书店里当伙计。因为怕飞机轰炸，早已逃到萨拉班让。现在听说新加坡店面给炮火毁了，回去不得，索性来山芭住一时，看平静一点以后再说。"

这自然是他们事先编好了的假话。

这是一所两进的房子，前厅，左右两个厢房，从偏门进去，是后厅，也有左右两个厢房。厨房紧接在后厅的披檐下，相当宽大。巴人他们住在前厅的右厢房，杨骚和主人的叔叔住在左厢房。

有一天晚上，他们在屋子附近散步。这里除了树胶，还有槟榔，疏疏落落的槟榔一直排列到半里外河湾的尽头。这里曾经繁荣过，留下不少遗迹，倾倒的房子，破旧的机器。凄清的夜，凄清的风。他们多想喝点酒，多么想唱一唱抗日救亡的歌曲，让这些高吭的歌声，在那些败草丛中，在那些槟榔树顶飞扬。

但是，不能，他们是隐居者，他们是没有真实姓名的生意人。

杨骚的心情是压郁的，一腔热血到南洋来宣传抗日，不想落得如此境地。他恨日寇的凶残，他也恨自己的文弱，抗敌无路，报国无门，怎不叫人气闷。

他总是睡不好觉，总是做梦，说梦话，睡在右厢房的巴人甚至能听到他的梦话。巴人说，这演说似的梦话，是诗人"幻想的奔放"。

杨骚曾想自己开一块农园，可是，锄头在他的手中显得太重，不到十下，便气喘流汗而且两手一下子起了两个血泡。他到直落岛探听消息，从一家吉兰店（小杂货店）里买回两把德国斧头，悄悄地用纸头包扎好，夹在皮箱衣服里。一天，他特地请来任生，打开箱子拿出斧头，让任生赏识。

"好斧头！要是转卖给我，我也要哩。"任生说。

杨骚一听，立即拿回斧头，依然用纸包好，像母亲放孩子到摇篮里去似的，放回箱子去。

关上箱子后，杨骚不说一句话，静静地望着窗外的树梢和天，夜里，闲得发慌的时候，他又悄悄地从箱子拿出那两把斧头，在暗淡的灯光下端详、抚摩着。

此时的杨骚在想什么呢？他果真在这两把斧头上托寄着田园。不久，传来日本海军在萨拉班让登陆的消息。他们把书放到任生的铁箱子里，藏起来。因为书本身就是一种危险。

苦闷的杨骚只有喝酒了。好在这种酒不怎么伤胃。这是家酿米酒。主人任生是个酿酒行家，杨骚便买了糯米，请他做。

他们在这里隐居了四个月。

这四个月里，由于杨骚在华侨社会里语言的方便，他成了不会闽南话的"普通人"巴人和小雷的保护者。

日本陆军终于在萨拉班让驻扎下来，这是一个阴影，杨骚常常到直落、到萨拉班让、到所有朋友住着的各岛上去，最后，他在亚里找到了住处。巴人他们也经亚里到老城，又从老城到巴耶公务，找到了胡愈之和郁达夫。

临别时，任生再次提出想买他的那两把德国斧头，杨骚说：

"这斧头早已给朋友拿去了!"其实,那斧头还放在他的皮箱里。

诗人在这斧头上面寄托着什么样的情思呢?或许,这是把诗人和自然联系在一起的桥梁;或许这是种幻想,诗人在这幻想中,能够得到片刻的安宁;或许,这是一种武器的象征,诗人在这武器的身上,寄托着胜利的希望。

不久,杨骚来到楠榜直落勿洞,这是苏门答腊南端的一个小镇,这里住着许多华侨。

这时,时局已经"定"了,"秩序"在逐渐恢复。必须找点事做,才能和当地的华侨融为一体,便于长期隐蔽,也才能维持自己的生计。

杨骚与当地华侨和张楚琨、林枫等人合伙开设木炭肥皂厂,掩护度日。他们的肥皂厂设在"甘榜"古邦克拉迈小山丘上。周围都是印尼人,房东太太也是印尼人,他们称她"玻璃太太",他们相处得很好。玻璃太太常来教杨骚他们学印尼语。

半个多世纪之后,林枫在一篇回忆他们当时生活的文章中这样写道:

> 诗人杨骚对这里的环境很满意,生活很愉快,每当月明之夜,诗兴勃发,便独自吟诵不已。有一次他低声哼着一首英文歌,我觉得很好听,问他是什么歌,请他教我唱,他说,这是一首圣诗,不是歌,但有些年青人把它当情歌来唱,诗句很美,……诗词的大意:我怎么能离开您,我怎么能与您分离,只有您占有我的心,亲爱的,相信我。您拥有我的灵魂,紧紧地绑在一起,没有人值得我爱,只有您。我对他开玩笑说:杨大哥您还年轻,也可把它当作情歌来唱,也许会

唱出一位"亲爱的梅娘"呢。他忙答说：不，不，我只是借以来抒发对祖国的怀念。

六、杨骚和当地侨生陈仁娘结婚

杨骚和张楚琨是老朋友了，他和张楚琨爱人以表兄妹相称，这也是闽南人的习惯，亲切又不容易引起注意。张楚琨是南安人，50 年代在厦门当副市长，以后，担任过中新社副社长、全国侨联顾问。杨、张两家关系密切，后来，杨骚的儿子和张楚琨的女儿的名字，以"泳"字排辈。

1944 年 6 月，杨骚和当地侨生陈仁娘结婚。

这是一桩以安全为目标的婚姻，这桩婚姻却给杨骚带来一个温馨的家庭和三个儿子。

陈仁娘的祖籍在福建安溪，可以说和杨骚同是闽南老乡。但安溪对于陈仁娘来说，只是一个遥远而悠久的名词。陈仁娘的父亲是镇里一座基督教堂的执事，母亲是当地人，陈仁娘生于 1919年，是父母的第三个女儿，那时，正在中学里读书，然而，她读的是印尼文，对中文几乎一窍不通。他们是经过朋友介绍认识的。既然是在当地生活的华侨，能没有个家？有个家，对于杨骚，自然是安全得多。而对于陈仁娘也是一种保护，当时，日本人到处抢没有结婚的"花姑娘"。他们的婚礼是在教堂里举行的，那时，纤瘦的新娘子，穿着一件乳白色的婚纱。在教堂里结婚，穿乳白色婚纱的陈仁娘却是一个典型的中国式的贤妻良母，她善良贤惠，温柔体贴，她把丈夫当成自己的终身依托。她一直珍藏着那件乳白色的婚纱，半个世纪之后，她对儿子说："日后死了，我要穿结婚时穿过的那件婚纱。"是的，这件婚纱记载着她一生中最美好的时刻，记载着她一段美好的记忆。

她去世之后，她的儿子找到了这件泛黄的薄软的婚纱，把它披复在她的身上。

这件婚纱和她一起化为青烟，飘游到杨骚的身边。

七、再返星洲

1945 年 8 月 15 日，日本投降时，杨骚的妻子陈仁娘正怀着他们的第一个孩子，当她生下这个孩子的时候，已经是 1946 年的 1 月了。

杨骚给他们的儿子取了一个名字，叫"泳南"，泳者，浮也，这或许是诗人对飘泊南洋的一个纪念。而这纪念的背后，似乎又有更深切的感情，南洋、南洋，没有祖国，何谓"南洋"?! 不久，杨骚举家来到阔别四年的新加坡。五年前，他到新加坡是为了宣传抗日的，如今，日本投降了，他该做些什么呢? 杨骚似乎有些茫然和凄惶。这时，他写了一首诗，叫《夜半低吟》，这首诗曲折地反映了他当时的心情：

> 什么病啊，什么病?
>
> 我，常在夜半从恶梦中惊醒：
>
> 梦见小鬼在我肚里踢球，
>
> 梦见疯子扼我可爱的红婴。
>
> 什么病啊，什么病?
>
> 我，常在夜半从恶梦中惊醒：
>
> 梦见寂寞去世的母亲，
>
> 梦见毒蛇绕我的腰身。

什么病啊，什么病？

我，久不梦见笑脸温情，

久不梦见山绿水青，

好久啊，更不梦见苍苍的大海，

让我飞鱼般跳跃、游泳，

更不梦见骑彩虹，生白云

什么病啊，什么病？

尽是恶梦纠缠不清。

我，在梦中，时而无限悲愤，

时而大吃一惊，

时而呜咽不成声，

时而又热泪淋淋……

什么病啊，什么病？

在梦中，我挣扎、呻吟，

我挥拳打，用头拼，

总扑个空，或碰着钉。

这样，就这样吓醒。

醒后呢？黑夜还是沉沉，幽幽静静，

但闹钟敲一声、两声，

或鸡唱一声、两声。

（见《风下》，1946 年 6 月 22 日）

这是记实，也是象征。这梦，是刚刚过去的日据时期那种提心吊胆的恶梦般生活的回声。恶梦般的生活虽然过去了，但新的生活却又是令人捉摸不定。他虽然受命南行，但战争使他失去了各种联系。我们从"梦见疯子扼我可爱的红婴"中完全体味到诗人对未来的担忧，然而，诗人依然渴望大海，渴望"飞鱼般跳跃、游泳"，渴望"骑彩虹，生白云"，渴望告别那多梦的沉沉的黑夜，迎接那"鸡唱一声、两声"。诗人的这种心情是可以理解的。他已经不是单身汉了。他有一个家，一个妻子，一个儿子，他的工作还没有着落，他还要靠朋友的接济来维持生活。一天，他路过武吉巴梳路梁氏总会，不禁驻足留连，这是一个多么叫人难忘的地方，在这里，他度过许多紧张而愉快的日子，这里也曾留下过他的朋友们，胡愈之、郁达夫、巴人、楚云……的身影。郁达夫，郁达夫哪里去了呢？听说他遭到了不幸，但愿，那仅仅只是失踪，失踪，总是会找回来的。战争，实在有太多的死亡，但为什么要偏偏是他呢？不，不是真的。他意外地碰到了巴人，起初，他几乎没有认出他来，一脸的大胡子，这是那个风流倜傥书生？这是那个只小他一岁的"妹夫"，然而，他的胡子实在是好看，实在是给他增添了不少飘逸。杨骚对胡子似乎有特殊的好感，这大概和他小时候临摹古书插页上的英雄画有关。他自己也曾经留过胡须，他曾给家里寄过一张照片，并提醒家人注意他下巴的一撮小山羊胡，弄得家人莫名其妙。他邀请他到家里，会见了他的妻子陈仁娘。久别重逢，劫后余生，要说的话很多。最后落到各自眼前的生活话题上。杨骚告诉巴人，日本投降后，他们的肥皂厂结束了，分散所得的财产，他分得了一座有几百株橡树的橡胶园，但是，印度尼西亚在闹革命，橡胶园是不能生产了。他只能靠发了财的朋友们的接济生活。"将来，我只能搬到胶园中去住，数数橡树过日子吧。"

他自嘲地笑了。

笑过之后，便又欣赏起巴人的胡子，还邀请巴人到照相馆去合拍了一张相。

这张照片四十年后被刊登在《新文学史料》1980 年第 3 期的封二上，在这张照片中，我们看到一个这样的杨骚；削瘦的脸颊，鼻梁上架着一副深色镜框的眼镜，眼镜后面，是一双略显忧郁的眼睛。薄薄的

1946 年，杨骚（左）与王任叔合影

嘴唇紧闭着，只把一丝微笑漫不经心地留在嘴角，微皱的西装里没有结领带，甚至连衬衫的领扣都没有扣上。这是一个清贫、散淡而忧郁的诗人。杨骚在城郊东岭中学找到一个教师的位子，举家住到一个小椰子林的破茅屋里。战后的杨骚依然是清贫而多病的。清贫而多病的杨骚依然没有放下手中的笔。他写两幕话剧《只是一幕》，写诗歌《杨德乐的农妇》，写歌词《华侨青年进行曲》，这歌词经谱曲，在《热带新歌》上发表，很快在华侨青年中传唱开了。

他和胡愈之、沈兹九、洪丝丝等人发起和编辑《大战与南侨》，做了一些具体的编辑工作，"这本厚厚的书，用血泪的事实，控诉了日军南进后对南洋各地华侨犯下掳掠残杀的滔天罪行，内容丰富，证据确凿，还附有不少珍贵的历史图片，这本书在国内恐怕难见到。我曾保存有一本，可 1963 年叫海南侨务局'征用'去了。"（见洗东《思念的浪花——忆伯父杨森》，《芝山》1983 年第 2 期）

在新加坡吉宁街四十二号上海书局新加坡分局的楼上，新南洋出版社出版一个周刊《风下》，创刊之初，注意力集中于战后世界局势的探讨，自 1946 年 6 月以后，重点转向对国内形势的关注。

6月26日，蒋介石撕毁停战协定和政治协商会议的决议，大举围攻中原解放区，内战全面爆了。人们脸上刚刚浮现的胜利的笑容消失了。海外华侨关切祖国命运，渴望了解国内形势的真相。《风下》发表了《救国有罪民主该杀》《内战大规模打起来了!》《苛政猛于原子弹》《天下一家，一家天下》《反饥饿、反内战、反独裁》《人民翻身与换朝代》《准备迎接伟大的新时代》等一系列"卷首言"，揭露蒋介石发动内战的罪行，将美国援助国民党政府，助长中国内战，促使中国分裂的两面政策公诸于众，从而激起了华侨新的爱国热潮。《风下》赢得了广大的读者，成了读者"不可缺少的精神食粮"。清贫的时候胃痛的杨骚，为《风下》的成功奉献自己辛勤的劳动。

《风下》主编胡愈之这样说："《风下》从内容到形式都较清新可贵，这主要得力于许多著名作家和知名人士的热情支持……至于杨骚、巴人、汪金丁、卢心远、陈仲达、张企程、吴柳斯、沈兹九等流亡在南洋的文化界朋友，则是《风下》的作者和记者，又是《风下》的编委，每期都有他们采访的新闻、通讯和各种文章发表。"（胡愈之《南洋杂忆》）杨骚还热情地参加《风下》周刊创办的"青年自学辅导社"的改卷工作，为华侨青年的成长倾注了自己的心血。

为团结广大华侨反蒋拥共，促进祖国的早日和平民主、自由解放，陈嘉庚、胡愈之、张楚琨、高云览等人创办《南侨日报》，杨骚积极参与《南侨日报》创办工作，同时加入了胡愈之等人组织的中国民主同盟南方总部。《南侨日报》发刊后，杨骚收到白薇的一封信，希望恢复关系。因已成家，终于没有回信。四十六岁的杨骚面对现实。在过去的漫长的岁月里，他曾经对不起别人，别人也曾经对不起他，而现在，他再也不能对不起自己的妻子和儿子了。但是，他始终没有忘记白薇，没有忘记这个曾经使他无限幸福和痛苦的朋友。在以后的岁月里，他曾以"素"署名发表文章，以此来表示对她的怀念。

八、重返苏门答腊与椰城：编辑《生活报》

他的胃病终于越来越严重。医生对他说，"需要休养，不能过劳"。于是在1947年的冬天，到苏门答腊岛上的巨港养病。巨港的朋友办一家肥皂厂，他在那里帮忙，做一点管理账目的工作，而大部分时间仍在休养治疗。不久，肥皂厂亏本结束，他的胃病又不见好。在朋友们的帮助下，转椰城（雅加达）就医，还是时好时坏，最后决定做胃切除手术。1950年2月3日开刀，到3月出院。至此，这个折磨了他几十年的胃病，才算得到根治。

在他治病期间，他的祖国发生了翻天覆地的变化，1949年10月1日，中华人民共和国成立了。古老的中国以全新的姿态，屹立在世界的东方。

1950年8月，当巴人作为中华人民共和国驻印度尼西亚特命全权大使来到雅加达时，他们又相见了。杨骚给这位老朋友新大使留下这样的印象："我看出他的变化：第一，胃病由于割治，已经好了，他的身体健康得多了。第二，人更现实了，虽然还是沉默寡言的。而他对于祖国的一切新措施，总时时表现出抑不住的兴奋。"

1950年4月，杨骚应邀到《生活报》工作，编副刊《笔谈》，《生活报》是一家华侨爱国民主报纸。1951年总编辑王纪元被捕驱逐出境。杨骚继任总编辑兼副社长。在这里，他再一次与老朋友楚云共事。

1950 年初，中国与印尼建交后，雅加达的华侨分为两派，各同乡会馆、慈善团体、华语学校，都为拥护中华人民共和国的一派人所掌握。另一派却占有中华会馆，由"快乐世界"娱乐场的亲台湾国民党的商人所支持。两派斗争相当激烈，加上国民党文化特务的造谣惑众，斗争显现出极为复杂的局面。在这复杂的斗争中，《生活报》旗帜鲜明地支持新中国，宣传新中国，不断揭露反动派的各种宣传阴谋，表现出可贵的爱国精神和斗争精神，受到广大华侨的热烈欢迎。

杨骚以极大的热情投入《生活报》的工作，每天早上带着饭盒到报馆，写稿，编稿，审稿，报纸出版后，就在报馆内，吃带来的冷饭当午餐。他的饭量越来越少，身体也见虚弱，总是咳嗽。但他似乎把自己身体给忘记了。2 月 10 日，杨骚在给养女杨雪珍（红豆）的信中这样写道：

"你应该好好学习，求进步，最要紧的是不要读死书，应该参加各种可能和合理的实际活动。目前祖国已经完全改观，家乡也正在实行土改，一切的一切都在革新迈进。你应该加倍努力，才不会落在时代的后面，变成对人民对国家没有用的多余分子。这是杨骚对后代的勉励，也是对自己的勉励。他正在尽努力，不让自己落在时代的后面。

印尼当局右倾，进步人士的安全受到威胁。不时有一些不三不四的人在杨骚的家门口走动。有几次，他们窜进家门，而杨骚却从后门走脱了。8 月 16 日，印尼政府大举捕人，杨骚事先得到消息，得以幸免。由于环境恶劣，他在朋友的掩护下，躲藏了四个月，一直到年底，才又回到《生活报》。在紧张和危险之中，杨骚的第二个儿子出生，这个儿子后来继承了父亲的事业。

在《生活报》工作期间，杨骚写了大量的社论、评论、杂谈。

从这些文章中，我们看到诗人的另一个侧面：政论家的风采。

九、回 返 中 国

1952 年 11 月 8 日，《南方日报》发表杨骚的《短歌三首》：

《为庆祝十月革命三十五周年而作》
劳动使猿猴变成了人，
十月革命使人看到了光明。
歌颂吧，劳动！
歌颂吧，十月革命！
劳动创造了人类的一切，
十月革命使一切为着人。
歌颂吧，劳动！
歌颂吧，十月革命！
十月革命以前劳动者不被当人看待，
十月革命以后劳动成为神圣和光荣。
劳动吧，不停地劳动！
劳动吧，为了更美好的将来！

这是杨骚给祖国的见面礼。

这首诗热情澎湃，真切感人。这可以看成是杨骚心迹的表白，"劳动吧，不停地劳动！劳动吧，为了更美好的将来！"杨骚回到祖国来，正是为了"劳动"。"他想在文艺界重整旗鼓，真正写出一些他所想写的东西来。"——他的老朋友巴人是了解他的，是的，他所能从事劳动的，就是手中的笔，这笔，以前，曾经是他倾诉苦闷的传声筒；以后，又是他为人民、为民族解放向黑暗势力抗争的武器；如今，在新中国，他要使它成为创造美好未来的劳动工具。

1952 年 9 月 25 日，杨骚举家离开雅加达回国。11 月 7 日到广州，结束了他长达十一年的南洋之旅。

（本文是摘选和整理自作者著《杨骚传》，福州：海峡文艺出版社，1998。）

旅行，到赤道之下

——刘呐鸥《赤道下》中的"南洋"解读

南治国

一、小说中的游记结构：一种方法论

文学在其形成之初，就和旅程密切相关。此种情势，中外皆然。在中国，先秦神话中"夸父逐日""精卫填海""嫦娥奔月"等故事中便有显见的旅程；而在国外，无论是《荷马史诗》《古希腊罗马神话故事》《一千零一夜》还是《圣经》故事，其间旅程的形式，长长短短，林林总总，让人目不暇接。至于小说和旅程的关系，则更密切。西方早期小说，如《小癞子》《堂吉诃德》《鲁滨逊漂流记》，莫不以主人公的游历为主线，展开小说的情节；在中国，早期的小说，如录于《隋书·经籍志》中的《燕丹子》《汉武洞冥记》，再到稍后魏晋时期的《拾遗记》等[①]亦多以复仇、求仙、遇仙的游历为线索。再往后，在《西游记》《镜花缘》《老残

---

① 《燕丹子》，记述燕太子丹入秦为质，因秦王无礼，设法归燕后，罗致勇士，以期报复。后得荆轲，三年厚遇。荆轲决心入秦谋刺秦王，以死相报。太子丹在易水为荆轲送行。荆轲至秦，获秦王信任，关键时刻却因轻敌而功亏一篑。《汉武洞冥记》虽有很多的神异成分，但很多的情节远及遐方远国，以各国来贡或武帝求仙为线索展开，读者可遭遇许多的域外奇闻，眼界大开。《拾遗记》中的记述多以求仙、遇仙为线索，其中不少故事，如采药人入洞遇仙女的故事，为其后的"历代词人，取材不竭"。见王枝忠《汉魏六朝小说史》，杭州：浙江古籍出版社，1997年，第52—55、34—37、96—103页。

游记》等很多小说中，旅程的出现不仅是小说情节的需要，而且
对小说主题的深化也颇多助益。此种情形，在西方小说中表现得
更为突出，如班扬（J. Bunyan）的《天路历程》、但丁（Dante
Alighieri）的《神曲》、康拉德（Joseph Conrad）的《黑暗的心》
等等，这些小说中的旅途不仅是主人公的实际游踪，更是一种象
征意义上的精神历程。

对中国文学中"旅程"的象征意义的探讨，20世纪70年代
就有张汉良、陈炳良、侯建、黄德伟、白保罗（Frederic P.
Brandouer）、容世诚、许素兰等学者采用西方的文学理论，如启
悟理论（initiation）、神话（myth）和原型批评（archetypal
pattern）理论以及结构主义理论等来研究中国小说。① 这些学者研
究的主旨是用西方文艺理论来阐释中国文学作品，但有意或无意
中涉及小说中"旅程"的象征意义。如白保罗在《〈西游补〉作为
中国小说的制造神话的范例》一文中就沿用美国学者坎贝尔

---

① 这些学者的论文及其出处如下：白保罗《〈西游补〉作为中国小说的制造神话
的范例》，载《淡江评论》第6卷第1期（1975年）；张汉良《〈杨林〉故事系列的原型
结构》，载《中外文学》第3卷第11期（1976年）；侯建《三宝太监西洋记通俗演
义——一个方法的实验》，载《中外文学》第2卷第1期（1973年），这也是一篇运用
原型理论研究中国小说的论文；陈炳良、黄德伟《张爱玲短篇小说中的"启悟"主
题》，载《中外文学》第11卷第2期（1982年7月）；容世诚《度脱剧的原型分析——
启悟理论的应用》，见其论文集《戏曲人类学初探》，台北：麦田出版，1997年；许素
兰《由〈红楼梦〉之神话原型看贾宝玉的历幻完劫》，载《中外文学》5卷第3期
（1976年8月），这篇论文主要用"下凡投胎"的神话原型来分析贾宝玉"以真实的生
命去经验一切红尘万象，而后悟得世象之幻"的"启悟"之旅。此外，香港学者也斯
的随笔集《香港文化空间与文学》，香港：青文书屋，1996年，收有"旅程与文学"一
文，讨论旅行和文学的关系，尤其提到了德国的"成长小说"，但基本上没有谈及中国
的游记和小说。台湾《中外文学》杂志第304期（1997年9月）及第324期（1999年
5月）以"离与返的辩证：旅行文学与评论"为主题出了特刊，共收有9篇论文，涉及
游记与小说关系的有5篇，但这9篇论文中没有一篇论及中国的作家和作品。

（Joseph Campbell）的"单一神话"（monomyth）这一神话原型的基本结构——即一个英雄开始冒险、得到领悟、返回原地并施惠于人——来分析《西游记》的结构和情节，但他同时也指出孙悟空的旅程可视为一种象征，即关于人类对遭遇现实所做出的普遍反映和人类不断寻求其中意义而付出的种种努力的象征。① 张汉良用结构主义的方法来观照《杨林》和三篇唐传奇的结构，即"心愿未偿的主角由向导带领，穿门进入另一世界，在此他与名门闺秀结婚，得成功名，并持有某种人生观返回原来的世界"，包含着"追寻"（quest）和"领悟"（initiation）的母题。此外，陈炳良、黄德伟在《张爱玲短篇小说中的"启悟"主题》一文中详细地分析了张爱玲小说中的女性如何经过种种历练后获得"启悟"，最后走向自我发现（self-discovery）；② 容世诚在《度脱剧的原型分析——启悟理论的应用》一文，运用人类学中"启悟"（initiation）理论来分析中国古典戏曲"度脱剧"中的"启悟旅程"，即被度脱者在度脱者的启导下历经试炼的过程，指出它既是实际意义上的度脱之旅，同时也是具有较强象征意蕴（甚至还包

---

① 白保罗《〈西游补〉作为中国小说的制造神话的范例》，载《淡江评论》第6卷第1期（1975年），第83页。

② 如对张爱玲的《沉香屑——第一炉香》的分析，作者认为小说女主角葛薇龙经历的是马尔克斯所说的"未完成的启悟"，因为她在经历启悟过程后，对未来还是茫然。她为了要在香港完成学业，决心向地狱闯一闯。她带点"惘然"的感觉走进了姑妈的"古代的皇陵"。在进去之时遇着了两个婢女和一群狗，这就是"门槛侍卫"（guardian of threshold）和守在地狱门口的恶狗。进去后，她的姑妈梁太太就成了她的引诱者（temptress）。张爱玲把梁太太比作蛇，这条蛇就把这个天真的夏娃引诱到罪恶的方面去。葛薇龙接着走入一个"无人之境"（land of unknown），经历一个黑夜的旅程（night journey），经过两次考验，达至自我发现，最后通过象征的死亡（symbolic death），她还得继续适应新的生活。这就是陈炳良、黄德伟运用"启悟"的理论对葛薇龙的旅程的分析，非常精彩。

括宗教和神话色彩）的度脱之旅。①

对于"旅行者的叙事功能"，陈平原在《中国小说叙事模式的转变》（上海：上海人民出版社，1989）和《二十世纪中国小说史》（北京：北京大学出版社，1997）两书中探讨了游记与民初"新小说"的关系，指出"引游记入小说"而带来的小说叙事等诸多方面的改变。

同这些学者略微不同，新马学者王润华对小说中的游记结构的研究是有着明晰的方法论的意识。王润华读了 Warner G. Rice 主编的《文学：作为一种游记结构》，开始有意识地研究中国现代小说中的旅程及其叙事功能。② 在《探索病态社会与黑暗灵魂之旅：鲁迅小说中游记结构研究》中，王润华详细地分析了鲁迅小说集《呐喊》《彷徨》中的三类游记结构的叙事模式和表现特征。值得注意的是，他并不止于此，他认为这种种实际的游历还始终对应着种种精神上的历程，亦即心路历程，因而鲁迅小说中主人公实地的旅程也是"探索病态社会与黑暗灵魂之旅"。③

在另一篇论文《〈骆驼祥子〉中〈黑暗的心〉的结构》中，王润华教授指出在《黑暗的心》中：

----

① 比如容世诚对《黄粱梦》中吕洞宾"舍离——启悟——回归——超升"的启悟之旅的分析就非常精彩：……所谓"从梦中醒来"有两种意思，一方面表示吕洞宾真实的从睡梦中醒来，这是情节上的表面意义；另一方面，既然"人生如梦"，实际的人生和虚幻的梦境是这样不容易分辨，从梦境醒来亦暗示了对实际人生的醒悟和了解，因此有了"清醒"和"醒悟"的两层意义。一方面是指从虚幻的梦境回到现实世界，而更重要的是指在实际的人生中，从迷惘和无知中醒悟过来，深一层的认识到人生的真义……（见该书第 235 页）这是对戏曲中主要人物的"启悟"之旅的分析，但其理据和方法，对笔者探讨小说中的旅程之"真义"颇有启发。

② 王润华《探索病态社会与黑暗灵魂之旅：鲁迅小说中游记结构研究》，见王润华《鲁迅小说新论》，台北：东大图书公司，1992 年，第 69—75 页。

③ 同上，第 83—85 页。

马罗的刚果——非洲黑暗心脏之行，有更深入的象征意义。马罗进入的不但在地理上是当时还落后、原始的黑暗大陆的心脏，同时也是人类黑暗的心灵。"这是康拉德走向自我内心最漫长的旅程"。马罗的旅程像噩梦一般，愈向黑暗大陆挺进，就发现更多人心是黑暗的……①

同样，王润华认为在《骆驼祥子》中也有类似走向人类内心（self-discovery）的旅程结构：

祥子从以朴实勤劳为道德标准的乡村来到北平这个大城市，为的是追求一部以为可以致富的洋车。祥子追寻洋车的旅程也有三个重要的站。第一站是人和车厂，被剥削的劳工聚集地；第二站是婚后与虎妞居住的大杂院，北平最低下的贫民窟；第三站是白房子，即北平最低贱的妓院。每一站，每个人及其社会的道德都愈来愈可怕。像白房子，便是象征中国社会的最黑暗和最肮脏的地方，也是人类心灵堕落的象征。②

具体分析小说中的游记结构，并将小说中人物的实地旅程上升到一种具有象征意味的精神历程，这是王润华教授在中国文学研究方面引入的一个重要的研究手段和研究视域，虽然他的"游记结构"的概念和一些理论均借益于西方学者，但其研究视角和理念，为中国现代小说中的"旅程"的研究提供了理论和方法论

---

① 王润华《〈骆驼祥子〉中〈黑暗的心〉的结构》，见王润华《老舍小说新论》，上海：学林出版社，1995年，第142页。

② 同上，第134页。

上的有益嘗試和成功經驗。

二、《赤道下》中的南洋之旅

作為 20 世紀 30 年代中國新感覺派的代表作家，劉吶鷗和穆時英、施蟄存等表現都市光色、節奏和都市人及時行樂生活的新感覺派小說是現代文壇上革命和左翼主潮外炫目的別支，在當時和現在都不乏讀者，也不乏研究者。

《赤道下》在劉吶鷗的小說創作中算得上異數，因為它雖然也描寫都市男女的生活，但小說的背景不在都市，全然沒有"集群和城市之光的誘惑"①。相反，小說是發生在一個幾乎沒有開化、居住著土著人的南洋熱帶小島上，主要人物也只是一對都市男女和兩個土著兄妹。如果把《赤道下》同中國現代作家所創作的其他南洋題材小說作比照，我們也很容易看出其特殊性，即劉吶鷗的《赤道下》中有一種特別的、基於南洋想象的、純然的精神迷失主題。而這一主題的揭示，和小說中的遊記結構緊密相關。

《赤道下》中的主人公"我"和珍，是一對生活在都市的夫妻，是艾蕪在《漂泊雜記》中所描述的來南洋度假的那類遊客——他們是"從新加坡或是吉隆坡來的西裝旅客，挽著穿旗袍的年輕伴侶，總不時帶著巴黎的香水和南國的海風"②。他們原本生活在"噪音和塵埃的城裡"，現在則"浸透在這碧海上的美玉般的小島的風光裡了"③。這是一次都市人的放逐自然、聊以放鬆的

---

① 劉吶鷗《赤道下》，見錢乃榮主編《20 世紀中國短篇小說選集》，第 2 卷（1920—1939），上海：上海大學出版社，2000 年，第 418 頁。

② 艾蕪：《漂泊雜記》，昆明：雲南人民出版社，1982 年，第 159 頁。

③ 劉吶鷗：《赤道下》，見錢乃榮主編《20 世紀中國短篇小說選集》，第 2 卷（1920—1939），上海：上海大學出版社，2000 年，第 417 頁。

旅行。

小说的场域是赤道下一个风景优美的海岛，阳光特别明媚，早晨有海鸥的歌唱，窗外是蝴蝶翻飞。我和珍住在林间的bungalow^①里，穿过椰林，便是辽阔的海滩：

> 这里是岛上最美丽的一个地点。从两三个启罗米突^②的那面尖角上的小港起一直到这里的一片的椰林所怀抱的是一框碧绿的油水。这框水和蓝的天，白的砂均在那红脸的太阳伯伯的微笑下闪烁着。有时由水平线的那面浮出一两朵鳞云来时那是更能描出一幅考甘（注：现通译为高更）的土俗的油画的。^③

开始的几天里，我和珍像初恋的情人般融化在俩人世界里。这是都市生活的一种余绪——但热带的海岛已经让我感觉到了变化，我和珍之间的感情从未如此热烈。在岛上，我和珍的主要活动就是放松身心，在热带海滩上晒晒太阳，在热带雨林中放纵情欲。唯一的特别活动是参观了原始部落，那里圆木造的平房，原始的纺织机和大芭叶的风扇"均给我们奇异的感觉"；而部落里的人，工作的工作，玩的玩，"全体现的是一个极乐土"^④；最让我们难以置信的是，男女之间，并不懂什么爱情，唯有性欲而已。

我和珍在岛上的同伴是两土著兄妹：非珞和莱茄。他们有饱

① 原文是英文，bungalow 是一种单层的度假小屋。
② 这是英文 kilometer 的音译。Kilometer，是"公里"的意思。
③ 刘呐鸥：《赤道下》，见钱乃荣主编《20 世纪中国短篇小说选集》，第 2 卷（1920—1939），上海：上海大学出版社，2000 年，第 417—418 页。
④ 同上，第 420 页。

满黑泽的肌肤，强健整齐的骨骼。他俩是朋友介绍来陪我们的，我们相处得还不错。一个月的时间"在阳光的闪烁里和轻风的呼啸里过去了"①，珍不仅有了黑泽的肤色，而且还跟土人学会了用眼光和动作来进行沟通，我也改掉了先前在城里的一些不好的习惯，情绪也较以前轻松。然而，就在这时候，变化慢慢地现出端倪来：

> 可是近几天来，珍对于我的感情却似乎有了点变化。我觉得她好像又将从我的怀抱里溜出去。……我看见她的眼底里时常发着异样的光线，又从她那晒黑了的皮肤反味到了我从来所未曾味过的土人的气味。……我终日只看见她半裸的上体，并闻赤足上的环铃叮叮地响，……我虽觉得她可爱，但一方面怕她心里离开了我。②

接下来的情形是，珍在一间破屋里赤条条地投入了非珞黑泽的怀抱，而我也在狂奔的无意识之中搂住了莱茄"淡堇色的细体"，感觉到了她的温柔、服从和爱。一切似乎是失控，一切又似乎是必然：我和珍预感会发生的、我和珍担心会发生而潜意识里又期待着发生的……，总之，该发生的一切，终于发生了。

三天后，我和珍决定结束这次旅行，离开这个让我们迷失的海岛，离开赤道，而站在岸上给我们送行的，就是那两位有着黑泽皮肤的异邦土著兄妹——非珞和莱茄。

---

① 刘呐鸥：《赤道下》，见钱乃荣主编《20 世纪中国短篇小说选集》，第 2 卷（1920—1939），上海：上海大学出版社，2000 年，第 420 页。
② 同上，第 420—421 页。

三、旅程在《赤道下》中的特殊功能

在《赤道下》，旅程的采用同样给小说提供了一个特殊的环境。如果说《浓得化不开》（新加坡）中的南洋给廉枫提供了两种文化冲突的场域，那么，《赤道下》里的热带小岛给我和珍设置的则是一个归返原始生态和原初心态的迷园。正如韦勒克所言，小说中的环境不但影响着人物的性格，也在推动、左右着小说的情节走向。①《赤道中》迷园般的环境极大程度地决定了小说中我和珍的理性迷失，决定了小说中文明与蒙昧、理性和情欲不断冲突而终致失控的情节走向。小说《赤道下》的主题意义，便是在这个层面上得以彰显。

在他多数的都市题材小说里，刘呐鸥热衷描述都市文化的时尚特征，"写的多是时髦的热闹场：影戏院、赛马场、舞会、酒馆、霓虹灯、火车。声色犬马吞噬了人的理性，纸醉金迷搅动了人的情欲，"② 如他对夜总会的描述：

> 在这"探戈官"里的一切都在一种旋律的动摇中——男女的肢体，五彩的灯光，和光亮的酒杯，红绿的液体以及纤细的指头，石榴色的嘴唇，发焰的眼光。中央一片光滑的地板反映着四周的椅桌和人们的错杂的光景，使人觉得，好象入了魔宫一样，心神都在一种魔力的势力下。③

---

① 雷·韦勒克、奥·沃伦著，刘象愚等译：《文学原理》，北京：生活·读书·新知三联书店，1984年，第248—249页。

② 杨义：《中国现代 小说史》（第二卷），北京：人民文学出版社，1998年，第681页。

③ 刘呐鸥：《游戏》，见刘呐鸥《都市风景线》，上海：水沫书店，1930年。

杨义先生把刘呐鸥这种都市笔法表述为"语言紊乱，形象破碎，似醉汉挥拳，倾倒歪斜，闪烁摇晃，迅疾处不可以法度约束，飘忽处却可传达出声色迷离的韵味，"① 深得其味也。刘呐鸥的都市背景也有在异域的，如《热情之骨》中的对小说主人公比尔在巴黎的生活的描述：

> 然而在这几年间他到底得到了什么呢！他的精神不是依然饥饿着吗？虽然一踏进酒店，夜光杯里是充满着莱茵地方的美酒，台子上就有浓艳的女脚跳着癫痫性的却尔斯顿，结局听说往时一到冬天从附近的树林就有豺狼出来咬人的巴黎市的灰色的昙空，是他厌恶的。他仰慕着日光，仰慕着苍穹下的自由。即使这儿几年间所得到的一些象罩住赛纳河上的北方的水雾一般的印象和感觉一时消灭了去，他也是丝毫不感到怜惜的。②

这异域的都市展呈的同样是声色犬马的生活，同样是颓废病态的心理，与他描写上海的都市小说并无二致。和他的多数的都市小说不同，在小说《赤道下》里，刘呐鸥让小说的主人公旅行至一个原始宁静的海岛上，那里没有都市的喧嚣和光电，没有现代机械和速度，一切都是自然的、蒙初的。在那里，吞噬人性的不仅是源承于都市的性的放纵，而且更多的是热带迷园中原初的诱惑。

对热带的迷惑，香港作家黄康显曾有这样感性的表述：

---

① 杨义：《中国现代小说史》（第二卷），北京：人民文学出版社，1998年，第685页。

② 刘呐鸥：《热情之骨》，原载《熔炉》，1928年12月创刊号，后收入刘呐鸥《都市风景线》，上海：水沫书店，1930年。

……我骤然觉得自己被一些懒洋洋的热、一种碧绿、一片深蓝所包围了，我不想逃出来，亦无法逃出来，因为这是一种不知不觉的熏陶、沉醉、颓废，使你忘却一切，使你解脱一切，使你放弃一切，这就是热带的迷惑。①

热带的海是深蓝的，因为蓝中浮游着一种待蒸发的水气，使蓝中深藏着一种神秘；热带的土地是碧绿的，因为绿中散发出一种浓艳，使绿中闪耀着一种焰炽，甚至是热带的天空、云彩，都带有灼热的感觉：把你的思想、情绪，都融化掉。

……我找寻到的是一种颓废的美与浪漫，一种原始的自然。②

热带的风声与涛声，就是巫师的呓语，会令你迷失方向、记忆，迷失自己。③

在小说《赤道下》里，我和珍就是通过旅行，从都市来到了赤道之下的这样一个让人迷失的南洋海岛。在热带懒洋洋的热度中，在热带深蓝的海水里，浸淫于热带的风情与浪漫，沉迷于热带的神秘与想象，于不知不觉中，我和珍踏上了各自的精神迷失之旅。

四、南洋热带环境里的理性迷失之旅

很显然，借助《赤道下》中的南洋之旅，刘呐鸥成功地为其小说主人公安排了一个比《浓得化不开》（新加坡）中廉枫所经历

---

① 黄康显：《热带的诱惑》，香港：华汉文化事业公司，1988年，第3页。
② 同上，第4页。
③ 同上，第12页。

的南洋还要特殊的"主题化"空间——一个蛮荒的南洋热带海岛，
一座低等、原始、未开化的"迷园"。在这里，以我和珍为代表的
高等的都市文明遭遇了以非珞和莱茄为代表的南洋土著文明，并
难以置信地为土著文明所攻陷，我和珍因此心性迷失，不由自主
地成了热带环境的囚徒。都市人到南洋海岛休闲放松的假日之旅
结果变成了一次幻梦般的理性迷失之旅。

我和珍的理性迷失首先表现在肉欲的放纵。在小说的开始，
我和珍来到这岛上才几天，"我觉得我从未曾这么热勃勃地爱过
她，而她也似乎对于我的全身感觉了什么新鲜的食欲似的在她的
眼睛里"，我们感觉到"发现了我们自己"。尽管我们还都带着都
市生活的惯性，但热带的环境已经开始改变我们了。尤其是珍，
"她的肢腿和一切的动作上表明饱吃着我的爱情"①。这是热带环
境下性欲的唤起和勃发，也是都市中尚不可得的毫无遮挡、绝无
顾忌的性的放纵。热带的环境已经开始网住了我和珍，理性开始
迷失，而人性中原初的欲望亦狂野升腾。②

我和珍的理性的迷失其次表现为对土著文化的认同。不久后，
珍开始喜欢上了土著人堇色的皮肤，开始躺在阳光下，要让"赤
外线吃遍"她的全身，而先前在城里，她是非常担心皮肤会晒黑，
以致于在阳光下外出，"手里不敢稍离遮阳伞"。珍已经不介意做

---

① 刘呐鸥：《赤道下》，见钱乃荣主编《20世纪中国短篇小说选集》，第2卷
（1920—1939），上海：上海大学出版社，2000年，第417页。
② 在西方小说家中，反映在热带环境的致命诱惑下所谓的文明人不得不堕落的
经典作品是约瑟夫·康拉德的《黑暗的心》。康拉德始终怀疑有一个原始的、使人道德
败坏的"他者"蛰伏在欧洲白种人的内心，因而受热带非洲的原始的强力的赤裸裸的
诱惑，库尔兹一步一步走向堕落的渊薮。在格林汉姆·格林的小说《事物之心》（The
Heart of the Matter，1948）中，热带的非洲也被描写成无比黑暗的中心地，塞拉利昂成
了人类最卑琐下流一面的比喻，一个道德沦丧、精神颓废的地方，即使是正直高尚的
（白人）在这里也会受到腐蚀而堕落。相关论述详见 Elleke Boehmer, Colonial and
Postcolonial Literature，（New York：Oxford University Press，1995），pp. 61—64、第
163—165页。

一个土著的女人，开始裸露上体，而且希望我，她的丈夫，也做一个土人，"一个裸露的野蛮人"。我呢，也开始认为非珞和莱茄半裸的肌肤虽然是那么地赤棕，但这并不是种族上的缺陷，"我倒有点羡慕非珞那强健整齐的骨骼和那紧张的有黑泽的皮肤"。而搁在往日，在都市里，这堇色和黑泽让我联想到的可能是"体臭"，是"强大的肢"，是低级的"原始性"①。所谓的文明人和文明生活的标记已变得不再重要，文明人同原始人之间的分界亦渐次模糊，这是因为我们对土著文化和生活方式有了初步认同。换一个角度看，这是热带土著人及其生活方式开始对我和珍开始施放魅惑。

我们在岛上居留时间变长，我和珍越来越被土著文化所同化。珍有了一身黑泽的皮肤，开始学会了土著人的肢体语言，"眼底里时常发着异样的光线"，我甚至从她晒黑了的皮肤上嗅到了"土人的气味"②。而且她还象非珞兄妹一样，终日半裸着上体，赤足走路。非珞开始带着珍外出钓鱼，而珍则可以在非珞面前祖露酥胸，无丝毫的不自在。她和非珞之间开始有了亲近的交谈。我呢，则"做着幻觉和疑心的俘虏"，禁不住怀疑珍和非珞之间"有甚样牵连物"。莱茄也时时故意地让我注意到珍和非珞间的亲近。但对于莱茄，我也能接受她的"鬼鬼怪怪"，觉察到自己对于莱茄的魅力，"觉得这小妮子还算天真可爱"，并听任"她滚倒在我怀里"，暗想珍也能象莱茄一样那才好。③ 作为都市人的我和珍，在土著人非珞和莱茄兄妹的诱惑下，已然心迷情乱——尽管珍似乎有反悔的眼泪，我也觉得情势的发展是"可怕"的，但我们似乎都已

① 刘呐鸥《赤道下》，见钱乃荣主编《20 世纪中国短篇小说选集》，第 2 卷（1920—1939），上海：上海大学出版社，2000 年，第 419、423 页。

② 同上，第 420 页。

③ 同上，第 422 页。

成了环境的俘虏，正如黄康显所言，热带的风声与涛声，就是巫师的呓语，会令人迷失方向、记忆，迷失自己。①

最终的情形是，我和珍终于在这热带迷园里彻底迷失，都成了热带环境的囚徒，成为原初肉欲的俘虏。到了旅程的最后，尽管我和珍都不敢想象，更不能面对，但预感的事情还是发生了。在一阵南洋常有的疯狂的骤雨中，莱茄拉着我去找珍和非珞，我们终于在灌木林边发现了一处破落的小屋：

> 当我们走过那半倾颓的窗外时，闪光地映入我的眼底来的是什么呢？天呀！只有你晓得，我的心脏却是停止鼓动了。我只觉得一阵热气在我的全身一滚，我的眼就花了。一会儿我才发现我自己停脚老站在那破屋的门口头，好像要放声大哭，又似乎哭不出来。珍……赤……赤条条地——缩在一个黑的怀里……我是不是被自己的肉眼瞒着了呢！……没有，没有。猛的我转身飞也似的跑了。我只觉得雨脚打在我脸上跟我的眼泪一块儿流。我不知道我是在往那里走，只觉得两只脚，机械地，歪歪颠颠地乱动着。完了，一切完结了，仅仅只有这个意识似乎还占住我的脑袋里。②

珍，我的妻子，终于没能抵挡热带小岛上的魅惑，心甘情愿地投入了土人黑色的怀抱。我呢，当我在丛林边的草地上醒来时，雨已经停了：

---

① 黄康显：《热带的诱惑》，香港：华汉文化事业公司，1988年，第12页。
② 刘呐鸥：《赤道下》，见钱乃荣主编《20世纪中国短篇小说选集》，第2卷（1920—1939），上海：上海大学出版社，2000年，第424页。

我一展眼就看见莱茄一对眸子怜悯地望着我。我的后颈似乎枕在她柔软的大腿。这时的她，我觉得是我的天使，我唯一的对手。同时我觉得一种极难受的寂寞似乎由心底来袭击了我。我苦闷地战栗着，长久，长久，终于蛮猛地翻起身来搂住了她，并侮辱了这可爱的淡堇色的细体。这行为，这激情的来源我自己是不懂的。我只知道我心窝里有海一样深的孤独，而她是我这时唯一的对手。一切都在狂奔的无意识中经过了，但我相信她是那么温柔地，服从，爱我。①

在热带的丛林里，在赤道下，我和珍就这样一步一步地成为热带环境的囚徒，并逐渐为环境所吞噬，最终理性尽失，耽溺于黑色的原初欲望之中。的确，带着盐味的南来的风"把我们灌醉了"，但这赤道下的风，向我们体内封进的不只是充满活力的"健康"肤色和体魄，而且注入了我们对人类原初欲念和生活方式的短暂归返，以及对性与欲的耽溺沉迷。正是从这个意义上看，这次的赤道下的旅程，也正是一次身陷热带迷园，一步步远离现代文明常态生活，逐渐丧失理性，最终耽溺于情欲的精神迷失之旅。②

---

① 刘呐鸥：《赤道下》，见钱乃荣主编《20 世纪中国短篇小说选集》，第 2 卷（1920—1939），上海：上海大学出版社，2000 年，第 424—425 页。

② 英国小说家吉卜林有一个短篇《未到黎明》（False Dawn）在表现所谓的"文明人"在热带环境中不知不觉心性迷失的情形同刘呐鸥在《赤道下》的手法颇为近似。《未到黎明》描写的是在夏季炎热的印度进行的骑马郊游的社交仪式。因为天气太过炎热，这仪式改在晚间在月色下进行。热带的环境，加上夜色的朦胧，这似乎是一种怂恿，使情人的配对搞混了，求爱的规矩也大乱，事态不可思议的失控，以致于小说中的叙述者发出如此感叹："我还从没见过如此不合英国规矩的情状。"详见 Elleke Boehmer, *Colonial and Postcolonial Literature*,（New York：Oxford University Press, 1995），p. 69。

结　语

彭玉河可能是最早对《赤道下》进行批评的学者，而且他是站在南洋的立场，在南洋对这篇小说进行了批评。早在 1935 年，他在吉隆坡的《星洲日报》新年特刊上对刘呐鸥及其《赤道下》作了如下评论：

> 记得在《现代》杂志上，刘呐鸥先生有一篇《赤道下》，告诉我们有一个都市人携带了妻子到南洋某一块海滨的土人家里，妻子居然爱上了土人的黑肤，终于在一个暴风雨的时辰，娇妻赤条条的投到"土人"怀里去了。我们的"都市人"，却就在别离的忍受里，把妻子带回家去了。若估量这一篇的价值，也不过是告诉我们一种"变态恋爱心理"的形态吧了。①

彭玉河是从文学创作应该如何反映南洋社会的真实状况的角度来审视《赤道下》的，所以他的结论是《赤道下》反映的只是"变态恋爱心理"，在某种程度上，是刘呐鸥都市小说中畸形两性关系的余绪，根本就没有深入到南洋社会之中。但我们应该看到，虽然《赤道下》也有对性欲的描写，但这有别于都市男女纸醉金迷的情欲放纵。也许刘呐鸥自己也未曾意识到，他的《赤道下》在很大程度上暗合了西方作家，如康拉德、吉卜林等的对南洋、南美洲、非洲等热带丛林的书写。这些西方作家把热带的丛林视为文明人所不能摆脱的道德沦丧之地，最终都会为热带的环境所吞噬。艾勒克·博埃默在分析康拉德的作品时，曾精到地指出，

---

① 彭玉河：《南洋与文学》，原载《星洲日报》1935 年新年特刊，收入方修主编《马华文学大系》卷 1，新加坡：世界书局，1970 年，第 461—462 页。

"康拉德的笔下，无论在东方，在非洲，还是在《诺斯特罗莫》里所刻画的南美科斯达瓜那国的银矿里，阴郁的复仇之神总是尾随着主人公游荡，随时都会让他道德沦丧，或失去理性的控制。"①同康拉德《黑暗的心》中的马罗一样，刘呐鸥《赤道下》中的我和珍一样在热带的丛林中道德沦丧，失去理性。不同的是，最终我和珍选择了逃离，逃离这梦魇般的热带丛林，逃回到都市之中——因为只有这样，我们才能恢复理性，恢复为文明人。

探讨所谓文明的、商业化的都市同封闭的、相对落后的乡村生活的对立，一直是中国现代作家所关心的主题。他们常让作品中的主人公踏上旅程，往往是离开让他们四处碰壁而心力交瘁的都市而回返曾经给过他们美好记忆和精神慰藉的乡村。这些乡村之旅当然并非全然是温情快慰之旅，譬如，鲁迅小说中的主人公在鲁镇发现的是更深刻的理性，沈从文小说中的主人公在湘西体味到的是失却"乐园"的无奈和悲悯，但他们小说中的主人公绝没有《赤道下》中的"我"和珍的理性的迷失，相反，都市人往往能在相对原始的乡间疗治心灵的伤，并重新恢复为健康、健全的人。刘呐鸥把自己小说中的主人公送到更偏远、更蛮荒的南洋热带海岛上，揭示的却是现代人在热带的原始的环境里的精神迷失的主题，这大概可以视为他的小说创作的独异之处。同时，如果结合刘呐鸥、徐志摩、张资平等作家关于南洋的创作，我们应该能够看出中国现代作家的创作图像中的一种独特的南洋幻想，即对南洋的过分主观的"性幻想"。对此，我已另有论述，这里就按下不表。

（本文整理自作者的博士论文《中国现代作家的南洋之旅》，新加坡国立大学中文系，2005 年。）

---

① Elleke Boehmer, *Colonial and Postcolonial Literature*,（New York：Oxford University Press, 1995）, p. 90.

南下的五四水手停舟靠岸
星洲之后的足迹

周维介

四十年前我初涉五四新文学，拜读刘延陵（1894—1988）成名作《水手》，得悉他是新文学史上第一本诗刊的创办人之一兼主编，却不知这名背景特殊的诗人，居然早已千里南下，寄身弹丸之地的新加坡。得知他大隐于半岛南陲城邦，我已大学毕业多年，其时刘老岁庚耄耋，与文坛藕断丝连，偶有创作，或应文坛之邀，说点前尘旧事。

刘延陵一诗掷地，声名鹊起，《水手》其情之真与朴，令熟悉五四的读者无限缅怀。他渡海千里，南来后虽创作量少，但毕竟是五四新文学初阶一颗让人眼前一亮的诗星，加上新文学史上首册诗刊主编的光环，竟悄悄落户文学水草相对稀疏的新加坡，像园圃里意外添加了异卉奇葩，不免叫人流露无以名状的惊喜。

十多年前，潘正镭透露了把刘延陵在新加坡作品编辑成书的意念，邀我一同采集这位文学长者在南岛隐匿的文学花果，我虽应允却欠积极。当时姚紫文艺基金拨准了一千元钱赞助这项计划，由于疏懒，加上筹备出版过程中文稿两度遗失并游走国外的经历，耽搁多时，磕磕碰碰，才蹒跚走完编辑路程，让刘老在新加坡的文学风貌，有了一个比较清晰的显影。

　　刘延陵以 94 岁高龄辞世，在新加坡居住了 50 年。南下半个世纪，他低调努力应付生活，文学的光华虽不比青壮时绚丽，但也绝非乏善可陈。他的文学画卷，半壁留痕中国，半壁存迹星洲，把他在这两个时空的文学画景牵引接合，对他个人文学历程的研究，当有若干积极意义。

　　正镭与刘延陵关系的启动，属于 20 世纪 80 年代的情节。那时，《联合早报》董事经理黄锦西某日阅读香港《良友画报》，从郑子瑜的访谈文章中得知这名新诗前行者原来早已折柳南来，置身星洲，便建议副刊主任正镭走访一遭。这一次的采访，开点了他俩之间后来较为频密接触的文缘。1988 年 3 月与 11 月，《联合早报》副刊《文艺城》先后推出两个刘延陵专辑，《杨柳》一诗，正是刘老配合特辑而写的诗作绝响。他以《水手》成名，以《杨柳》告终，思念与离别，成了他创作旅程前始后终的遥望呼应。

　　刘延陵离世后，正镭多次拜访刘老家人，刘延陵夫人张淑英把刘老的剪稿簿交托，为刘老编选作品的念头于焉燃起。90 年代的某一天，正镭与我曾到珍珠坊的一间鞋店拜访刘张女士，她为我们提供了若干刘老的珍贵照片，这些难得的一手资料，为本书提供了极富价值的养料。在这个基础上，我们多方联系文化界的有心人，拾珠串连，尝试把刘老在南洋小岛的事迹缀点成面。原《新加坡月刊》主编黎达材博士与编辑赖美玉，为我们提供刘延陵在该刊写稿的信息，并代为查证，使他的作品编目更趋完整。国家图书馆两位敬业乐业的资深馆员刘连美与赖燕鸿，也积极协助我们求证若干关于刘老文稿的讯息。

　　刘延陵在新加坡的点滴生活，现成资料极度缺乏。即使他在中国的前 40 年岁月，也少有片鳞半爪。这缘于他不张扬的个性。已有的资料，也存在当事人因记忆老化而出现信息混乱的现象，尤其是年代的差误，至为明显，多少增加了判断的难度。这个缺陷，让我们兴起了整理一份刘延陵年表的念头——当然，这只是抛砖引玉，我们期待更多资料的浮现、更多的修正，以完善一则真实的文史章节。

诗人余光中说新诗，以为"五四初期的第一代诗人，诗艺青涩，诗思浅薄，《水手》这首小诗结构紧凑，语言清纯，意象不但生动而且对照鲜明，确是早期新诗最成熟、最完美的佳作之一"。这是文坛对刘老至诚的肯定与赞誉。刘延陵因《水手》负载盛名，他显然不为所动，南来后甘心做一株靠边的树，静默关心文学的前程。他在《新加坡月刊》发表多篇有关文学的论述，说明他创作已少，但对诗文今后的发展仍然牵挂心头。

五四那火热朝天的年代，刘老其实与文坛中人交往频繁，他也积极参与各种文学活动，绝非孤身隐市、不食人间烟火的骚客，因此，当他在文学巅峰状态下骤然消失人海，不免叫人纳闷。他在五四初期20年代交往的文坛名士叶绍钧、俞平伯、许杰诸人，都不知刘延陵在30年代早已买舟南下，落户星洲，待他们察觉，40个春秋已悄然度过。

刘延陵生性腼腆，少与他人交往，认识他的人多这么说。来新加坡之后，他曾与本土诗人柳北岸对门而居，但也接触不多。20世纪60年代刘老退休后，于1967年底至1969年间，在《新加坡月刊》定期写稿，不曾中断，甚至经常一期发表多稿，成为该刊的主要作者之一。为了多了解刘老的文艺踪迹，我与《新加坡月刊》主编黎达材聊起往事，得悉刘老当年是经《南洋商报》新闻从业员介绍而在该刊定期写稿，发表了不少有关新加坡的颂歌、译诗和文论。这段期间，他与主编的互动，极其有限。我始终觉得，刘老的这种转变，个性内向、身体染恙之外，可能还与文化心境有关。对一位背负重名的五四诗人，南飘文化景观平淡的殖民地，在时空落差的夹缝中，固有的意气风发都可能化为一缕轻烟。人生经历磨难，心湖会逐渐澄明起来，选择泊舟水岸，感受风轻云淡。

80 年代，本地作家孙爱玲打算撰写有关刘延陵的文章，曾向刘老提出访谈要求，细说 20 年代他与五四诸诗人合著诗集《雪朝》的始末，刘老回函婉拒，交代了他的想法，坦露了谦卑淡然的人生态度，可引为他落脚狮城的心情写照——他以人生后 50 年对读书与写作俱绝缘为由，"故世人久已忘其姓名，若在未有成就之前再露久埋之姓名，并非光荣。加以目前新诗之佳作远胜五四前后面市之篇章，今若重翻旧账，除可供谈助之外，亦徒显出早期学步之蹒跚耳"。他也曾书告郑子瑜："倘再以老朽逃兵之资格，不自量身份，而以祭酒自居，真要令人齿冷。"他愿意向前看，不眷恋栈昔日掌声。作为当年光环耀眼的前驱诗人，刘延陵的冷淡，其实更见性情。

翻阅刘老的 8 册剪稿簿与一束未发表的存稿，发黄的纸张无法掩盖他一丝不苟的生活作风——所有稿件都裁减整齐，循序端正张贴，封面则清楚注明年代。所存手稿，也透露了这种细心规矩的生活态度。他经常投稿后又再修稿寄交，因而出现一文多本的现象。他行事谨慎、用心细腻，在稿末落下个人资料时，会注明"红色身份证号码"之类字眼；他的投稿，总是抄写整齐，一笔一画，绝不含糊。有时文稿之前，郑重其事地附上"重要说明"，把想要向编者交代的事项清楚陈述。

刘延陵以诗享盛名，接触最频密的其实是翻译，这和他以翻译为业的志向有关。从在职到退休，70 年间他的译笔不曾歇过。刘老的英文造诣了得——翻译，是他年轻到年老耕耘不辍的一方文圃。他20余岁踏入社会，在几所学校教书，教的正是英文。知名五四诗人汪静之念中学时，刘延陵是他的英文老师。

刘延陵在20年代曾考取官费赴美国西雅图州立大学深造，念的是经济学。后来因病辍学返沪，他没放弃翻译工作，三几年间替商务印书馆译了几本书。1937年他南下马来亚，在吉隆坡居住两年，先后在两家报社上班，做的是电讯翻译。1939年他到新加坡，落户《星洲日报》，直到1942年沦陷为止，干的也是翻译活。战后，刘延陵在英国广播公司与广告社工作，持续在这条线上游走。他工余的文字活，以翻译为主。从30年代南来到60年代退休，他的创作量极少，因脑疾纠缠与生活逼人之故。退休以后，他重新执笔，为《南洋商报》《星洲日报》《星期六周报》与《新加坡月刊》等报章杂志写稿，翻译依然是主线。

作家郭四海忆述，1967年左右他曾与秦林联袂到市区直落亚逸（Telok Ayer）一带拜访刘延陵，那时他在骑楼下摆着一张桌子，专门替人翻译文件。他描述，刘老当时穿着整齐的长袖衣裤，温文尔雅地与他们交谈，摊上摆着牌子，上书他所提供的翻译服务，包括英文、中文和法文。那个时候，刘老已经退休，仍然平实地摆摊译文，所为何事，他不曾向人透露，也许为了生活，也许这是他消遣时间的方式。

对我而言，刘老在新加坡的生活是"神秘"的。整理资料过程中，读他的《大半生之痛史》，感慨刘老南来后，极少涉步文艺，原来是他在风华正茂的二十年代遭遇脑疾的缘故。文章透露了那些年他寻医服药的苦楚，以及脑疾对他长期生活的影响，但他的文字里，始终未言及脑疾成因。某日，我阅读刘延陵的学生汪静之1993年所做《回忆刘延陵师》一文，有如下叙述："刘老师一次在（上海的）电车上，看见师母在马路边上走，刘老师就跳下电车，没有站稳，仰面倒在地上，后脑着地，结果脑震荡了。以后仍能教书，写文章就困难了。刘老师真是不幸。"这段文字，引我联想刘老数十年为脑疾所累的情节，是否与此生活片断关联。果真如此，这段人生遭遇，便抹上若干"浪漫"的色彩了。

刘延陵《水手》一诗，曾被年轻音乐人叶少坚谱成歌。编辑本书的过程中，我们渴望觅得这份 20 多年前的歌谱，然而我们这群当初热情有余的文艺青年，早已年过半百，记忆的流逝，使挖掘工作添上种种麻烦，几度翻箱倒箧，并无所获。所幸下版之前，正镭决意一搏，再次来回翻找，总算让此诗简谱自故纸堆中重见天日，《水手》的诗曲便有了传承的活路。

《水手》谱歌，与 1986 年我们数人游走东瀛的闲聊瞎扯有关。那回在郊野的车程中，不经意提及古战场和《诗经》的七月流火，一时兴起，便有了推出另一场诗乐演唱会《七月流火》的构想。回来后，拉拉扯扯，半年过去，正镭建议把刘延陵的《水手》一诗谱曲，纳入演唱会的曲目中去，也是对新诗前行者表达的一份敬意。叶少坚后来把《水手》嵌上音符，并在 1987 年中的演唱会上亲自弹唱，便有了 93 岁诗人与 20 余岁歌者的心灵相逢。刘老那时年事已高，没到现场聆听《水手》的旋律，与他当年的心境，是相通，还是想背。我们那时年少轻率，事后没把演唱会带子给刘老送上，如今回想，只留遗憾。世事如白云苍狗，《水手》诗做于 1922 年，曲成于 1987 年，其中空间差距数千公里，时间相去65 个寒暑，而诗人已仙游 23 载，一程山水一程歌，那诗那曲，那精神移植的杨柳，躺在平面的纸上，该会在有心人心中立体起来。

磨蹭 10 年，刘延陵新加坡作品选集姗姗来迟，终于面市。汗颜之际，得感谢姚紫文艺基金负责人吴俊刚先生为基金赞助出版的最后一本书作序；感谢林得楠，为本书最后阶段的排版作业冲锋陷阵；更感谢这些年刘延陵夫人张淑英及其幼女刘伍芳拔刀相助，提供一手资料，让南下的五四水手停舟靠岸之后的足迹，得以留下。

2011 年 8 月 12 日

　　（本篇原名《编后小札》，为周维介与潘正镭编的《折柳南来的诗人：刘延陵新加坡作品选集》，新加坡：大家出版社，2011 年。）

在边缘化中流长：越南语境下上海文学的生存

阮秋贤

越南对中国现当代文学的译介大概有一百年的历史。这个历史体现着越南文坛对中国现当代文学的观察视角。通过这个视角，我们所看到的是中国现当代文学中某种文学现象在越南文坛上产生如何的影响并且获得什么样的意义。

笔者不曾想过会用"上海文学"这个概念作为切入点去研究中国现当代文学在越南的相关问题，因为这个概念比较陌生于越南学术环境。这也反映出一个事实，地域性文学往往对某个国家文学内部呈现出其需要性，而对于国外文化环境来讲，民族与民族之间的异同才能引起广大读者的注目。然而，笔者却发现"上海文学"正是一个非常有意思的视角让我们重新观察并为种种中国现当代文学现象在越南提出更丰富的理解。尽管这一主题不太能引起越南学术界的兴趣，或更准确的讲，那并不是活跃在越南的学者们需要考虑到的话题，然而在更广大的跨国界的学术空间，这也许会做出一定意义。

在这篇文章里，笔者比较偏重于"上海文学"这个概念的使用。在中国的学术环境中，"海派文学"概念比"上海文学"概念更为普遍，甚至成为重要的研究领域。从沈从文在 1933 年发表的

245

《文学者的态度》一文开始到现在，海派文学的概念内涵及其特征有了不少争议，目前也尚未获得共同的理解，新时代要如何定义"海派文学"仍然是中国学术界的重要话题。

中国学术界对"海派文学"的长期讨论内容及研究动态完全没有被反映到越南文坛上。越南语境里只有上海文学作品通过译介渠道而获得存在，目前一些作品也被越南研究者注意到并进行探索但几乎没有人把它们看是海派文学代表来讨论。因此，笔者认为，"上海文学"还是更好的名称选择，适合用于越南学术语境中。在这篇文章里，笔者用广义上的"上海文学"概念，其内涵指的是所有活跃在上海的作家所创作的文学作品。

那么通过"上海文学"这一视角观察其在越南的生存状态，我们却发现从鸳鸯蝴蝶派开山之祖的徐枕亚，到30年代的茅盾、巴金，再到40年代的钱钟书、张爱玲，50年代的周而复以及20世纪末重要作家的王安忆、金宇澄和新生代作家的卫慧、韩寒、郭敬明等作家的作品都译介在越南。尽管作品的数量并不多但是上海文学成果在整个越南对中国现当代文学的接受史中似乎一直没有缺席。本论文将这些现象放在越南接受史中来讨论上海文学的生存状态并希望从越南文化特征及文学接受习惯来阐释上海文学在越南的生存意义。

论文将集中讨论三大问题，具体为（1）上海文学目前在越南译介的全景概况；（2）上海文学在越南译介过程中如何失去其地域性特征并被理解为其他文学范畴的一部分；（3）上海文学尽管不断被边缘化但这同样是它在越南长期存在的理由。

在考察上海文学在越南的生存状态之前，笔者必须先说明一个问题，即笔者将把上海文学的译介研究放在一个文学接受史的框架来讨论。这个框架是越南对20世纪中国文学的接受史。该接受史曾经在笔者的专著《译介的话语：20世纪中国文学在越南》得以具体讨论。笔者认为，陪伴着中国文学的发展，在越南总有另外一个中国文学体系与之同行。以20世纪以来作为时间范围，一直有一个"独立存在于中国20世纪文学史的'开放性整体'的越南接受史……这个独立体经过一百年文学接受的历史后，一方面不断体现各个中国文学时间的变化作为自己的发展，另一方面又自身形成了某种内在的规律，即所谓的接受传统……这个传统直接影响到越南翻译者对中国文学作品的译介，也决定了文学作品对当地文学所产生的影响程度。对这个传统的观察也有助于解释在越南文坛上某种中国当下文学现象为何引起关注的原因"。[①]

中国文学（包括20世纪文学在内）从20世纪初开始，是以一种全新的外国文学身份而出现在越南。这一身份的改变首先来源于，汉字在越南文学创作中失去了它的地位，并且被另外一种来自于西方形式的语言，即越南国语字所取代。20世纪以前，汉字在很长时间内就是越南的书面语言，大部分成文文学是用汉字来写作。13—15世纪，出现一种能够记录口头语言的新文字。这种新文字由汉字演变而来，叫"喃字"，越南学者称之为"国音"。从那时开始，越南成文文学就有两种：汉字文学和喃字文学。到19世纪，法国对越南进行军事侵略之后，拉丁化的越南语文字开始被普及、推广以及正式使用，这种文字当时叫作"国语字"或简称"国语"。1919年，法国重新制定越南

---

① 阮秋贤：《译介的话语：20世纪中国文学在越南》，台北：华艺学术出版社，2019年版，第5页。

的教育制度，将原有的科举制度废除，把国语字定为越南的正式文字。越南科举制度被以国语字为主的现代考试形式所取代，意味着汉字在越南完成了自己的历史使命。于此之后，在接受现代教育的新一代越南人眼里，汉字已然成为一种外来的文字，同时，国语字在生活中和在文学创作中都取代了汉字和喃字的地位。中国文学在 1919 年以后也因此而取得外国文学的全新身份。

越南对 20 世纪中国文学的接受史，基本上划分为三个大时期。这三大时期因为种种原因而其之间有相当明显的时间中断。第一个时期发生在 20 世纪二三十年代。隔了十多年后，20 世纪中国文学进入了另外一个译介与接受的阶段，即从 40 年代到 60 年代。又经过大概十多年的时间，越南和中国因外交关系的不协调而导致在文学关系的交流上的中止，直到 90 年代初才恢复正常的关系。1990 年后是该文学史接受的第三个译介时期。这三大时期之间除了翻译出版的时间上有了一定距离之外，每个时期还明显体现出越南文坛对中国文学的互不相同的译介与接受观念。

上海文学就在那样的文学接受史框架以及文化环境里来获得译介生命的，所以在考察之前，这一切先为读者交代清楚。

一、上海文学在越南的译介全景

正像上面略略点名过，鸳鸯蝴蝶派开山之祖的徐枕亚可以说是上海文学的第一位作家被译介到越南。徐枕亚甚至在整个越南接受史中占有重要地位，正是 20 世纪中国文学在越南译介的开端。在越南 20 世纪 20 年代可以说是"徐枕亚译介时代"。从 1923

年 11 月至 1924 年 6 月，徐枕亚的《雪鸿泪史》在越南《南风杂志》① 第 77 期至 84 期上连载。从笔者所掌握的资料范围来看，这是徐枕亚的小说第一次被正式译介在越南。

以徐枕亚为作者的小说译本共有 10 部，其中可以确切地指出有 6 部作品是徐枕亚所创作的，分别为 1923 年《血鸿泪史》；1924 年《自由鉴》；1927 年《余之妻》；1927 年《刻骨相思记》有两个译本；1928 年《玉梨魂》有两个译本；1928 年《让婿记》（越南文书名为《梨娘之梦》）。

其他 4 部作品的具体情况为：（1）1925 年，《花之魂》由青年书馆出版，陈俊凯翻译。这部译作没有提供汉文或汉越音书名所以无法找出其原著，作品名称为笔者根据越南文书名的意义翻译而来。（2）《情海风波》的出版时间是 1927 年由日南书社出版单行本，翻译者同是阮子超。译本的封面上没有标上汉越音及汉文书名。关于这部作品是否是徐枕亚所写，由于资料的限制，目前较难确定作品的真正作者。（3）《芙蓉娘》1928 年日南书馆出版，翻译者是阮子超，越南文书名是《侠影花魂》。经考察，这部作品是吴绮缘的创作，徐枕亚只是评校者。（4）1928 年，新民书馆出版了一本以徐枕亚为作者的小说。根据翻译者所提供的汉越音书名，推出小说汉文书名是《双妻记》。翻译者是奇袁。但目前尚未找到这部作品的原著。总之，从现存译本的情况来讲，徐枕亚小

---

① 《南风杂志》，越南 20 世纪初期的重要刊物之一。它对越南国语字的书面化完善以及越南现代文学的形成有着非常重要的贡献。这份刊物虽然当时都由法国保护政府来赞助，但主位置都由越南知识分子来承担，从表面上是传播统治者思想的工具，但主编者都尽量采取委婉的方式来坚持他们的目标，即在传播与接受西方和东方文化的基础上建立着带有本国特色的学术与文化。在这份刊物上大量地翻译和介绍有关西方和中国的哲学、思想、文化、文学等，当时聚集了一大批有才华的知识分子来参与国学、国文的建设工作。《南风杂志》创刊于 1917 年 7 月 1 日，至 1934 年 12 月 16 日停刊，共有 210 期，是当时存在的时间最长的一份刊物。《南风杂志》同时出版三个不同语言的版本，即国语字、汉字和法语字。

说在越南的译介是发生在 1923 年至 1928 年，出版地主要是在河内。

　　40 年代到 60 年代是越南对 20 世纪中国文学的第二个译介与接受阶段。从对整个时期的译介情况来看，在 1950 年后，越南文坛对中国文学的译介基本上发生变化，从 1950 年之前主要以文学欣赏作为译介立场转向 1950 年之后以文学为政治意识形态服务为主要译介观念。1950 年开始，体现毛泽东文艺方针的文学作品纷纷被译介到越南。在同一年，越南和中国建交。1955 年，由邓台梅①带领的越南作家代表团访问中国，这一文化事件意味着越南和中国文化交流日益密切的开始。此后的十年里，大量中国文学作品被译介到越南，成为越南对 20 世纪文学接受史中最繁荣的时期。

　　观察这一时期的作品出版情况可见当时越南翻译中国文学作品基本上集中在三个大题材：农村题材、战争题材和现代历史题材。此外，有一部分作品，是因为其作者当时在文坛上的重要社会身份而被翻译过来的。这些作家的共同点即他们都是深受五四新文学影响的一代作家，在 40 年代到 60 年代，他们不仅是文坛上的"文学大师"而且都担任了文艺界的领导职务。这从某种程度上意味着他们是新政权及时代文学主题的支持者和体现者，所

---

　　① 　邓台梅（Dang Thai Mai，1902—1984）在越南的中国文学译介与研究领域中是一个重要人物。他被越南文学界普遍认为是第一位介绍中国现代文学到越南的学者。他的主要贡献体现在鲁迅、曹禺作品的译介与研究，中国现代文学史教材的编写以及参与指导、组织中国现代文学作家作品的译介工作。1945 年之后，邓台梅先后担任了教育领域、文艺领域、学术领域中的领导职位。1946 年，他担任新越南政府的教育部部长。1954 年，他担任文科师范大学的校长。这是一所在新越南获得北方土地上的主权以后于 1954 年设立的大学。到 1956 年这所大学分成两个不同的学校，即综合大学 219 和师范大学，到现在这两者都是越南的一流大学，尤其在文学研究领域中都是有很高的学术声誉。从 1956 年至 1959 年邓台梅教授同时担任这两所大学文学系的系主任。1957 年到 1983 年，他连续三届担任越南文艺会主席。从 1959 年至 1976 年，担任越南文学研究院的院长。

以在对他们作品的介绍时译者们一般都更多地强调着他们现任的职务，作者声名本身几乎成为其作品的某种"质量"保证。此时，"文学大师"队伍中有上海文学作家代表的茅盾、巴金和周而复的作品。茅盾作品有《子夜》（1958 年，文化出版社；2002 年重印，作家协会出版社）；《春蚕》小说集（1960 年，文化出版社）；《腐蚀》（1963 年，文化出版社；2004 年重印，文学出版社）。巴金作品有《家》（1963 年、文学出版社，2002 年重印、文学出版社）。越南文坛还译介了周而复的《上海的早晨》（第一集，1959 年；第二集，1960 年，文化出版社）但周而复作品后来没有被再版。

进入 90 年代的文学译介时期之前，越南和中国在外交关系上发生冲突引起十多年在交流上的中断。从 1966 年开始，中国进入十年动乱的文化大革命，越南也进入抗美战争最激烈的阶段，各国都将精力集中于自己国家最重要的政治任务；再到 1979 年两国之间发生边界的战争，这些事件导致越南和中国在外交关系上经过从逐渐疏远到恶化的过程。到 1991 年，越南和中国正式恢复了正常关系。从外交关系的层面上来看，虽然仅有十年左右的中断，但从文化交流层面上来讲这个中断的时间是长达二十多年。在其期间，文学交流被减少到仅有反复再版已经翻译过的鲁迅作品的程度。

经过这段隔离的时间后，越南文坛对中国文学情况要重新认识和了解。这种重新地认识同时发生在两个层面，其一，对第二个译介时期的文学现象进行重新的评价。译者们选择放弃意识形态的接受观念的同时又对过去的中国文学现象进行重新整合与定位。他们把纯粹体现毛泽东文艺思想的那部分文学，从文学史中一步一步地删除并留下了新文学大师的作品。与此相同，在作品翻译出版方面，基本上仅重印或新译属于新文学大师的作品。这个层面是体现着一种在文学史范围内的定位。第二个层面是，对新出现的 80 年代后的中国文学，译者们却从不同的评价标准来对文学作家作品进行定位。从学院派的学术圈子走出来的译者，他们的接受观念是继承了第二个译介时期的传统，即把能够代表中国国家话语的文学现象作为译介对象。非学院派的译者对过去的译介传统是比较陌生，在文学批评或研究方面也是外行，所以他们对文学作品译介的选择更多的是受到现代传播媒体和大众文化市场的影响。从整体来看，大众文化的定位观念正是 90 年代后越南文坛对中国文学的接受的主流观念。

在那样的文化环境，我们看到上海文学的译介活动同样反映了学院派译者和非学院派译者的译介对话，也反映了大众文化定位对文学翻译活动的影响。学院派译者坚持他们的文学史定位，继续翻译巴金的《春》（1993 年，国家政治出版社）、《随想录》（1998 年，通信文化出版社）、《寒夜》小说集（收入《短刀》《砂丁》《寒夜》三篇，2004 年，人民军队出版社）；张爱玲的小说集《红玫瑰与白玫瑰》（收入了《沉香屑·第一炉香》《沉香屑·第二炉香》《心经》《倾城之恋》《金锁记》《红玫瑰与白玫瑰》《留情》七篇，2001 年，妇女出版社），《色戒》（年轻出版社，2009 年）；钱钟书的《围城》（2004 年，作家协会出版社）；王安忆的《长恨歌》（2002 年，2006 年再版，作家协会出版社）、《逃之夭夭》（2009 年，作家协会出版社）、《启蒙时代》（2011 年，人民公安出版社）；金宇澄的《繁花》（2020 年，作家协会出版社）。

非学院派译者对作家作品的定位观念首先受到现代传播媒体的影响，其次随着图书市场的发展，他们又同时也考虑到怎样迎得本国读者的接受。他们的译介观点并不是出发于作家在文坛上有如何地位和意义的考虑，而是直接从作品本身在整个社会文化环境中的知名度，它是否受到当地广大读者的欢迎的标志来选择作品。21世纪初，新生代作家在中国引起关注时，越南译者们就立刻选择译介，同样也引起越南媒体的争议。其中，上海文学作家卫慧正是中国另类文学在越南的翻译热潮的开头。通过卫慧的一系列作品的译本，越南读者开始关注中国另类文学，例如《像卫慧那样疯狂》（2003年，作家协会出版社；2007年再版，作家协会出版社）、《上海宝贝》（2007年，春英译，文学出版社；2008年，丽芝译，胡志明市文艺出版社）、《我的禅》（2007年，妇女出版社）、《狗爸爸》（越南名：《我的甜蜜家庭》，2008年，胡志明市文艺出版社），《卫慧短篇小说集》（2011年，文学出版社）。

在卫慧之后，越南译者继续介绍了郭敬明的《幻城》（2005年，妇女出版社），《无极》（2006年，作家协会出版社），《小时代》（2012年，文学出版社），《爵迹Ⅰ—Ⅱ》（2016年，文学出版社），《夏至未至》（2018年，妇女出版社）；韩寒《一座城池》（2007年，通信文化出版社），《长安乱》（2012年，时代出版社；2013年再版，时代出版社），《1988：我想和这个世界谈谈》（2013年，劳动出版社）。

除了文学作品外，越南文坛还译介了上海文学有关的文学史以及文学资料。例如王文英的《上海现代文学史》（越南书名：《从上海观看的中国现代文学》2005年，文学出版社），陈思和的《巴金图传》（越南书名：《巴金：信仰与反省》，2019年，岘港出版社）。

二、失去地域性特征的上海文学

经过上述翻译情况的考察，我们可以看到上海文学踏上越南的土地并不晚，甚至是 20 世纪中国文学在越南译介的开端，它又一直陪伴着 20 世纪中国文学在越南的发展。只不过，在那样的文学接受史中，上海文学往往扮演着毫无自我的角色。

中华民国初期，鸳鸯蝴蝶派是上海文学的重要流派。这一流派曾广受大众读者欢迎，也曾广受新文学界的批驳，其影响非常广远。鲁迅于 1931 年在《上海文坛之一瞥》中直接提到鸳鸯蝴蝶派这一重要文学现象。作为"鸳鸯蝴蝶派的祖师"徐枕亚在越南 1920 年代成为深受欢迎的中国文学作家。然而，徐枕亚文学并没有被理解为上海文学在民国时期的代表性作家，反而他在越南文坛却扮演了中国新文学的角色。

从 1923 年 11 月至 1924 年 6 月，徐枕亚的《雪鸿泪史》在《南风杂志》第 77 期至 84 期上连载。在《雪鸿泪史》介绍词里，译者曾经说过"《血鸿泪史》是一部很新的小说，距今才十五年，是应该看的"①。从当时越南文化环境来看，徐枕亚创作确实是具备了"新文学"的意义。当然这里所谓"新文学"概念是需要加引号的，它的"新"不是按照中国的五四新文学标准来衡量，而是体现着越南现代知识分子对中国新文学的观念。徐枕亚小说的"新文学"意义来自于几个方面：首先这是当时唯一属于 20 世纪文学范畴的文学现象。20 世纪初，在周围都是古典文学作品的译介情况下，徐枕亚小说及其内容所反映的"现代"中国社会自然体现了它的"新文学"精神。其次，徐枕亚作品被翻译成越南国语字之后，小说原本带有传统文学色彩的骈体文言文，竟然被换成一种当时在越南社会象征着"新式"、激进思想的国语字，这是一个极大的改变。不仅如此，随着越南国语字日渐现代化，徐枕亚小说的译作在语言上也体现了相应的变化。第三，徐枕亚小说

---

① 徐枕亚著，团协译：《血鸿泪史》，《南风杂志》，1923 年第 77 期，第 421 页。

从翻译者到第一批读者，都是越南当时具备精英意识的知识分子，徐枕亚小说不仅进入了他们的阅读选择，同时还体现了他们对所谓中国"新"文学的看法。这在《玉梨魂》和《雪鸿泪史》在越南的接受语境中所出现的换位现象中体现得最为明显。在中国文学史上，《玉梨魂》先问世并引起很大的社会反响，备受广大读者的欢迎，因此作者后来把这部小说改写为日记体的《雪鸿泪史》。然而，到了越南以后，这个顺序完全颠倒过来，《雪鸿泪史》率先出现，并且因为该作品的红火，翻译者才把《玉梨魂》的故事之后附上去。尽管如此，《玉梨魂》的地位明显亚于《雪鸿泪史》，在越南文学史上只要提到徐枕亚的名字，首提的作品为《雪鸿泪史》而非《玉梨魂》。实际上《雪鸿泪史》才对越南现代小说的形成产生了重大影响。从接受习惯的角度来看，与《玉梨魂》相比之下，《雪鸿泪史》的文章形式更加吸引了越南知识分子。它既有中国文学传统的因素也带上形式和内容上的创新。从文学传统因素来看，虽然《雪鸿泪史》和《玉梨魂》都共同采用将诗词韵文插入文本的叙事形式，但据统计"《玉梨魂》中的诗文达 130 首，而在《雪鸿泪史》中，诗文的数量超过 400 首"①，这说明《雪鸿泪史》中的诗词也是形成作品的吸引度的重要因素。从作品形式的创新来说，《雪鸿泪史》明显比《玉梨魂》要具备更新鲜的特点，即它以书信和日记相结合作为小说的主要叙事结构。从中国的情况来讲，"在接触西洋小说以前，中国作家不曾以日记体、书信体创作小说"②，《雪鸿泪史》就是"中国文学史上第一部用日

---

① 鲁毅：《论鸳鸯蝴蝶派小说入文诗词的叙述功能——以民初小说〈玉梨魂〉与〈雪鸿泪史〉为个案》，载《西华大学学报》（哲学社会科学版），2010 年 05 期，第 58—61 页。

② 陈平原：《中国小说叙事模式的转变》，北京：北京大学出版社，2010 年，第 181 页。

记体写作的长篇小说"①。这样一部小说出现在越南，在越南知识精英们的眼里自然备感新鲜，所以《雪鸿泪史》更加符合于他们心目中的中国"新"文学形象。

据陈思和教授在《海派文学的两个传统》一文中的观点，"海派文学出现了两种传统：一种是繁华与糜烂同体的文化模式描述出极为复杂的都市文化的现代性图像，姑且称其为突出现代性的传统；另一种是以左翼文化立场揭示出现代都市文化的阶级分野及其人道主义的批判，姑且称其为突出批判性的传统"②。代表着突出批判性传统的左翼作家茅盾和代表着突出现代性的传统的抒写工人题材的作家周而复于50年代都先后有作品译介到越南。然而，描写资本家买办等上流社会的糜烂生活的海派文化最有代表性的《子夜》和描写工商业改造中工人生活的《上海的早晨》都被越南读者使用意识形态的接受观念来理解。作品所体现的海派文学传统几乎没有被越南文坛认识出来。《子夜》译本第一次在越南文坛上亮相是1958年。2002年再版的时候，《前言》和《作家作品简介》的全部内容仍然像50年前那样的被保留下来。评价茅盾的《子夜》，译者张正认为："《子夜》出版于1932年，刚好是左翼作家联盟的成立之后。我们都知道，左翼联盟所提出的方针是用创作来建立无产文学。茅盾是按照那个方针来写这本小说。《子夜》的特点是作家没有像其他小说家那样拿着具体的人物、具体的家庭作为题材。尽管小说中的故事发生的时间仅仅两个月，主要地点是在上海，但是在茅盾笔下，30年代的整个中华社会都被描绘出来并进行仔细地剖析。"③ 可见，在当时翻译者的理解

---

① 陈平原：《中国小说叙事模式的转变》，同上，第184页。

② 陈思和：《海派文学的两个传统》，收入《陈思和文存》第三卷，合肥：黄山书社，2012年，第287页。

③ 茅盾著，张正译：《子夜》，河内：作家协会出版社，2002年，第22页。

中，《子夜》更是中国无产阶级文学的代表作品，上海单纯被视为中国的缩小社会，而小说中对上海本身的都市社会、都市文化、都市生活等描写完全被译者忽略的。

周而复的《上海的早晨》也不例外。越南翻译者对这部作品的评价是，同样强调上海仅仅是小说中的社会背景，而作品真正要反映的就是"中国共产党和中国工人阶级的领导下资产阶级的和平性改造过程"①。作品中工人阶级和资产阶级的斗争才是越南文坛当时关注的主题。

2005 年，越南文坛译介了王文英主编的《上海现代文学史》。这本来是一部强调上海文学在中国现代文学史上以及全中国文学中的重要地位的文学史著作，正像贾植芳教授在序文中所评价的那样："王文英同志主编的《上海现代文学史》是一部较为系统而全面的上海地方文学史。这里所谓'地方文学'，并不仅仅是一个狭隘的地方性和区域性概念，而是一个开放性和历史性的概念。所谓开放性，是指本书论及的文学现象虽然都发生在上海，但具体的作家、作品来源，实际的文学效用、影响等远不仅以上海一地为限，而是具有八方辐辏、影响广泛的特征和海纳百川、有容乃大的文化开放气度；所谓历史性，是指从 20 世纪中国文学的实际发生发展历程来看，随着开埠以来的上海逐渐成为全国性的政治、经济和文化出版活动中心，上海的现代文化和现代文学也逐渐摆脱了地方性、区域性的狭小格局，至迟到 20 年代末 30 年代初，即已成为名副其实的领袖群伦的全国文学中心，而且直到1949 年中华人民共和国成立，并即学术界通常认定的'现代文

---

① 周而复著，张正、德超译：《上海的早晨》第一集，河内：文化出版社，1959年，第 6 页。

学'阶段结束，上海始终保有了作为全国文学中心的历史和现实地位。"①

然而，在这部文学史著作被翻译成越南语以后，书名却改变为《从上海观看的中国现代文学》，上海从全国文学的中心地位却变成了一个观察的视角。出版社在书后的"介绍词"里相当清楚地说明理由："这本书原来的书名为《上海现代文学史》，因为这是上海市政府提出的研究项目，并由三个能编写文学史的人来执笔。然而，这本书所提到的中国现代文学史范围其实不是上海市所独有的，而是涉及上海之外的许多其他城市和地区。正是如此，在翻译成越南语的时候，我们就把书名修改成《从上海观看的中国现代文学》，这样更加符合这本书的内容。"② 就这样上海现代文学史就变成了中国现代文学史了。

在近期，从中国博士毕业回来并在越南高校语文系担任教师工作的译者阮氏明商很努力把"上海文学灿烂的一朵花"的《繁花》译介到越南。明商在"介绍词"多次强调"中国都市文学中包括上海文学在内，《繁花》是一部优秀的长篇小说"。③ "解放后，从 1949 年至 1966 年，海派文学多少逊色于农村文学，但是 80 年代后已经活跃起来。继承那样的传统，《繁花》已为都市文学包括上海文学在内深深地涂上一笔，成为上海文学灿烂的一朵花"④。然而，越南学术界在接受金宇澄的《繁花》时，作为地域性的上海文学特征完全被忽略。他们把《繁花》视为中国网络文

① 贾植芳：《一道醒目的历史风景——〈上海现代文学史〉序》，收入王文英主编：《上海现代文学史》，上海：上海人民出版社，1999 年，第 1 页。
② 王文英主编，范功达译：《从上海观看中国现代文学》，河内：文学出版社，2005 年，第 645 页。
③ 明商："介绍词"，收入金宇澄著，明商译：《繁花》，河内：作家协会出版社，第 5 页。
④ 明商："介绍词"，同上，第 7 页。

学的代表作品。2021年刚出版的专著《越南网络文学——创造与接受趋向》中，作者专门有一部分内容讨论到《中国网络文学概况》，其中认为金宇澄与《繁花》是中国网络文学的优秀代表："网络文学也一起参与了中国当代文学史的建立工作。金宇澄的小说《繁花》是证明了这个事实，该作品一方面被列入中国网络文学20年（1998—2018年）20部优秀作品名单，同时也是中国现代文学70年70部经典作品之一。"① 在讨论到中国网络文学在越南的翻译现状，专著强调："在市场经济的影响下，出版公司和出版社都有考察市场的政策，他们指定买畅销书的版权，选择译者，尽快出书。那真是一场速度的比赛。所以也会出现质量不太好的翻译作品。中国网络文学翻译也避免不了那样情况。然而，仍然有一些高水平、有学术能力的翻译者，他们会选择优秀的作品将网络文学成就和网络文学的精粹传达给越南读者。译者明商正刚刚译介了金宇澄的《繁花》。"②

该专著提到金宇澄及其作品的同时，也引用了越南第一位中国网络文学翻译者装夏的意见来讨论到上海新生代作家郭敬明、韩寒："我和网络文学是一个很偶然的结缘。在还没创建越南语博客之前，我有开了华语的博客并且把自己的华语写作文本传上去。当时有许多关注网络文学的人进来交流。借此，我才惊讶地发现，网络文学在中国正占上风。他们有那么一个专门的文学类型的发展。有出版社专门出版在网络上发表的文学作品，有那么一个属于年轻人的文学潮并出现在各个大书店的排行榜上。近期在越南比较受欢迎的郭敬明、韩寒正是这个网络文学体系的亲生孩

---

① 陈庆成主编：《越南网络文学——创造与接受趋向》，河内：国家大学出版社，2021年，第319页。

② 陈庆成主编：《越南网络文学——创造与接受趋向》，同上，第334页。

子。"① 可见，这两位上海文学新生代作家在越南语境中也是被视为中国网络文学的代表作家。

上述可见，由于种种原因，上海文学在越南文化环境中无法呈现出自我的文学特征。它往往在中国文学的各种文学范畴下获得文学生命。这是越南文化环境及越南接受者的一种本土性选择。这起码证明一个非常现实的问题，地域性文学往往对某个国家文学内部呈现出其需要性，而对于国外文化环境来讲，民族与民族之间的异同才是吸引广大读者的地方。

三、另类与边缘：上海文学在文学
接受史中的一种生存状态

要描写上海文学在越南的生存状态也许用"另类"和"边缘"这两个词比较恰当。"另类"在中国文学语境中是跟"另类文学"联在一起，不过在这篇文章中，笔者一方面希望用这个词来表达一种对传统的否定和背叛精神，一种象征着现代的新潮，又能体现主流话语之外的一种边缘状态。这些特征刚好能描绘上海文学在越南的生存状态。

许道明教授在《海派文学略论》一文中，有一段话非常准确地描写了京派和海派之间的关系："它们都是'五四'文学传统的承传者和发扬者。但是现代社会的文化指向和价值原则往往是多向性多元化的，这又决定了它们并不相同的选择，京派借'五四'对传统文学的反叛，憧憬于传统文学的重造，而海派文学则借'五四'对传统文学的反叛，致力于给传统文学提供新内容。"②

---

① 陈庆成主编：《越南网络文学——创造与接受趋向》，同上，第 332 页。
② 许道明：《海派文学略论》，《江苏行政学院学报》，2004 年第 5 期，第 109 页。

许道明教授意见中所提到海派文学的特征在于"给传统文学提供新内容"刚好给笔者带来了启发并有助于观察上海文学在越南接受史中的发展。确实，在越南对中国20世纪文学的整个接受史中，上海文学的每一次出现几乎都和"新内容"有了一定瓜葛。这个"新内容"当然是跟传统文学相比而言。

笔者借用许道明教授话语中的"传统文学"来形容越南读者接受习惯中的中国文学。所谓"传统"正是越南读者所熟悉的中国文学形象并体现了在每一个译介阶段的接受观念。第一个译介时期是古典文学转向现代文学的过渡时期。越南读者当然熟悉于带有传统色彩的中国文学，例如用文言文写作，小说的章回结构，文学创作以大量诗词的使用为主等等。第二个译介时期，越南读者熟悉于专门书写农村社会、历史大事件、战争现实等内容的中国文学，那时的文学作品中满满都是大规模的现实描写、大事件的历史再现。这个中国文学到了现在仍然是越南读者接受观念中最熟悉的文学形象，熟悉到已经成为"传统性"文学的程度。所以，与这个"传统文学形象"不一样的文学作品都可以归结为"新内容"的文学创作。

为了能够表达"传统文学"和"新内容"之间的微妙关系，同时能概括出上海文学在越南接受史中的生存特征，笔者选择"另类"这个词的使用。笔者认为，上海文学有两种另类的生存状态，一种是先锋姿态的另类，一种是平常姿态的另类，在这两种生存状态中，"新内容"会获得不同程度的表现。

属于第一种先锋姿态的另类类型是徐枕亚、卫慧等人的文学创作。徐枕亚的小说以寡妇恋爱故事，书信与日记体等新颖因素而走进了越南现代知识分子的阅读范围并成为他们心目中的中国新文学形象。因此，徐枕亚作品对越南现代小说的诞生也产生了直接的影响。将近一百年后的卫慧同样以新鲜姿态踏上越南文坛。

2003年，卫慧的《像卫慧那样疯狂》第一次译介到越南，越南批评界从她的小说中看到他们认为是带有先锋性、对传统文学的反叛的表现。在小说前面的《青春的真诚告白——介绍词》中，一位越南著名的批评家王智闲发表意见："中老年人一代一般认为自由会弄坏年轻人。对卫慧小说中的人物，自由并未具备那么狭隘的意义。比如性欲问题。那是一种单纯而长久的自由，但一直被赤裸裸的理解，甚至错误的理解。不过，正因为如此，那个问题对人们来讲却更加有吸引力。在一些近期译介在越南的中国小说像张贤亮的《男人的一半是女人》、贾平凹的《废都》、莫言的《丰乳肥臀》、高行健的《灵山》，那些作家几乎同时看出一种同样的现实，即越是人们的精神思想被压抑的时候，越是社会挫折把人压倒的时候，人们却想寻找那种本能性的自由，先是为了让生活有精神上的平衡，接下来是为了肯定自己能挑战一切挫折。卫慧和年轻作家一代寻找自由更加单纯。那几场欢愉仅仅是他们自然生活中的一部分，他们之所以大声喊让人们都知道那些事是因为想招惹，想证明自己对一切保守的、禁忌的、成见的都可以不理不睬。"①

要了解卫慧小说在越南语境中之所以产生出那种对传统中国文学形象的否定与反叛，我们需要回到90年代初越南对中国文学的译介情况。

正如上文所述，进入第三个译介时期之前，越南和中国经过一段所有关系都被中断的时间。越南读者又经历着第二次重新认识、重新了解当下的中国文学，在此时中国文学的翻译却反映出

---

① 王智闲：《青春的真诚告白——介绍词》，收入卫慧著、山黎译：《像卫慧那样疯狂》，河内：作家协会出版社，2003年，第9页。

跟过去不同的文学接受观念。1989 年张贤亮小说《男人的一半是女人》作为第三个时期的第一部小说在越南被翻译出版，就是一个新的开始，代表着一种新的译介与接受观念。这种观念多少在《男人的一半是女人》出版的时候获得一定明确的体现。

1989 年出版的《男人的一半是女人》在"出版社的话"内容中有这样的介绍："作品讲述在文化大革命下令人窒息和恐怖的镇压批斗氛围中一位中国知识青年章咏麟从这个劳改营到那个劳改营度过生活的命运。人被压迫、被剥夺所有人权包括做个雄性生物的权利也被夺走，人被毁得在他可以到农场当工人并被允许娶老婆的时候，在夫妻关系上已经没有能力去做一个真正的男人了……通过《男人的一半是女人》，我们初步看到在最近十年里，提倡"改革"和"开放"口号的中国文学已经逐渐摆脱了几十年前曾经控制了整个文坛的教条主义的束缚，并且也给读者带来新鲜的审美感受。确实有一些'禁区'已经被突破。"①

我们从中看到出版社对作品价值的肯定，即跟过去教条主义的文学传统有了突破。我们在这里应该注意到一个细节，即在当时越南文坛的形容中，过去的文学和现在的文学被译者用"教条主义"和"禁区的突破"的二元对立关系来表达。所谓"禁区的突破"正是指小说中大胆的"性叙述"。因此，这一突破性的因素在当时的越南文坛上不仅仅代表着大众文化的审美接受趋向，而是强调对 90 年代后中国新出现的文学现象的一种标志。如果从这个意义上观察越南的 90 年代后中国文学在越南的出版情况，我们也不难理解当时的越南文坛为何译介近来相当多的有关"性叙述"的文学作品。

---

① 劳动出版社：《出版社的话》，收入张贤亮著，潘文阁、郑忠晓译：《男人的一半是女人》，河内：劳动出版社，1989 年，第 7—10 页。

卫慧作品中性叙述的意义要放在这个前提上来理解的，那也是为何越南评论家王智闲在讨论卫慧作品的时候，首先要提到张贤亮的《男人的一半是女人》。性叙事在90年代以来的越南接受环境中是象征着中国文学的革新精神，突破了过去文学的公式化、职能化的框架。所以，卫慧的文学创作代表着年轻作家在继承文学革新的传统上体现出更加突破的程度。

属于第二种带有平常姿态的另类类型是巴金、钱钟书、张爱玲、王安忆、金宇澄等人的文学创作。与其说他们的作品是体现了"新内容"，不如说他们作品所提到的内容题材跟越南接受环境中主流的中国文学形象相差有点远。他们的作品被翻译出版的时候是越南语境中大众文化价值取向正产生广泛而深刻的影响。换句话说，这些作家在作品中所讲的人与事都不太符合越南大众读者的阅读爱好，包括故事的内容、写作的风格，等等。

2004年，钱钟书的《围城》在越南译介出版，越南评论家将其称为"文学史中的一种存在""小说的一种发展趋向"，并且强调该作品的特殊之处："在多姿多彩的生活中，《围城》令人联想到一种真正意义的价值，也许因为某种原因让作品一时被淡忘，但日后人们一定要记得它。跟越南的情况相比，《鸿运》① 那部小说也是那样，一时被淡忘而后来却灿烂的复生。这就是属于人们长久要阅读的作品。"② 钱钟书的《围城》只有对世俗生活进行细腻的描写，而完全远离政治历史，没有惊天动地的故事，没有波澜壮阔的人生，只有小人物整日忙碌于自己的生活与爱情。这些特征在当时越南接受环境中就是一种"另类"并导致作品不得不

---

① 越南20世纪30年代的一部现代经典小说，作者为武重奉。

② 王智闲：《介绍词：一位知识分子作家的一部传世的小说》，收入钱钟书著、山黎译：《围城》，河内：作家协会出版社，2004年，第4页。

边缘化。其实，张爱玲、王安忆、金宇澄等作家都是同样的把焦点放在平凡人的命运上，对时代世俗生活的细腻描绘是他们的审美追求，这让他们小说在中国本土产生耐人寻味的效果，而在异国他乡的越南由于和越南读者的中国文学主流形象相差有些远，所以只能以边缘化的方式来生存。

2006 年，王安忆经典小说之一《长恨歌》在越南出版。越南批评家在给读者介绍这部小说的时候也强调作品的"另类"："近期有许多中国当代小说被翻译成越南语，其中留下最深刻的印象是那些写于文革时期的作品，在那个疯狂的时代里整个民族遭到摧残，许多残酷悲剧都降临在人们头上，尤其是社会的精英分子。读者接下来要看的《长恨歌》这部小说是走着不同的脉络。历史书籍中所记录的上海从 1949 年前后阶段到文革，再到改革开放同样也被描绘进去并将之作为故事的背景，但是这些历史都被推在后面以让座给对人物工作、挣钱、与朋友约会、饮食、购物、谈恋爱等日常生活活动的呈现。"① 从中我们更加了解越南读者所感兴趣的中国当代文学作品的一些特点，例如作品以政治历史大事件作为重要背景，悲剧与挫折的人生，民族相关的共识话题等等。

然而，文学接受史也完全不排除另类的文学翻译选择。在越南的中国文学翻译实践证明了这一点。尽管大众文化的接受观念仍然占上风，但学院派译者也一样不断为精英文学译介寻找出路，上海文学的译介同样不例外。2020 年，译者明商从都市文学的切入点将金宇澄的《繁花》译介到越南。译者明商强调："被再现在文学中的每个城市，尽管刻画得有深有浅，然而文学已经使得那个城市不再是地图上枯燥的一个地理性地址，而变成一个文学记号，

---

① 王智闲：《介绍词》，收入王安忆著，山黎译：《长恨歌》，河内：作家协会出版社，2006 年，第 5 页。

一个文化空间。虽然上海没有西安、北京那样拥有古都的悠久历史，但是经过一百多年，它已经建造出自己的独有本色……"①与此同时，她也把海派的传统进行了概括，从民国初期的鸳鸯蝴蝶派，到30年代现代派，再到40年代新海派并在这个传统上强调金宇澄的《繁花》是上海都市文学的灿烂成果。尽管，越南读者目前对该作品的接受不像译者那样期待，然而，边缘化其实也是一种存在。

在越南对20世纪中国文学的接受史中，上海文学虽然为该接受史作了开端并对越南现代阶段的文学发展产生直接的影响，上海文学同时陪伴着该文学接受史的每每起伏，在每一个发展阶段都没有缺席。上海文学又像潜流水源一样一直被译介到越南。只不过，上海文学在越南文坛上往往扮演着没有自我的角色，也只能边缘化的生存。这首先反映了越南读者对中国文学带有本土性的接受观念，但与此同时也说明上海文学的"另类性"的与众不同。

尽管是边缘，但边缘也是一种存在。尽管是边缘，但边缘而流长。

参考资料

［1］陈平原：《中国小说叙事模式的转变》，北京：北京大学出版社，2010年。

［2］陈庆成主编：《越南网络文学——创造与接受趋向》，河内：国家大学出版社，2021年。

［3］陈思和：《陈思和文存》第三卷，合肥：黄山书社，2012年。

---

① 明商：《介绍词》，收入金宇澄著，明商译：《繁花》，河内：作家协会出版社，2020年，第6页。

［4］金宇澄（著），明商（译）：《繁花》，河内：作家协会出版社，2019 年。

［5］鲁毅：《论鸳鸯蝴蝶派小说入文诗词的叙述功能——以民初小说〈玉梨魂〉与〈雪鸿泪史〉为个案》，《西华大学学报》（哲学社会科学版），2010 年 05 期。

［6］茅盾（著），张正（译）：《子夜》，河内：作家协会出版社，2002 年。

［7］钱钟书（著），山黎（译）：《围城》，河内：作家协会出版社，2004 年。

［8］阮秋贤：《译介的话语：20 世纪中国文学在越南》，台北：华艺学术出版社，2019 年版。

［9］许道明：《海派文学略论》，《江苏行政学院学报》，2004 年第 5 期。

［10］徐枕亚（著），团协（译）：《血鸿泪史》，《南风杂志》，1923 年第 77 期。

［11］张贤亮（著），潘文阁、郑忠晓（译）：《男人的一半是女人》，河内：劳动出版社，1989 年。

［12］周而复（著），张正、德超（译）：《上海的早晨》第一集，河内：文化出版社，1959 年。

［13］王安忆（著）、山黎（译）：《长恨歌》，河内：作家协会出版社，2006 年，第 5 页。

［14］王文英（主编）：《上海现代文学史》，上海：上海人民出版社，1999 年。

［15］王文英（主编），范功达（译）：《从上海观看中国现代文学》，河内：文学出版社，2005 年。

［16］卫慧（著）、山黎（译）：《像卫慧那样疯狂》，河内：作家协会出版社，2003 年。

（本文系首次发表。）

不存在的上海绘图：
王安忆小说中历史和空间想象

伍燕翎

前言：坐在痰盂进上海的同志的后代

"从整体上说，像我们这些'同志'是打着腰鼓扭着秧歌进入上海的。……而个别到我们家，再个别到我们家的'我'——一个'同志'的后代，则是乘了火车坐在一个痰盂上进的上海。"

早在《长恨歌》（1995）之前，王安忆即有意要为她自己或她自称为"同志"的后代在上海这座美丽之城寻找一方安身之地。对自小和母亲一起从他处来到上海居住的王安忆来说，她或许亟需迫切在上海安置她自己和像她一样的"同志"们后代，只有在上海寻找到属于自己的繁华梦，这些"外来户"才不至于成为精神上放逐和游离的居住者。从 90 年代初期的《纪实与虚构》（1993）伊始，王安忆即念兹在兹上海这座城市，"上海"近乎成了她接下来的小说的创作符码，或许在她心中"早已一厢情愿地和上海这城市认同了"。（1993：9）

李欧梵说过："一个城市需要一个'她者'才能被理解。"①打从《纪实与虚构》开始，王安忆即有意建构"她者"的上海谱系。她尝试在这部小说描述解放前曾外祖母、外婆到母亲的生活经历，以及她自己在解放初跟随母亲和其他同志们"打着腰鼓扭着秧歌进入上海"寻找一部家族寻根史的亲身经验。作为一个"同志"的后代，当她随着父母进入上海生活的那一刻起，便不由自主地陷入"身份"的两难：一边是说普通话的家和"同志"的世界，一边是有着久远历史和复杂人际关系的本土上海市民——"我们使用的语言不是上海话，而是一种南腔北调的普通话。这样的语言使我们在各自的学校和里弄里变得很孤独"（20）——她因此注定要开始寻找自身的历史。读毕此书的后来，竟发现那些"坐着痰盂进上海"的故事原来也是王安忆曾有过的经历。她如此道出：

> 我母亲到这城市当说是故地重归，她却俨然是一副外来者的面目。她不说这城市的语言，她不穿这城市的流行服装，她不打算和这城市的亲属们重叙旧情。我是到很久以后才知道母亲原来是出生在这城市的，这个发现叫我很激动，它使我感觉到自己和这城市的亲缘关系。（1993：464）

读者的发现或许和王安忆发现母亲源自上海的激动相去不远。"我"（或王安忆？）自称自己的家庭一直是迁入上海的外来户，没有亲友，没有家族，只能在上海这座城市里漂泊无垠。这种被放逐无根的虚无感，加上王安忆经历了八十年代"寻根热"的上海，

①　李欧梵：《上海摩登——一种新都市文化在中国》，北京：北京大学出版社，2001年，第337页。

很快就促使她要为自己找一处安身立命之所在。她说："在当时的'寻根'热潮的鼓动下，我雄心勃勃地，也企图要寻找上海的根。"① 由于寻根的渴望和努力，迫使王安忆从一部血缘异质性的家族史中寻找可以驻留的定点——上海。于此，在 1995 年问世的倾力之作——《长恨歌》以 30 万字之篇幅叙写了"上海生上海长的王琦瑶"的一生，此部小说写的是王琦瑶如何从一个魅艳风情的少女变成另一个遍历风尘的女子。女人是经，上海是纬，《长恨歌》因此再次构成王安忆"寻找上海"的张力。接着，发表于 2000 年《收获》第四期的《富萍》再一次动用王安忆在上海生活的积累，同样表现了书写"我城"的强烈欲望。然而，她这次已从上海的神话走出来，企图回到上海市民最现实的"草根"生活里头。历史上的上海风华已经不再，文学中的上海传奇却有待延续，"上海"作为王安忆小说的书写场域，必是"同志"们抹不去的文化记忆，更是她身为同志后代"创造世界方法之一种"。此文章从王安忆两部姐妹篇——《长恨歌》和《富萍》来探析作者如何在其小说中通过"空间"和"历史"来勾勒文本中的上海。

站在一个至高点看上海：建构女性空间

"站在一个至高点看上海，上海的弄堂是壮观的景象。它是这城市背景一样的东西。街道和楼房凸现在它之上，是一些点和线，而它则是中国画中称为皴法的那类笔触，是将空白填满的。当天黑下来，灯亮起来的时分，这些点和线都是有光的，在那光后面，大片大片的暗，便是上海的弄堂了。"（1995：1）

---

① 王安忆：《寻找上海》，上海：学林出版社，2001 年，第 2 页。

　　历史上的上海是由弄堂搭建起来的。那里聚集了无数老百姓们劳动的血汗和结晶，上海大部分的人口，其实是普遍低层人们的栖身之所。上海文化的生活化、通俗化和市民化，几乎全都凝聚在那里。王安忆意识到倘若要写一座城市的故事，上海的弄堂无疑最能反映出其城市的形象、身世和命运。弄堂由此成为上海这个城市空间一个最好的叙事视角，其中最主要的原因乃是弄堂具备了王安忆后来以书写普遍市民日常生活为事业的条件。上海市民的衣食住行多数活动在弄堂里，他们的喜怒哀乐也同时表现于弄堂。这里几乎充分展现了人们的日常活动，因此它无疑给王安忆的小说提供了最好的叙事场景。从另外一个意义上来讲，作为上海象征的弄堂，它其实是上海文化的表征和场域。王安忆显然是想藉着这个场景来讲述一个"城市的故事"。这故事彻头彻尾只说了一个女人一生的悲剧，但是王安忆的用心何止那么简单？她何不是想藉着这个女子的命运来诠释她自小从家族史上对栖居之城的认知？

　　虽然栖居于今天的上海，王安忆大部分小说几乎不约而同回避了上海国际化都市最醒目的空间坐标：摩天大楼、商厦和大型超市、咖啡厅和酒吧，霓虹灯和歌舞场等等现代进程的消费空间。在中国近代史上，作为一个现代化城市的上海，它无疑是文学里重要的场景之一。20世纪90年代以来，随着上海的复兴和时尚文化的影响，上海作家尤其不断在创作中探寻上海地域的文化特征，或者多数评论者称之为"文化身份"。在城市现代进程的背面，昔日的十里洋场却也同时是许多人的"集体记忆"。现代化表征和怀旧式的追忆所带来的潜在矛盾，促使王安忆只能想象和追恋昔日的"海上繁华梦"。因此，《长恨歌》不厌其烦用了一个章节委婉有致地描述上海某个面向的地理坐标。"站在一个至高点看上海"，王安忆让读者看到好几个上海典型的城市局部，其中有弄堂、流言、闺阁、鸽子和最能代表上海的女儿——王琦瑶式的女子。

这几组意象的描述是这样被带出来的："站在一个至高点看上海，上海的弄堂是壮观的景象"（3）；"流言总是带着阴沉之气。这阴沉气有时是东西厢房的薰衣草气味，有时是樟脑丸气味，还有时是肉砧板上的气味"（7）；"在上海的弄堂房子里，闺阁通常是做在偏厢房或是亭子间里，总是背阴的窗，拉着花窗帘"（12）；"鸽子是这城市的精灵"（16）和"王琦瑶是典型的上海弄堂的女儿"（20）。流言、闺阁、鸽子和上海的女儿，无一不是表现于弄堂的一道风景。王安忆在所选定的城市坐标里勾勒出弄堂的各种面目。90 年代的上海，政府为美化市容和追求现代化征程，弄堂可能被迫面临被拆除的厄运。弄堂和上海联系着的不仅是其悠久的历史，它更是确确实实负载着城市记忆的所在。然而，这城市空间在趋向国际化和日益膨胀的现代化建筑群中，即变得消隐、萎缩，或遭拆除等命运。

弄堂昭示着"过去"和"历史"。它背负着人们在过去生活的一种文化记忆，也是个人记忆和集体想象的载体。这很显然是美国学者本尼迪克特·安德森（Benedict Anderson）在他那本名著《想象的共同体——民族主义的起源与散布》一书所强调的"想象的共同体"①，意即人们可在那依然残存着的集体记忆和想象中，创造出自己隶属的地方和精神的归属。上海弄堂作为时间存在的见证，王安忆因此以装载了无数故事的弄堂——上海最古老、最典型的历史标志来见证这座上海的起起落落，而上海这座城的命

① 本尼迪克特·安德森（Benedict Anderson）著，吴睿人译：《想象的共同体——民族主义的起源与散布》，台北：时报文化出版社，1999 年。

运恰是可以用王琦瑶的一生来比拟的。正如王安忆坦言："我是在直接写城市的故事，但这个女人是这个城市的影子。"① 弄堂成为王安忆可发挥想象的空间，借以叙述一座城市的故事。

有论者说到，王安忆从 1980 年代"雯雯"系列到 1990 年代初开始的小说，是一种私人空间到公共空间的转移。② 很显然，在前期，王安忆关怀的是女性成长到女性隐秘的情欲和性爱，到了《长恨歌》表面上看似一个女人的情情爱爱，实则却是女性空间的主体建构。这主要是因为王安忆早期的女性多少还依附于男性的活动范畴和话语之中，而后来这个属于女性"自己的房间"似的空间才真正看到王安忆"以日常话语的再现以及女性叙述方式的运用成为真正意义上的女性主义创作"。③

王安忆选择上海作为女性空间的建构绝不是没有来由。1990 年代现代化上海国际大都市给她带来了焦虑。上海这个国际大都市的现代化和城市化进程，尤其进入 1990 年代以后，上海的迅速发展已经成为中国人现代化生活图景的中心想象，可是这带给作家的却是一种潜藏的、内在的焦虑，但同时它也激活了王安忆敏锐的女性触觉，让她一再努力地对所居之城搜索，并努力复活人们对这座城市的记忆。王安忆说过这样的话："我生活在上海，我对这个城市的历史、文化包括语言、上海人的世界观等一直都是

---

① 王安忆：《重建象牙塔》，上海远东出版社，1997 年，第 192 页。

② "公共空间主要指的是文学关注于女性与政治、历史、道德、人文关怀等领域，其特点是思想性、道德性和公共性；与之相对的私人空间则是指文学主要表现个体的女性欲望、意识、潜意识，其主要特征表现为私人性和个体性，以私人空间为主的小说即使涉及到社会历史道德，也是作为私人空间中成长的羁绊和批判的对象而出现的。"参阅张浩《从私人空间到公共空间——论王安忆创作中女性空间的建构》，收入《中国文化研究》总第 34 期，2001 年冬季卷，第 162 页。

③ 张浩：《从私人空间到公共空间——论王安忆创作中女性空间的建构》，第 163 页。

潜心关注的。"①

作为现代国际大都市,上海在 1930 年代已经经历了这个城市最辉煌的岁月。享有"东方巴黎"美誉的十里洋场是经由这样一连串的符号架构起来的:有声电影、巴黎时装、西方剧院、形形色色的夜总会、百货大楼、赌博、舞厅派对、跑马场,和拥有中国最早的电车、电灯、电话等等,也一样拥有许多商业和城市的罪犯,这一切都充斥着当时的报刊、杂志和广告。这么一个有现代气派的上海都市无疑是要让人迷失其中。尤其当旧黄的月历牌在一张张被撕掉之后,人们竟然发现他们生活在这个座城市是多么地孤立无援,甚至显得被动和乏力。

在现代化的镁光灯下,文学上的上海同样的璀璨华丽、纸醉金迷。王德威说"也许一个国家的危疑颠沛,正是为了成就一座城市刹那的文学风华"②,这不是没有道理。1927 年,鲁迅和许广平到上海来同居,直到鲁迅于 1936 年逝世都没有离开过上海。上海于他自然有着千丝万缕的关系,他给孩子取名"海婴"意即上海出生的婴儿;矛盾笔下《子夜》的上海是金融风云、股票交易的角逐场;曹禺《日出》的上海是灯红酒绿、纸醉金迷的罪恶之地,新感觉派施蛰存、穆时英笔下那些上海的赛马会、狐步舞、夜总会、咖啡馆、酒吧、电影院、跑马厅等摩登场所,无一不让读者联想到波德莱尔笔下那个充满罪恶、妓女、颓败、酗酒的 19 世纪的巴黎。

如今王安忆站在一个更高点上来看上海,而王琦瑶不过是她为旧上海制造的其中一个意象。她其实可以替换 1930 年代上海的

---

① 王安忆:《王安忆说》,湖南文艺出版社,2003 年,第 89 页。

② 王德威《文学的上海——一九三一》,收入王德威:《如何现代,怎样文学:十九、二十世纪中文小说新编》,台北:麦田出版,1998 年,第 269 页。

旗袍、咖啡、影院、报刊、广告、电车、霓虹灯等等曾经闪亮一时的物品，然而，王安忆认为，"王琦瑶的形象就是我心目中的上海。在我眼中，上海是一个女性形象，她是中国近代诞生的奇人。"① 这话其实已点明王安忆眼中的上海即是女性的化身，她要以女性底子有的刚毅、艰苦和坚韧来承担上海这个城市有过的苦难。《长恨歌》因此写了一个旧式上海女子——王琦瑶的悲剧人生。她首先在解放前参选沪上淑媛获得"三小姐"的名衔，李主任当初垂青她的美貌而将之金屋藏娇，她在爱丽丝公寓度过了她最动人和辉煌的岁月年华。李主任不幸空难中死去以后，王琦瑶只好回到平安里去自谋生路，每日做得几碟小菜，却也安然无恙地度日；后来她生命中陆续出现了几个男人：程先生、康明逊、老克勒和萨沙。那个不愿意承认自己是孩子父亲的男人在她生命里走了又来，她也没有太多怨言，照样把孩子带大。时间就从王琦瑶在给人缝制服饰、洗米拣菜、煮菜烧饭、替人打针、怀孕生子中一点一滴地流逝。这个女人的一生最后落得他杀的下场，那些四十年来和她纠葛不清的情欲和钱财才因此烟消云散。王琦瑶的生命是在上海的弄堂里完成的。这个城市空间确是女性空间的再造。王琦瑶的生命即是一座城市的命运和身世。这座城为王琦瑶一桩又一桩上演的事件提供了最好的场景。王安忆写道："一九六六年的夏天里，这城市大大小小、长长短短的弄堂，那些红瓦或者黑瓦、立有老虎天窗或者水泥晒台的屋顶，被揭开了。多少不为人知的秘密暴露在光天化日之下……"（258）所有的事情最终不过是过眼云烟，只有这个城市空间在给王琦瑶制造许多不可知的命运的同时，才逐渐意识到"女性"其实和她所居住的城市

---

① 王安忆《形象与思想——关于近期长篇小说创作的对话》，收入王安忆，《重建象牙塔》，第 207 页。

并存。诚如王安忆所言："女人无法取得优势，无法改变必须依附于男人生存的命运。而到了城市这一崭新的再造自然里，那才真是'海阔凭鱼跃，天高任鸟飞'，女人与男人，竟也站在了同一起跑线上了。"① 由此，《长恨歌》从城市鸽子居高临下的观视下，对发生于弄堂的一切事物作了历史上最好的见证。

小说以弄堂来呈现女性空间，其中还有一些场景所赋予的意义更是为此作了一大注脚。"爱丽丝公寓"原本就寓意着暧昧不清的含义——"爱丽丝公寓是这闹市中的一个最静，这静不是处子的无风无波的静，而是望夫石一般的，凝冻的静"（97）——这预示了王琦瑶无疾而终的爱情。这里是李主任包养王琦瑶的地方，李主任有闲才来访，王琦瑶只能无尽无止的等待，两人的爱恋绝不是建立在真心上，公寓于是充满了情欲、寂寥和空虚。还有就是江南小镇邬桥，邬桥有着和弄堂完全不同的气质——"邬桥可说是大千宇宙的核，什么都灭了，它也灭不了，因它是时间的本质，一切物质的最原初"（129）——它是一处干净、宁静和祥和之地，是王琦瑶情伤以后到婆婆家来疗养的地方。爱丽丝公寓的落寞正好可以从这里填补，它和喧嚣的上海不同，这个朴质的世外桃源一直是王安忆渴望的，因此它又不断地出现于她日后的小说，《富萍》的"梅家桥"就是邬桥的再现。

这些空间的形成肯定有着一定都市文化的底蕴，它们的建构可说是源自作者对其城市的深刻感受和认同。王安忆说："要写上海，最好的代表就是女性。"② 王安忆要借助城市鸽子的眼睛，"站在一个至高点看上海"，所关怀的焦点才显得更为准确和辽阔。

---

① 王安忆：《男人和女人，女人和城市》，昆明：云南人民出版社，2000年，第91页。

② 王安忆《上海的女性》，收入王安忆：《重建象牙塔》，第86页。

有建筑学家认为："一个生动和独特的场所会对人的记忆、感觉以及价值观直接产生影响，所以，地方的特色和人的个性是紧密结合在一起的。人们会把'我在这'（I am here）变成了'这是我'（I am）"。① 王安忆何曾不也想通过上海来表述她的女性关怀，但最为重要的是"她"（众多王琦瑶式的上海的女儿）——这个"坐着痰盂进上海的"同志后代寻找一方安身立命之处。

用日常的生活和宏大的历史叙述抗衡

日子很仔细地过着。上海屋檐下的日子，都有着仔细和用心的面目。倘若不是这样专心致志，将注意力集中在这些最具体最琐碎的细节上，也许就很难将日子过到底。（1995：247）

上海弄堂的感动来自于最为日常的情景，这感动不是云水激荡的，而是一点一点累积起来。这是有烟火人气的感动。（1995：6）

在男性宏大政治军事视野中，女性日常化的民间叙事一向微不足道。然而，在王安忆笔下，那些以大量笔墨书写女主人公日常起居的平常事却变成叙事核心，承担起民间叙事举足轻重的文化使命，表现了女性与历史，或女性与城市之间千丝万缕的关系。女性在历史上向来受漠视（歧视），女性的历史从来就不记载在字里行间。然而，王安忆却是企图颠覆文学里惯有的男性叙事，尝试从 1990 年代努力建构和经营的女性空间里，以女性最细碎、无聊和俗气的生活细节来诠释一个民族对历史的记忆和想象。这无

---

① 凯文·林奇著，林庆怡等译：《城市形态》，华夏出版社，2001 年，第 94 页。

疑是以王安忆自身的记忆为基础：

> 上海，我从小就在这里生活。我是在上海弄堂里长大的，在小市民堆里长大的。其实，我父母都是南下干部。我对上海的认识是比较有草根性的，不像别人把它看得那么浮华的，那么五光十色的，那么声色犬马的。好像上海都是酒吧里的那种光色，抽抽烟、喝喝酒，与外国人调调情。我觉得上海最主要的居民就是小市民，上海是非常市民气的。市民气表现在对现实生活的爱好，对日常生活的爱好，对非常细微的日常生活的爱好。真正的上海市民对到酒吧里坐坐能有多大兴趣。①

王安忆小说对日常化生活细节的感受，从《长恨歌》伊始已经达至巅峰状态，到后来的《富萍》，甚至《上种红菱下种藕》(2002)，笔调可说是有一种"人淡如菊"的淡然。《纪实与虚构》的时候，已经可以看出王安忆建构家族历史的用意，她要完成的是个人的、女性的历史。那些向来从男性眼中建立起来的宏大叙事，在王安忆那里却变得一己和小我。她的小说看似写的是上海，实则是从上海的历史变为个人的历史，而这种个人的历史是通过日常生活的叙述完成的。王安忆表态："我对历史也有我的看法的，我认为历史不是由事件组成的，我们现在总是特别强调事件，大的事件。我觉得事件总是从日常生活开始的，等它成为事件实际上已经从日常生活增值了。历史的变化都是日常生活里面的

---

① 夏辰：《讲坛上的作家系列访谈之——王安忆说》，收入《南方周末》2001年7月12日。

变化。"①

历史上的《长恨歌》是写唐明皇和杨贵妃轰烈一时的爱情哀歌，王安忆的《长恨歌》同样以悲剧收场，然而却是一个女人再平凡不过的人生图景。王琦瑶的一生展示了上海40年的历史和其文化特征。这部小说在不同时间和空间背景之下连缀起来的生活细节，让读者同样感受了这座城市的历史和文化感。王琦瑶每天的生活意义不在于护士神圣的救人使命，却在于和"志同道合"的朋友"围炉夜话"，讲故事，猜谜语，发明简单游戏来玩乐，聊天、吃饭、搓麻将等等。王安忆是如此细微地描述日子的家常，然而正因为有淡然如水的生活托底，王琦瑶抵抗日常生活的坑坑洞洞才更见女性独有的坚韧。王琦瑶经历了国乱、建国、"文革"，甚至"后文革"时期，但她的一生却临危不惧地生活在整个宏大的历史叙述当中。王安忆有意淡化小说中建国初期到"文革"十年间的时间和政治背景，"日常化"的都市空间和形态相反地更被凸显出来。若放在历史和政治宏大的叙述中来看，王琦瑶——一个普通上海市女子在平常生活中的小情小爱，却更真实地揭示了社会底层面的生活。

《长恨歌》关心的是王琦瑶日常生活的细枝末节：摆弄服饰、做饭烧菜、养小孩、好打扮、办派对等等，不禁让人觉得王安忆是何其刻意去回避40年来历史的真相和真实。这点她也不否认："我个人认为，历史的面目不是由若干重大事件构成的，历史是日复一日、点点滴滴的生活的演变。譬如上海街头妇女着装从各色旗袍变成一式列宁装，我关注的是这样一种历史。因为我是个写小说的，不是历史学家也不是社会学家，我不想在小说里描绘重

---

① 刘颋：《常态的王安忆　非常态的写作》，原载《文艺报》2002年1月15日。

大历史事件。小说这种艺术形式就应该表现日常生活。"① 王安忆
这点说得何其决绝，因为她原就不打算建构宏大的历史叙事。然
而细读小说，这话其实欲盖弥彰。《长恨歌》在个人叙事的背后其
实隐约看到了王安忆对历史的想象：

> 一九四六年的和平气象就像是千年万载的，传播着好消
> 息，坏消息是为好消息作开场白的。（48）

> 王琦瑶住进爱丽丝公寓是一九四八年的春天。这是局势
> 分外紧张的一年，内战烽起，前途未决。（101）

> 这是一九四八年的深秋，这城市将发生大的变故，可它
> 什么都不知道，兀自灯红酒绿……（120）

> 一九六零年的春天是个人人谈吃的春天。（221）

> 一九六六年这场大革命在上海弄堂里的景象，就是这样。
> 它确是有扫荡一切的气势，还有触及灵魂的特征。（258）

> 屋角里坐着一个女人，白皙的皮肤，略施淡妆，穿一件
> 丝麻的藕荷色套裙……这就是一九八五年的王琦瑶。（331）

《长恨歌》的时空横跨了40年。一个女人也好，一座城市也
罢，毕竟共同经历了四十年代十里洋场的璀璨，五十年代的上海
解放，六十年代"文化大革命"前后，一直到八十年代改革开放
的上海都会。尽管"他们又都是生活在社会的芯子里的人，埋头
于各自的柴米生计，对自己都谈不上什么看法，何况是对国家，
对政权"（224），然而这个城市的历史始终是王安忆无法回避的。
她确实要把自己对历史的想象嵌入王琦瑶再平凡不过的一生，因

---

① 　王安忆：《我眼中的历史是日常的》，原载《文艺报》2000 年 11 月 11 日。

此，上海最动荡的文革时代，王琦瑶居然还安然无事地在弄堂里过着搓麻将、和男人游戏的悠闲日子，王安忆拒绝宏大叙事，超越了历史叙事的崇拜，然而无可否认，她最无以回避的，还是人类存在于日常生活之中对历史空间的想象。

另外一点可从王安忆所选择和刻画的人物形象来看。不管是《长恨歌》还是《富萍》，几乎都看到王安忆沉溺于书写小人物的生活形态。王琦瑶告别爱丽丝公寓以后，回到平安里来生活。平安里这地方是上海最让人觉得污秽、粗俗的地方。伴着王琦瑶在这里生活的是严师母这类大事小事都要串门子的孀妇，打牌、针线活、打麻将、下午茶等，成了平安里最写实的生活画面。还有，那些后来围绕在王琦瑶身边，为的是她的一箱黄金条的老克勒、长脚，甚至是自己的亲女儿薇薇，他们的嘴脸都显得何其卑微和猥琐。可是王安忆说，写《长恨歌》时恰恰吸引她写下去的，"是王琦瑶从选美的舞台上走下来，走到平安里的一间屋里，屋里的客人，从资产阶级渐渐换成外币黄牛、长脚等人，这就是我所认识的历史"。① 说到底，无论历史怎样变迁，作家关注的是宏大叙事以外那些专心致志过日子的边缘人物，正是这些不为人道的生活形态，达到了小说欲"补正史之阙"的作用。

早在《长恨歌》写作之前，王安忆已通过一篇短篇小说《"文革"轶事》分析了上海给她的感受：

这里的每一件事情都是那样富于情调，富于人生的涵义：一盘切成细丝的萝卜丝，再放上一撮葱的细末，浇上一勺热油，便有轻而热烈的声响啦啦地升起。即便是一块最粗俗的红腐乳，都要撒上白糖，滴上麻油。油条是剪碎在细瓷碗里，

① 王雪瑛：《〈长恨歌〉，不是怀旧》，《新民晚报》2000 年 8 月 6 日。

有调稀的花生酱作佐料。它把人生的日常需求雕琢到精妙的极处，使它变成一个艺术。……上海的生活就是这样将人生、艺术、修养全都日常化、具体化，它笼罩了你，使你走不出去。（1993：20）

如此精致的生活细节读来不免让人觉得有点怵目惊心，仿佛日子要是一出了轨就很可能伤了自身。2000年的《富萍》展示了一个更有人间烟火的贫民区，王琦瑶的细致和琐碎已经逐渐消解，剩下来的是细水长流的生活态度。王安忆的小说语言越走下去就越显得自然平实，《长恨歌》时的委婉细腻不见了，但不能否认的是，她小说语言表现出来的是一种来自日常生活的具体可感。《富萍》的说话简洁、干净，运用无数短句，如"富萍和奶奶生了隙""四个人连成一串出了门"等等。又比如富萍的长相就这样被作者带了出来："富萍长了一张圆脸，不是那种荷叶样的薄薄的圆脸，而是有些厚和团，所以就不像一般的圆脸那样显得活泼伶俐。"（27）又说："富萍是有一种妩媚的，不是在长相里，也不是在神气里，而是在周身上下散发出的气息里面。这和她扬州的乡风有关，和青春有关，当然和性别也有关。"（28）王安忆确是有意和宏大的叙事抗衡的，她甚至尝试以更平实无华的小说语言来和历史的宏大叙事抗衡。回到她之前说的——"历史的变化都是日常生活里面的变化"——我们现在也许就可以理解她的用意，而以下张旭东对她的解释则就更能说明王安忆的心意了：

"世俗日常生活的精致与繁杂瓦解和抵消了历史的震荡和它的"宏大叙事"，它充满于时间之中的是毫不忸怩的肉体放纵以及被称之为生活的艺术的东西。……而在上海，日常生活领域是躲避历史和它的激进化形态的最后的避难所，它也是一块练习意识形态移情的训练地。这种移情总是关涉到对时间、历史和社会变革的政治信念。"①

我们对上海历史的记忆永远是由文字记录的大小事件和人物所组成，似乎只文字才得以让我们理解这个社会有所存在的意义。但是，王安忆对历史的诠释却是来自你我最熟悉的日常。书本上历史的记忆总是背负太多，而王安忆笔下平庸的生活记忆何不一样也同样背负着另一种存在的使命？王琦瑶是那个被大时代洪流怎样也吞噬不了的一个平淡无奇的小人物，然而她那无以消解的欲望、爱恨和情愁尽管和历史潮流相悖，却是上海人（个体）对生存或生活空间的想象。因此我们说，历史宏大的叙述，最终也许必须"召回到个人的、日常的、琐碎的、常态的反宏大叙事语言（anti-grand narrative rhetoric）"，因为只有如此，我们才能在历史的情境中，找回对所居之地的认同。

缅怀历史：对现代上海的认同

"这风情和艳是四十年后想也想不起，猜也猜不透的。这风情和艳是一代王朝，光荣赫赫，那是天上王朝。"（1995：47）

"那龙虎牌万金油的广告画是从上海来的，美人图的月份牌也是上海的产物，百货铺里有上海的双妹牌花露水、老刀牌香烟，上海的申曲，邬桥人也会哼唱。"（1995：144）

---

① 张旭东：《上海怀旧——王安忆与上海寓言》，收入张旭东：《批评的踪迹——文化理论与文化批评（1985—2002）》，北京：三联书店，2003年，第55页。

美国汉学家斯蒂芬·欧文（即宇文所安）在《追忆》一书中对中国古典文学在追忆"时间"而写出"不朽"的文学作品作了如此解释："在中国古典文学里，到处都可以看到同往事的千丝万缕的联系。'后之视今，亦犹今之视昔'，既然我能记得前人，就有理由希望后人会记住我，这种同过去以及将来的居间的联系，为作家提供了信心，从根本上起了规范的作用。就这样，古典文学常常从自身复制出自身，用已有的内容来充实新的期望，从往事中寻找根据，拿前人的行为和作品来印证今日的复现。"① 王安忆大部分的小说常都被人说成"怀旧小说"，《长恨歌》尤是。这部小说从开篇即以一种感伤的叙事口吻来缅怀上海的弄堂、闺阁、流言、出生于1940年代的所有上海女儿，还有之后的片厂、开麦和拍照、沪上淑媛、上海小姐竞选、公寓等等，都在看出作者缅怀上海旧时风月的努力。这些描述和想象显然超越了时间和空间，让王安忆能够在重构昔日上海的同时，把自己对当时上海的想象重现出来。

王安忆为何要重拾上海的怀旧情怀呢？李欧梵用了杰姆逊的观点来解释后现代文化中常出现的"怀旧"。他说杰姆逊用"用的词是 nostalgia，可能不能译为'怀旧'，因为所谓的'旧'是相对于现在的旧，而不是真的旧。从他的理论上说，所谓怀旧并不是真的对过去有兴趣，而是想模拟表现现代人的某种心态，因而采用了怀旧的方式来满足这种心态"。② 换言之，王安忆在《长恨歌》创造出一个怀旧的世界的同时，她是多么渴望过去的上海情怀也可以再现于她处身的现代化上海。因此，她只好通过《长恨

---

① 斯蒂芬·欧文：《追忆——中国古典文学中的往事再现》，上海古籍出版社，1990年，第1页。

② 李欧梵：《当代中国文化的现代性和后现代性》，《文学评论》1999年第5期，第45页。

歌》重新呼唤过去，企图回到历史的现场，希冀藉着历史传统所承载的文化记忆来延续其历史的功能，而她又期许一个民族集体性的怀旧或许可以做到这一点。李欧梵说"她不断塑造着旧日的上海，这个上海并非为她所亲历，只存在于她的想象之中"①，实际上，我们难以预测的是王安忆的怀旧视野竟是如此辽阔。

《长恨歌》怀旧的审美心理很多时候是出自作者对文化记忆的想象。人们可以借助过去对社会的记忆来透视他们对生活的态度、生存价值，甚至人类的精神归属。这部小的策略是通过旧上海的繁华梦来建构小说家对其城市的文化认同。我们看《长恨歌》里如何描述"城市"和"女性"之间的关系：

> 她对着镜子梳头，从镜子里看见了上海，不过，那上海已是有些憔悴，眼角有了细纹的。她走在河边，也从河里看见了上海的倒影，这上海是褪了色的。她撕去一张日历，就觉着上海又长了年纪。上海真是不能想，想起就是心痛。那里的日日夜夜，都是情义无限。（144）

走在1990年代现代化上海的街头，王安忆的怀旧可以说是因为她更认同和爱恋上海的现代性。"她这一颗上海的心，其实是有仇有怨，受了伤的"（144），因此，王安忆才更觉得自己需要"寻找上海"。《长恨歌》的写作动机，王安忆已经说得很明白。她说："《长恨歌》是一部非常写实的东西。在那里我写了一个女人的命运，但事实上这个女人只不过是城市的代言人，我要写的其实是

---

① 李欧梵：《当代中国文化的现代性和后现代性》，《文学评论》1999年第5期，第45页。

一个城市的故事。"① 《长恨歌》的"怀旧"虽然是拉开了时空距离和心理差距，但实际上，因为作者对怀旧世界作出不尽的想象，让她不得不更靠近和认同当下的现实环境。

移民去寻找不存在的上海

接下来的《富萍》其实更可以看到王安忆从怀旧走出来以后，尝试努力安置自己在上海这座现代之城。同样是写上海，然而《富萍》着力描写的却是这城市的边缘地带。王晓明的一篇长文《从"淮海路"到"梅家桥"》，企图对王安忆从《长恨歌》到《富萍》在书写上海的转变作出探讨。从淮海路到梅家桥，很显然王安忆已经告别昔日的海上风华，如今的梅家桥处于上海最边缘的地带，它收敛了十里洋场风云一时的璀璨，梅家桥却是一片建在垃圾场上破旧不堪的棚屋，居民以拾荒、磨刀、贩食、折锡箔为生计，即使是主人公——18岁的农村姑娘富萍也来自扬州乡下，有那种乡下人独有的木讷、呆滞、粗糙、迟钝和乡气。然而，王安忆又似有不甘，让富萍涉足于上海两个特性非常极端的空间：一个是奶奶和保姆们，也是上海人心目中"真正的上海"——淮海路；另一个是舅舅等运垃圾的船工为代表的闸北区苏州河边的棚户区。从海上来，如今又回到上海去，王晓明简括一句：那是王安忆对旧上海的咏叹。② 不管怎样，王安忆对上海这座城市的认同仍旧是建立在二元对立的老问题上，即中心/边缘。论者都说《富萍》完成的是一部移民史。富萍是奶奶抱养的孙子还未过门的

---

① 王安忆：《更行更远更生——齐红、林舟问》，收入王安忆：《重建象牙塔》，第191—192页。

② 王晓明：《从"淮海路"到"梅家桥"》，《文学评论》2002年第3期，第10页。

媳妇。她被奶奶从扬州乡下带到上海来，她然后为孙子成天看守孙媳妇富萍。富萍到了上海，上海是她小小世界里的另外一扇窗子，她在这窗外看到了另一个她难以融入的不属于她的世界。然而这世界却从此改变了她的一生。

《富萍》的命名是深具寓意的。这群居住在上海的人其实全是"外来者"，宛如"浮萍"，一直是无根无垠的继续漂泊。首先是奶奶，她的身份其实最为尴尬，她虽然在上海帮佣了三十年，又远融不到上海的血肉里边去——"在上海生活了三十年，奶奶并没有成为一个城里女人，也不再像是一个乡下女人，而是一半对一半。"（5）——然而，她却很努力地把自己变成一个真正的上海人。她在上海三十年，拥有上海户口，学会几句洋文，也"是个有身份的奶奶"，可是她又丢不了旧习，她称"东家"改不了口叫"师母"；可是奶奶也相当有影响力，一对小姐妹因为她欣然接受了扬州菜和越剧；又比如她做保姆这一行，"只有她挑人家，不会人家挑她。而且她拿定了，只在西区的淮海路上做，只做上海人，那些说山东话的南下干部家里，她是不做的"（7—8）——然而，奶奶心中却一直没有放弃还乡养老的计划。有次，奶奶进入棚户区去舅舅家找富萍，即刻就得到棚户区居民的认可，视奶奶为座上宾，对他们而言，来自淮海路的奶奶才是真正的上海人。奶奶住进棚户区无疑是上演了另一幕移民仪式。奶奶形象的刻画很明显就看出她是个很努力向中心靠拢的人。诚如王安忆把奶奶写得如此决绝："奶奶所住的淮海路，在他们住闸北的人眼里，是真正的上海。所以，舅妈穿过棚户内的长巷，遇着人问她上哪里去，她就朗声答到：到上海去。"（157）

正因为有奶奶垫底，王安忆真正的目光其实要指向在上海边缘的底层社会。因为奶奶的唆使，李天华到上海来接富萍回乡去。

然而，富萍一来是因为逃婚，二来是不想回到乡里，于是她这次又逃到舅舅居住闸北区苏州河边的棚户区。这里显然是邋遢、污秽和贫穷的象征，苏州河上的船工虽然是以运送垃圾和粪为生计，但是在他们却处处体现出对生活顽强的生存意志和坚韧的生活态度。比如舅舅、舅妈同样是来自扬州乡下的移民，但是经过多年的努力，他们的生活也终于熬出了头。王安忆的故事说到这里，显然还没意思给漂泊无依的富萍靠岸，那富萍最后的归向是何处呢？这仿佛也是王安忆这些年来在书写上海的同时念兹在兹的问题。富萍从开始就被奶奶带到真正的上海去，然后又经舅妈要她留在棚户区，这个过程已在在显示出边缘意识对身份认同所起着的作用。富萍一直都不愿意回到乡里，但是她在上海的生活很容易就露了底——"她紧绷绷的，透出一股子鲜艳的乡气。和她的表情一样，她的行动也是迟钝的，看上去很'木'"，"这姿态也有一种鲜艳的乡气。城里女人不会这样开放自己的肢体，步子也不会这样碎而轻捷，有一点像台步"（28）——在淮海路和苏州河之间挣扎以后，王安忆最后安排她来到前面说过的梅家桥。

近代上海的历史是一段移民的历史。《富萍》所有的人物都属于上海的外来者。这个以 1960 年代为背景的移民史最后要寻找的精神归属将何处寄托？那里会不会是一处无法勾勒出来的、不存在的上海绘图？富萍的出现也许是对历史和空间想象的反抗，因为即使再怎么努力，上海这座只有一百多年历史的城市毕竟还是难以安身立命。陈思和在一篇文章《论海派文学的传统》，曾经这样解释这座城市的文化记忆："像上海这样一种移民城市，它的许多文化现象都是随着移民文化逐渐形成的，它本身没有现成的文化传统，只能是综合了各种破碎的本土的民间文化。与农村民间文化相比，它不是以完整形态出现的，只是深藏于各类都市居民的记忆当中，形成一种虚拟性的文化记忆，因而都市民间必然是个人性的、破碎不全的。"①

由此观之，富萍若选择在上海安身，必要从她原有的民间记忆中重整个人的立足点。她笔下勾勒出的梅家桥虽然和现代化上海有所差距，却最能反映出王安忆对民间文化寄寓的一种崇高理想。诚如她说："这是真正的劳动吃饭的生活，没有一点悔对内心的地方。"（2000：150）富萍最后没有在上海的中心淮海路落脚，也没有栖居于上海边缘的棚户区，她最终选择离开棚户区更边缘的地方——梅家桥落脚。富萍在那里结识一对靠糊纸盒为生的母子，其儿子是个残疾人，富萍就这样与他们生活在一起，并且在那里落叶归根。王安忆之前积极"寻找上海"，最终却回归到她当初坐着痰盂进上海的来处，她到底要寻找怎样的上海呢？富萍在梅家桥跟着这对母子糊纸盒过日子，"富萍的心情很安谧，因为这对母子都生性安静"，（241）富萍选择在"残缺"（青年是一残疾人）的下层生活层面中生活，过的是一种宁静、诚实、善良和有尊严的生活。这幅美丽的人生图景说来似一座桃花源，却是王安忆努力经营的一幅上海绘图，只有在这里才找到人们何时何地都得紧守的一种生存态度。

结　语

从《长恨歌》开始，王安忆孜孜以求一座"城市的故事"。她站在上海至高点来看这座城的当儿，也许有过那么一刻她是要迷失其中的。诚如她晓得："在这个地方，永远不会有人知道他从哪

---

① 陈思和《论海派文学的传统》，收入《杭州师范学院学报》第一期，2002 年，第 6 页。

里来，他也从不知道，别人从哪里来。"① 那一年，她踉踉跄跄坐着痰盂进上海，目的就是要"寻找上海"。从《长恨歌》到《富萍》仅仅五年之间，王安忆已经无法回避上海这座城确是她终身的依归。海上繁华梦也只是一时风华，王琦瑶（王安忆）最终是要告别舞台上的昨日光辉，来到后台换上富萍那套朴素的衣服，再回到平实里头去。即使她曾那么狂热地书写"我城"，最终为上海绘出的不过是一幅最平淡无奇的人生图景。繁华落尽，平淡是福。这也是王安忆心里知道："我们便只有一条出路，走向我们自己。"②

（本文系首次发表。）

①　王安忆《城市无故事》，收入王安忆：《漂泊的语言》，北京：作家出版社，1996年，第429页。
②　王安忆《城市无故事》，第431页。

创造一个宏大的存在：论王安忆长篇小说诗性语言的建构和转变

伍燕翎

"语言首先为一切有目的的深思提供道路或僻静的小径。没有语言，一切思想和行动就没有能够借以激发和发挥作用的那一度。因此，语言本来并不是思维、情感和意志的表达。语言原本是人的本质在其中，首次可以符合存在以及存在的召唤……"

——海特格尔：《人，诗意地栖居》

前　言

翻开中国文学史的第一章，我们读到的是《诗经》。《诗经》是初民最早以歌谣形式来探知外部世界的"巫术之音"。它是中国诗歌的源头，也是初民用以表述情感的方式。随之的楚辞、汉赋、乐府诗和中国古诗之瑰宝——唐诗，皆可看出以诗之形式来表达生活的内容。即使是古代文论巨著《文心雕龙》也采取了骈文和赋这种美文的形式，这无疑说明了"文学自觉时代文论的言说主体对言说方式诗意化的自觉性体认"。① 由此，我们相信，中国古

---

① 　李建中：《原始思维与古代文论的诗性传统》，收入李建中，《古代文论的诗性空间》，武汉：湖北人民出版社，2005 年，第 25 页。

典文学在表现人类思维方式时用的皆是一种"诗性的语言"。换言之，中国古代文学尤其诗学的传统确实可看出诗性智慧的投射。意大利伟大哲学家维柯（Vico，1668—1744）亦曾经把上古异教民族或哲人最初的智慧称之为"诗性的智慧"。①

兴盛于20世纪初的俄国形式主义的核心概念——"陌生化"（defamiliarization）对"诗意性"（poeticity）提出了较为完整的理论基础。在西方文艺美学史上，哲学家亚里士多德的著名专著《诗学》对"陌生化"的诗学理论提出了最初步的概念。他说："给平常的事物赋予一种不平常的气氛，这是很好的；人们喜欢被不平常的东西所打动。在诗歌中，这种方式是常见的，并且也适宜于这种方式，因为诗歌当中的人物和事件，都和日常生活隔得较远。"②"陌生化"最早源于文学评论家的诗学理论，主要为了发掘和揭示诗歌语言本身的"诗性本质"。这也是后来俄国形式主义者极力推崇的。他们相信语言是人们在认识和理解世界的最初始时冲动产生的，它本是一种诗性的创造活动，根植于原始人类最初的心灵感动，并成为他们的诗化哲学。据形式主义学派的说法，人类初始的语言非常富含诗性，但是随着历史的发展，语言逐渐失去原有的"诗性本质"，并随之僵化，放弃了语言最初的诗意性和灵动性。故此，形式主义者主要的工作即是重新寻回和挖掘语言本身原有的"诗性本质"，让后来我们日常惯用的机械化语言还复其身。陌生化诗学理论较后成熟于20世纪初维克托·什克洛夫斯基（Victor Shklovski，1893—1984）的手中。在什克洛夫斯基著名的论文《作为手法的艺术》中，他刻意区分了散文式的语言建构和诗歌语言规律的相对立。他认为散文式的语言有如熟

① 维柯著，朱光潜译：《新科学》，北京：人民文学出版社，1997年，第161页。
② 亚里士多德著，陈中梅译：《诗学》，商务印书馆，1996年，第15页。

悉的动作，一旦成为习惯性便变得无意识和机械性了，反之诗歌语言中"没有平稳语音的异读规则"或"允许有难发的音的组合"更为人注目。① 由此，什克洛夫斯基提出：

> 艺术的目的是使你对事物的感觉如同你所见的视象那样，而不是如同你所认知的那样；艺术的手法是事物的"反常化"手法，是复杂化形式的手法，它增加了感受的难度和时延，既然艺术中的领悟过程是以自身为目的的，它就理应延长；艺术是一种体验事物之创造的方式，而被创造物在艺术中已无足轻重。②

上面提到的"反常化"即是对"陌生化"诗学理论的最初诠释。由此可见，形式主义者追求的是对事物最原始的感受和最初面貌的感知。由此，倘若我们要从呆板和僵化的惯常生活形态里抽离出个人对事物的最切身体验，则有必要使用艺术化的手法，即是诗语的"陌生化"来回归到人类最早的诗性语言去。

仔细爬梳中国现代小说史，小说的现代性发展自"五四"现代化进程以后，我们其实可以发现，中国现代小说一直沿着"小说抒情化"的发展轨迹，形成了小说散文化的独特文体。以废名（1901—1967）首开"田园小说"之后，小说散文化逐渐受到重视。沈从文（1902—1988）、郁达夫（1896—1945）、萧红（1911—1942）、孙犁（1913—2002）等，到对小说语言散文化尤为偏爱的汪曾祺，更是将此文体的发展推前了一步。著名小说评

---

① 什克洛夫斯基《作为手法的艺术》，收入什克洛夫斯基等著，方珊等译：《俄国形式主义文论选》，北京：三联书店出版，1992年，第5—6页。
② 同上，第6页。

论家杨义在他的《中国现代小说史》一书中将类似的小说笔法理解为"小说的'散文化'"。① 从小说散文化的发展谱系来看，中国现代小说这种抒情的散文笔法，很多时候被文学评论者认为是"小说诗化"。人物、情节和环境的淡化，使得小说家更着力处理小说语言的问题。诚如对"写小说就是写语言"的汪曾祺而言②，他对"诗化小说"的看法是："所谓诗化小说的语言，即不同于传统小说的纯散文的语言。这种语言，句与句之间的跨度较大，往往超越了逻辑，超越了合乎一般语法的句式（比如动宾结构）。"③ 这点和俄国形式主义主张"陌生化"的诗学理论略有相似之处，即是写作者渴望超越固有的叙事和语言形态，进行语言的反规范。

从中国现代小说诗化的传统派生出去，王安忆可视为继汪曾祺以后，以散文化的笔触来呈现小说的当代作家。从她早期的小说《雨，沙沙沙》到"三恋"，已经可以看出王安忆对抒情语言的偏爱，更何况她是当代少数能把小说语言理论付诸于实践的作家。从《长恨歌》（1995）、《富萍》（2000）到《上种红菱下种藕》（2002），她这时期对长篇小说的着力表现，显然看出她正处于写作最巅峰的时刻，而这时她对小说语言的实验和实践也可谓是到了炉火纯青的地步。本文尝试从俄国形式主义的理论核心——"陌生化"手法的视角下来探索王安忆的小说语言。

---

① 杨义认为："小说的'散文化'，乃是小说的自由化、随意化，它把小说的环境化淡，人物化虚，情节化少，而唯独把情绪化浓。"参阅杨义，《中国现代小说史》第一卷，北京：人民文学出版社，1986年，第85页。

② 汪曾祺著，陆建华编：《汪曾祺文集》（文论卷），南京：江苏文艺出版社，1993年，第20页。

③ 同上，第85页。

诗意性形象的建构

什克洛夫斯基在《作为手法的艺术》一文开宗明义表示"艺术是用形象来思维"，说明"形象"对文学尤其诗歌的重要性。他借用波捷勃尼亚的理论基础，指出："诗歌是一种特殊的思维方式，即藉助于形象的思维，而形象的任务即藉助于它们可以把各种各样的对象和活动归组分类，并通过已知来说明未知。"① 我们可以这样来认知这段话，即作者只有通过形象化了的事物才得以更能掌握事物的特性，尤其对难以认识和理解之事物而言，"形象"有助于厘清、整理和建构我们的思维或思考模式。然而，何以只以诗歌作为藉助于形象的思维？倘若用什克洛夫斯基自己的解释，乃是因为"诗意性形象是造成最强烈印象的手段之一"。②

中国哲学里，早有老子提出"大音希声，大象无形"，认为"无声""无形"是实物之外所有的想象意蕴，这才是事物至美的境界。中国文学传统尤其注重"意象"，并且着重的是"言外之意"。晚唐司空图提出"象外之象""景外之景"和"味外之旨"是古代文论对"意境""意象"的进一步要求。俄国形式主义者主要是在现实的处境中找到艺术的表达，把日常所感所知升华到艺术化的语境之中。

王安忆善于驾驭长篇，《长恨歌》一直被认为是她对中国当代小说最大的敬礼。王德威因此说她是继张爱玲以后真正的海派传人也不为过。以王安忆向来的小说语言而论，《长恨歌》确实有较

---

① 什克洛夫斯基《作为手法的艺术》，收入什克洛夫斯基等著，方珊等译：《俄国形式主义文论选》，第 1 页。

② 什克洛夫斯基《作为手法的艺术》，收入什克洛夫斯基等著，方珊等译，《俄国形式主义文论选》，第 4 页。

高的文字密度，即使是用语的组合或意象的选取，亦是经王安忆精挑细选。

《长恨歌》写一个上海女子王琦瑶的一生之余，也同时完成了一部上海文化史。这部隐约看出作者仿拟雨果《巴黎圣母院》的小说构造利用了极大的篇幅来描述场景：弄堂、流言、闺阁、鸽子和上海弄堂的女儿。这些意象的选择无疑间接地加深了作者对小说主题的审视，以及读者的阅读印象。《长恨歌》可说是王安忆小说中意象堆砌得最多的一部。从《长恨歌》的第一章，已经看出作者对这些意象的撷取的用意。先看她给"弄堂"和"流言"的各种形象：

"那种石窟门弄堂是上海弄堂里最有权势之气的一种，它们都带有一些深宅大院的遗传，有一幅官邸的脸面……"（4）

"上海的弄堂是性感的，有一股肌肤之亲似的。它有着触手的凉和暖，是可感可知，有一些私心的。"（5）

"上海的后弄更是要钻进去人心的样子。"（6）

"弄堂里横七竖八晾衣竹竿上的衣物，带有点私情的味道……"（6）

"上海的弄堂真是见不得的情景，它那背阴出的绿苔，其实全是伤口上结的疤一类的，是靠时间抚平的痛处。"（7）

"上海弄堂如果能够说话，说出来的就一定是流言。"（8）

"这些流言是贴肤贴肉的……"（7）

"流言是要老派一些的，带薰衣草的味道的……"（7）

"拐角楼梯的弄堂房子的流言则是新派的，气味是樟脑丸的气味。"（7）

"流言总是鄙陋的。它有着粗俗的内心，它难免是自甘下贱的，它是阴沟里的水，被人使用过的，污染过的。它是理不直气不壮，只能背地里窃窃喳喳的那种。它是没有责任感的，不承担后果的，所以它便有些随心所欲，如水漫流。"（9）

"上海的弄堂是藏不住大苦衷的。它的苦衷都是割碎了平均分配的……"（11）

类似的描述在《长恨歌》里俯拾即是。以上例子加黑的形容词语，虽然全是用以描绘弄堂和流言，但它们无不是紧贴着上海市民日常的生活气息。王安忆有一句贴切的话这样形容上海的弄堂："上海弄堂的感动来自最为日常的情景，这感动不是云水激荡的，而是一点一点累积起来。"（6）细读之下，王安忆对一事一物的洞察无不是来自她的日常生活，这使她对四十年代上海以及活动于此空间人物的心理掌握得极为准确。什克洛夫斯基的"反常化"即是要恢复人们对日常事物细部的视察，乃至从僵化和麻木的事物寻回对生活最初的感受。《长恨歌》近乎大量读到类似上述极富表现力的短句，尤其突显的是，这些以"……是……的"判断句式表现了作者主观的叙事口吻，同时也反映了语言的可感度。

诗意性形象的建构主要是来自文学语言的可感性。语言的僵化主要是因为日常用语的习惯和普及，故而陌生化语言追求的则是感官反应出来的第一印象和感觉，换言之，陌生化语言着重的是直观的、可感的语言。这种产生于主观、直觉和感性的审美效应恰是什克洛夫斯基所说的"反常化手法"。他以列夫·托尔斯泰只写其所见，洞察秋毫的写作笔法进一步说明。他说道："他不用事物的名称来指称事物，而是描述第一次看到的事物那样去加以描述，就像是初次发生的事情，同时，他在描述事物时所使用的名称，不是该事物中已通用的那部分的名称，而是像称呼其他事物中相应部分那样来称呼。"① 根据以上的说法，"反常化"着重的是作者直观的主观印象。因此，小说家若要加以描述初次出现的人物、场景和事物时，敏锐的视听观感就显得无比重要了。王安忆不仅从各个角度抓准了事物最鲜明的特性，同时，她把上海的各种风情以最自然无饰的语言还原到日常生活的原貌上，构成了小说中完整和统一的叙事风格。

什克洛夫斯基指出："凡是有形象的地方，几乎都存在反常化手法。"② 王琦瑶，这个人物形象是用"时间"来刻画的：

"她不数日子，却数墙上的光影，多少次从这面墙移到那面墙。她想：'光阴'这个词其实是'光影'啊！她又想：谁说时间是看不见的呢？分明历历在目。"（115）

"那面墙上的光影，简单熟过骨头里去的，流过了一百年一千年的样子，总也不到头的，人到底是熬不过光阴。"（286）

"她收起烟还得再坐一时，听那窗外有许多季节交替的声音。都是从水泥墙里钻出来的，要十分静才听得见。是些声音的皮屑，蒙着点烟雾。有谁比王琦瑶更晓得时间呢？别看她日子过得昏天黑地，懵里懵懂，那都是让人搅的。窗帘起伏波动，你看见的是风，王琦瑶看见的是时间。地板和楼梯脚上的蛀洞，你看见的是白蚂蚁，王琦瑶看见的也是时间。

---

① 什克洛夫斯基《作为手法的艺术》，收入什克洛夫斯基等著，方珊等译：《俄国形式主义文论选》，第7页。
② 同上，第8页。

298

星期天的晚上，王琦瑶不急着上床睡觉，谁说是独守孤夜，她是载着时间漂呢！"（318）

《长恨歌》里写尽了王琦瑶的一生，其中有繁华，也有沧桑；有青春，也有堕落，读不尽的是关于一个女人从生到死的人世岁月。然而，王琦瑶脸上的岁月却不是掠过无痕，王安忆利用有形的光影来写无形的光阴，以实写虚，又添了无尽唏嘘。王安忆把人们对"时间"的感觉还原到王琦瑶身上，让我们看见时间正从王琦瑶身上一点一滴地流失呢！"熟""熬""搅"和"载"几个动态词性的使用，也同时展示了主人公和时间之间的挣扎和拉锯。

早在写作《长恨歌》以前，王安忆在《当前文学创作的"轻"与"重"》一文，曾对她的小说语言风格作了相当自觉地说明："我近来常常感到所谓写小说，就是一定要把小说语言和日常语言去区别开来，小说是小说自己的话。既然这样，在小说中戏剧性地模仿人物语言以至于达到类似日常生活的真实性，就越来越值得怀疑了，我以前写人物对话，总是说'他说……''她说……'，照录不误，现在这种写法我总力求加以避免。这看起来是个小问题，但我认为是个大问题，根本的问题。归根到底，小说语言是一种叙述性的语言，也可以说是语言的语言或抽象化语言。小说家寻找一种生活中没有的语言去描绘生活中到处可以碰到的一些经验现象，包括语言现象，这是问题的关键。"① 很显然，王安忆是有意识地在现实生活中寻找小说语言的材料，在俄国形式主义者看来，这就是艺术为满足人们的审美需求而存在，而这种对审美需求的满足主要是使人们恢复对生活的感觉。王安忆所谓"生

---

① 陈思和、王安忆等：《当前文学创作的"轻"与"重"》，《当代作家评论》1993 年第 5 期，第 14—22 页。

活中没有的语言"并不是指文学中精雕细刻的美丽辞藻，而是王安忆自觉地将小说语言和日常机械性的用语区别开来，因为，她需要在生活经验中找到自己熟悉的叙述语言来描绘生活的体验。

《长恨歌》写作不久后，王安忆在复旦大学的授课上，对"抽象化语言"有进一步的说明。王安忆提出语言作为小说之建筑材料时说过，相对于具体化的语言，小说的语言应该是抽象化语言。她认为抽象化的语言是"都是平白朴实的语言，是最为简单最无含义"的语言，同时也是"以一些最为具体的词汇组成的语言"。① 这种完全放弃了时代感、色彩性和个性化的语言，恰恰是王安忆所努力追求的。王安忆身为上海人，可是她并没有采用南方特有的方言俗语，反倒是对北方汉语进行了最凝练的提升。她钟意于抽象化的语言，因为她想"用这些最常见，最多见的词汇描写任何一种特别的情景。"② 且看她要读者如何去感受王琦瑶内心的孤独和寂寞：

> "爱丽丝公寓是这闹市中的一个最静，这静不是处子的无风无波的静，而是望夫石一般的，凝冻的静。那是用闲置的青春和独守的更岁作代价的人间仙境，但这仙境却是一日等于百年，决非凡人可望。"（97）

> "一次次恋爱说是过去，其实都留在了脸上。人是怎么老的？就是这么老的！胭脂粉都是白搭，描绘的恰是沧桑，是风尘中的美，每一笔都是欲盖弥彰。"（310）

---

① 王安忆：《心灵世界——王安忆小说讲稿》，上海：复旦大学出版社，1997年，第313—316页。

② 同上，第317页。

王安忆提出的"抽象化语言"其实是基本词汇中使用得最为普遍的，然而恰是这些普遍通用的词汇让人觉得最具生命力和感受力。同时，因为这些词汇的组合恰是来自大多数人们的生活经验，而王安忆以他们的经验为前提，以他们的感受为体悟，摈弃个人、时代的语言色彩，使读者不需要具备一定的社会和文化背景，或特定经验的准备来阅读。什克洛夫斯基说道："不同时代有不同时代的感受能力，每个时代都有其特有的接受定势。文学作品如欲永葆其可感性，就必须不断地变换其表现形式，因为表现形式的变化，从另一种意义上而言就是感受方式的变化。"① 《长恨歌》的表现形式，主要是建立于诗性形象的建构，而王安忆取自于日常生活的抽象化语言正是语言陌生化的一种表现手法。"陌生化的实质是针对读者的逆反心理而发出的一种挑逗。它的基本方法是通过变换表现方式来更新读者的接受意识，借以打破读者的接受定势。"②

视觉和嗅觉的还原

意大利的哲学家和语文学家维柯早在俄国形式主义者之前就从人类学研究来说明"诗性语言"的缘起。他说："我们发现各种语言和文字的起源都有一个原则：原始的诸异教民族，由于一种已经证实过的本性上的必然，都是些用诗性文字（poetic characters）来说话的诗人。……我们近代人无法想象到，而且要费大力才能懂得这些原始人所具有的诗的本性。我们所说的（诗

---

① 张冰：《陌生化研究：俄国形式主义诗学》，北京：北京师范大学出版社，2000年，第192页。

② 张冰：《陌生化研究：俄国形式主义诗学》，第206页。

性）文字已被发现是某些想象的类型（imaginative genera），原始人类把同类中一切物种或特殊事例都转化成想象的类型……"①我们于此得知，人类最初的语言不是用于认知和推理，它是有诗性的，诗性的本质主要是在于情感的投射，因此，语言最初的艺术本质即是诗。诗的本质后来被我们理解为一种想象的类型，这主要是仰赖人们的直观。

这一点和俄国形式主义者什克洛夫斯基提出的"反常化"的最终目的有所相似。他说："那种被称为艺术的东西的存在，正是为了唤回人对生活的感受，使人感受到事物，使石头更成其为石头。"② 上面对诗意性形象的建构的探讨，主要就是恢复人们对日常生活的可感，而某程度的可感性很多时候是来自人们主观的直觉观感。我以为，诗性语言的直感更多时候是从第一视觉和嗅觉上建立起来的。王安忆即是利用女性在视觉和嗅觉上特有的细腻和敏感来建构她的小说语言。从《长恨歌》开始，她小说中诸多意象已经是直接来自对视觉和嗅觉的感受。例如，她描述上海弄堂的"流言"就予人极为深刻之印象：

> 流言总是带着阴沉之气。这阴沉气有时是东西厢房的薰衣草气味，有时是樟脑丸气味，还有时是肉砧板上的气味。它不是那种板烟和雪茄的气味，也不是六六粉和敌敌畏的气味。它不是那种阳刚凛冽的气味，而是带有些阴柔婉约的，是女人家的气味。是闺阁和厨房的混淆的气味，有点脂粉香，有点油烟味，还有点汗气的。(8)

---

① 维柯著，朱光潜译：《新科学》，第162—163页。
② 张冰：《俄国形式主义文论选》，第6页。

作者仰赖自己主观和直接的情感想象，将"流言"和气味联系起来。读者因此对流窜于上海弄堂的流言有了更多更深刻的遐想。这些"薰衣草""樟脑丸"和"肉砧板"的气味仅属女性特有，而"板烟和雪茄""六六粉"和"敌敌畏"这些男性专有的气味则是和流言沾不上边的。因此，在"阳刚凛冽"和"阴柔婉约"的对比之下，即刻就能反衬出"流言"是女人家的，是闺阁和厨房的，是有脂粉气、油烟味和汗气的。王安忆利用她独有的女性触觉来描写自己对上海弄堂的认知，她赋予弄堂的气味是来自她对日常生活所见所闻的直感，这就是"陌生化"理论的主张：只有恢复语言意象的可感性，才能重建语言的审美功能；只有让文学语言跳出程序化、自动化、概念化的束缚，才能保持人们对诗意语言的追求。

俄国形式主义者在追求诗性语言提出"反常化"作为艺术手法的同时，认为反常化的目的在于，人们在面对视像的创造和审美的过程时，能够将人们对事物的感觉，或审美的过程延长。这对长篇小说叙事而言，确是相当重要的。长篇小说要能够前后贯彻，意象和语言的组合配搭必须谐调和统一，才能建立起小说叙事的完整。王安忆善于驾驭长篇，但她更擅于在长篇小说中安置适当的艺术形象。《长恨歌》以后，王安忆的长篇小说愈来愈趋向感官上的投射。2002年出版的《上种红菱下种藕》，王安忆几乎将女人灵敏的嗅觉和锐利的视觉发挥得淋漓尽致。翻阅全书，从沈溇的老屋，从华舍街到鱼得水大酒店，从柯桥到镇碑，无一处不是散放着气味和颜色。这种"视觉"和"嗅觉"上的"还原"可说是陌生化的一种诗意写作手法。陌生化，主要是抵抗日常话语的机械性，将我们首次目视耳闻的事物以最强烈的情感诉诸于形象。

《上种红菱下种藕》用的近乎是一种干净而简约的叙述语言，尽管王安忆每次出手写人写景都是一贯细描细写，然而，较之于《长恨歌》，《上种红菱下种藕》则是比较直接和利落的白描笔法。我们先来看《上种红菱下种藕》一系列对场景的描述。王安忆写沈溇老屋的灶间："熏黄的灶身上隐约可见粉红粉绿的莲花。"(1) 写老屋烟囱的烟："白色的一缕，升到顶上，轻轻地绽开一朵花，花瓣垂下来，谢落了，然后，新的花又绽开了。"(5) 通过秧宝宝的鼻子，嗅出了沈溇的气味："是人粪、鸡粪、鸭粪，在太阳下发酵的气味。还有草木灰、柴灰、灶灰的气味。溇头里的臭水气味也传过来了。"(51) 再则老屋四周随时季映照出的颜色："老屋忽然又换了一种颜色，变成一种统一的姜黄色。好像是太阳走动的结果，光线变换了角度，将其中的黄全盘倾出，连秧宝宝也染上了这姜黄的基调。"(53) 沈溇是王安忆首先要给上海劳动阶层勾勒出的一个栖居地——朴直和单纯，"粉红粉绿""白色""花""姜黄色""黄""太阳""臭水"和各种气味等字眼的组合，无一不是和劳动人民的生活脉搏紧紧环扣，其中更是洋溢着他们的健康和积极。

从沈溇到华舍镇，王安忆主要通过蒋牙儿和秧宝宝这两个女孩的游荡来勾勒镇上的面貌。虽然《上种红菱下种藕》的笔触已经脱离了上海都会的锦绣繁华，但华舍镇依旧还是繁忙的。王安忆给华舍镇选择的色调有："河面反射着白亮的光""琉璃瓦的顶，金光四射""镇碑的花岗石面，在强光里，变成金属一样的钢蓝""河面在烈日下，颜色变浅了。草、苇叶、萝卜花，也都浅成一种灰白的颜色""灶间里也是静的，水斗、水泥地、花岗岩的台子，全收干了水分，变成灰白的颜色。砧板，也是晒白的……上方没有一丝云，白热的天空。"(78) 华舍镇是小说主要的场景，是秧宝宝和她女性朋友成长的摇篮，故此，小镇的面貌在视觉上予人强烈的印象是很重要的。视觉形象是一个由物象到意象的中介，但是视觉对象成为意象的过程，则需要个人的意识情感的充分参与。维柯认为原始人类说的"诗性语言"，就是这样一种想象类型的语言。王安忆在小说中建立的艺术形象则是把这种想象类型的语言还原到事物原有的物状之上。陌生化手法要在"描述第一次看到的事物那样去加以描述"，而王安忆则是这样将事物还原到人类的视觉和嗅觉之上。

陌生化技巧创造出的诗意形象主要是恢复人们对生活的感觉。而视像作为可视之象是人们用视觉和嗅觉捕捉到的事物表现形式。王安忆非常擅于抓取事物外在的形式和本质特征，呼唤她的读者回到事物的现场，去感受他们第一次见到某事物的感受。这种对事物外在形式的描述在小说中并不是没有内涵的。例如，《上种红菱下种藕》通过以下的视角来看华舍镇。

秧宝宝被母亲寄放到华舍镇来上课，那时她刚认识了蒋芽儿，她的作业是在和蒋芽儿闲逛华舍镇时做完的：

"秧宝宝的作业本就散发着各式各样的气味。鱼虾的腥气，烂菜皮的腐味，鸡鸭的屎味、泥气味、水气味、尘土气味、杂货店的蚊香味、烟味、零食上的甘草味。"（2002：38）

通过一群外地迁居于此的东北人眼睛来看：

"是因为货多少走出一些，还是叫左邻右舍的烟火气熏得屋子里那一股辛辣的药味，和山货的乏土味，淡下去许多，取而代之的是油酱味，腌菜味，腐乳味，衣服上的肥皂味。……有一阵轻盈的铃声传来，喊哩喀喳的，是闪闪店里的风铃。这声音真就是带颜色的，粉蓝，粉红，粉白，间着亮光，是小铃铛里的小锤子，一悠一悠。"（194）

秧宝宝和父母住进酒店里，她站在高处来看小镇时，小镇的面目却是另外一个样：

"底下的镇子，也改了颜色。那水泥的灰白，灰白里嵌的几道墨线，是老屋的骨脊，以及河水的浑绿的线条，原先是蒙在水气和空气中的微屑合成的雾障后面，形成灰黄的暗淡调子，现在却染成较为明亮的姜黄了。"（208）

这些"鱼虾的腥气""烂菜皮的腐味""鸡鸭的屎味""泥气味""水气味""尘土气味""油酱味""腌菜味""腐乳味""衣服上的肥皂味"等等，作者不用顿号，只引逗点，然后连续抛出各形各式的气味，旨在说明这些气味显然属于小镇上的劳动人民。《长恨歌》以后，王安忆虽然没有离开书写上海的万种风情，但是她的《富萍》和《上种红菱下种藕》确是以一种更朴素和谐的笔调来叙述上海的另一面。《富萍》已经看出作者在上海都会和农村之间徘徊的焦虑身影，而《上种红菱下种藕》则表示了作者回归到村庄小镇上的决心了。因此，作者用的色调，如粉蓝、粉红、粉白、浑绿、姜黄，色彩浅淡，光亮鲜明，皆一一昭示着作者对小镇的热爱。

除此之外，王安忆对女性情谊之间尤为机敏的触觉也可说是用嗅觉搭建起来的。秧宝宝、蒋牙儿和张柔桑之间的友情是猜疑，是嫉妒，也是焦虑，彼此全然无法容忍第三者的存在，只要秧宝宝和蒋牙儿靠近一点而忽略了张柔桑，"蒋牙儿的嗅觉又起作用了，她嗅出些危险的征兆"（135），不久即对秧宝宝做出了动作，好让张柔桑知难而退。

> "她们互相抱着对方的身子，嗅到了对方的气味：肥皂的气味里夹着太阳和甘草的气味，就像某一种特别的植物……"（128）

秧宝宝对李老师家的生活气息也是何其敏感，尤其是她和李老师家的媳妇陆国慎，那种女性之间微妙得无法言喻的感情是依靠"嗅觉"来诠释的。陆国慎为她折叠的衣服"有陆国慎手上的防护霜的气味"；陆国慎喜欢点卫生香，点的是一种檀香的盘香，秧宝宝又觉得"家中就又有了一种陆国慎的气味，檀香味。"（149）

镇子上的空气不对了——"倒不是说它已经发生什么事情了，而是，气味"，这也是蒋牙儿本能嗅出来的。"蒋牙儿嗅嗅空气，灵敏的小鼻子里传入了什么异常的成分，她预言道：要出事，真的要出事！"（143）过了不久后，沈溇的老屋果然是出了事。干部开口向公公打主意要他火葬，请公公拆去他在自留地上为自己造的坟时，聋子公公即刻闭门入内，王安忆借众人之口说道："那不是听出来的，是闻味道闻出来的！"（164）不久后，干部自行到公公的自留地上去拆坟，秧宝宝把这幕看在眼里，尽管是反驳、挣扎，秧宝宝最后哭了。一直跟在她身后的两个朋友，蒋芽儿和张柔桑，也各自在她不知情的背后陪着她哭了。王安忆一贯对女性细密的心思又一次依靠她机灵的嗅觉。张柔桑站在秧宝宝后面哭了，而站在最远处的蒋芽儿也哭，"她看得并不清楚，可是她嗅都嗅得到这个下午的伤心空气。"(167)同时,王安忆并没有放弃张爱玲的衣服哲学。拆坟一幕之前,王安忆对两个女孩的衣服描绘是"前一个是粉红色的格子衬衫,套着苹果绿色的毛线背心;后一个是红黑白镶拼的运动衫外套,翻出淡黄碎花的衬衣领子";拆坟过后,"她们身上衣衫的诸多色彩,全调进了一种透明的颜料,变浅,变暗,沉暗中,有一层隐藏的明亮,这又使得颜色变轻盈了。"意外事件之前,衣服的色彩呈现多样和明亮,随后才转入暗和沉,又逐渐为暗和沉所掩盖,给情节增添了悲观的色彩。

诚如什克洛夫斯基说过:"形象的目的不是使其意义接近于我们的理解,而是造成一种对客体的特殊感受,创造对客体的'视象',而不是对它的认知。"[①] 陌生化技巧对事物的"还原"不仅能够使人们褪去对事物原有的认知色彩,而且能够卸去事物陈旧的意义负荷,避免了已认知事物对人们思维的束缚,从而使人们更深入、更全面和更准确地认知事物,探索世界的本质和人类存在的意义。

诗性的隐喻

"隐喻"(metaphor)在希腊语的合成词 metaphora。亚里士多德在《诗学》和《修辞学》中多次论及隐喻的构成方式与修辞功能。他认为语言按其形态表现可分为逻辑的、修辞的和诗的三类。诗的语言不同于逻辑的语言和修辞的语言,其区别就在于诗极大地依赖于隐喻;能够正确达意的语言样式是逻辑语言,隐喻因歧义丛生而不具有确定的指称表意功能;因此,隐喻是语言表达的

---

① 什克洛夫斯基《作为手法的艺术》,收入什克洛夫斯基等著,方珊等译:《俄国形式主义文论选》,第8页。

反常样式或非本质样式，它的功能或目的不是"指称达意"而是"佳肴里的调料"。① 亚里士多德对隐喻的解释其实已可看出隐喻对诗语言的重要。前面也说过，维柯认为原始的异教民族是使用诗性语言说话的民族。因此，语言最初的诗性特征，已经蕴含强烈的情绪和奇特的想法，而类似的语言特性确实必要扎根在隐喻上，而隐喻恰恰又是极富含诗性的。我这里不对"隐喻"和"比喻"作修辞格上的区分，主要从"陌生化"手法的基础上来探讨"隐喻"在诗性语言上的价值和意义。

维柯在谈到《诗性逻辑》时尤其对诗性的比喻作了这样的解释："凡是最初的比譬（tropes）都是来自这种诗性逻辑的定理或必然结果。按照上述玄学，最鲜明的因而也是最必要的和最常用的比譬就是隐喻（metaphor）。它也是最受到赞赏的，如果它使无生命的事物显得具有感觉和情欲。最初的诗人们就用这种隐喻，让一些物体成为具有生命实质的真事真物，并用以已度物的方式，使它们也有感觉和情欲……"② 之前说过，"陌生化"理论的提出，主要也是藉助已知的诗性形象来说明未知的物象。故此，隐喻在诗性语言上扮演着相当重要的角色。

这里再一次以王安忆对"流言"的描述来说明比喻作为基本修辞格在小说中的作用：

> 流言总是带着阴沉之气。这阴沉气有时是东西厢房的薰衣草气味，有时是樟脑丸气味，还有时是肉砧板上的气味。它不是那种板烟和雪茄的气味，也不是六六粉和敌敌畏的气

---

① 李凤亮《隐喻：修辞概念与诗性精神》，收入《中国比较文学》，2004 年第 3 期（总第 56 期），上海外国语大学、中国比较文学学会，第 142 页。
② 维柯著，朱光潜译：《新科学》，第 180 页。

味。它不是那种阳刚凛冽的气味，而是带有些阴柔婉约的，是女人家的气味。是闺阁和厨房的混淆的气味，有点脂粉香，有点油烟味，还有点汗气的。(8)

这样的句式很明显是"比喻"传统修辞格的运用。作者连续抛出了喻体，如"薰衣草气味""樟脑丸气味""肉砧板气味""板烟和雪茄的气味""六六粉和敌敌畏的气味"等等。类似以"是"字作为判断式的句子结构，很明显是以此物类比他物，于两种不同的物体中找出事物的相似性。上海弄堂的流言因此让读者感觉了它的生命力，也由此掌握了流言从各视角下反映出来的特质。

然而，什克洛夫斯基对"比喻"有更进一步的解释："即比喻仅仅是诗人可能会采用的多种陌生化手法中，较为彰明显着的一种。它体现了诗歌的一个总倾向，那就是将表现客体移植于'新的感受域'中，而这种经由比喻而实施的'语义的转移'，是诗之所以为诗的根本所在。诗或艺术作品，就整体功能而言，就是一种大的'比喻'，就是一种'语义的转移'。"[1] 早在《长恨歌》时，已经可以看出类似比喻所带来的"语义的转移"。以上面那段对"流言"的描述为例，"流言"在比喻的修辞格上显然投射了流言的特质，而更重要的是，流言本身在"语义的转移"上暗示了主人公王琦瑶一生的悲剧。

这里再另举一例说明"语义的转移"：

"篮里的花无意间为王琦瑶作了点缀。康乃馨的红和白，是专为衬托她的粉红和苹果绿来的，要不，这两种艳是有些分量不足，有些要飘起来，散开去，这红和白全为它们压了

---

[1] 张冰：《陌生化研究：俄国形式主义诗学》，第168页。

底。王琦瑶在红白两色的康乃馨中间，就像是花的芯，真是娇媚无比。……她的花篮里也有了花，这花不是如雨如瀑的，却一朵一朵没有间断，细水长流的，竟也聚起了一篮。……白色的婚服终于出场了，康乃馨里白色的一种退进底色，红色的一种跃然而出，跳上了她的白纱裙。"（63）

以上这段话是描述王琦瑶参选上海小姐时的情景。作者采用了"花"和花的鲜艳颜色作比喻："康乃馨的红和白""花的芯""花篮里也有了花"以及以康乃馨的白来类比她身上白色的婚服，作者在这里运用了语义的转移，她将王琦瑶的美丽从原有的语义中拽取出来，放到"花"这喻体上去，于此产生了另一语义的存在。作者以"花"喻"人"，隐含着王琦瑶如花的美丽，以及这种美丽的昙花一现。小说中后来说到王琦瑶的女儿薇薇的新娘装扮时，作者同样以花来比喻："这真是花朵绽开的那美妙的一瞬，所有的美丽都偃旗息鼓，为它让道的。"（313）尽管我们看到的都是花朵绽开最美丽的霎那，然而，这两个上海女子很显然是无法抵住花开花谢的循环定律。作者对"花"的描述即是对角色的命运的勾勒，"当它被当作一种风格手法被运用，且其目的是为了达到一种寓意效果时，才会具有'诗意'"。①

人类的词语多半是比喻性的。诗性语言就是借助隐喻以提供超出其本身含义以外的东西，摆脱抽象思维和语言的规范和束缚，充分发挥联想、直觉和想象。诚如维柯在研究诗性语言时，如此说道："诗性语言的产生完全由于语言的贫乏和表达的需要。诗的风格方面一些最初的光辉事例就证明了这一点，这些事例就是生

---

① 鲍·艾亨鲍姆：《论文学：历年论著选》，引自张冰：《陌生化研究：俄国形式主义诗学》，第169页。

动的描绘、意象、显喻、比譬、隐喻、题外话、用事物的自然诗性来说明事物的短语，把事物的细微的或轻易感觉到的效果搜集在一起的描绘，最后是加重语气的乃至累赘的附加语。[①] 类似的诗性隐喻在《长恨歌》中比比皆是。王德威曾用"酣畅绵密"来形容王安忆的文笔。[②] 我以为，"绵密"一词尤其能说明《长恨歌》的语言特质。作者大量运用"以此比彼"的隐喻手法，从而突破常规语言的单一性，传达文字以外的意义。又如《长恨歌》开篇，即有一节对弄堂上空飞的鸽子加以描述："屋顶上放飞的鸽子，其实放的都是闺阁的心，飞得高高的，看那花窗帘的窗，别时容易见时难的样子，还是高处不胜寒的样子。"作者从"鸽子"的视角下来看上海这座城市，这种采用特殊的旁观者的写作手法，不可谓不是另一种"语义的转移"。

相对于《长恨歌》，其后的《富萍》和《上种红菱下种藕》在诗性隐喻上的使用则削减了许多。《富萍》和《上种红菱下种藕》的笔调更为写实，语言亦是自然和简单多了，并且较之于《长恨歌》许多"是"字结构的判断性句式所带出的隐喻手法，后两本小说大多使用的短句叙事更显直接。这里尝试从《富萍》和《上种红菱下种藕》找出一些采用比喻的例子：

> "沿墙放一圈沙发，像机关的会议室。"（2000：8）
> "他们大多换了半身戏衣，勒了头，也没有上头饰，都像是戏中的慵状美人，有那么一点点腻味。"（2000：148）
> "两页衣襟便像翅膀样地支开着。"（2000：176）

---

① 维柯著，朱光潜译，《新科学》，第213页。
② 王德威《海派文学，又见传人》，收入王德威：《如何现代化，怎样文学?》，台北：麦田出版，1998年，第384页。

"老街就变得鲜艳起来，像一幅油画。……老街褪去姜黄的底色，还原了黑和白，真正成了一幅中国水墨画。所有的细部都平面地、清晰地、细致地呈现出来，沿了河慢慢地展开画卷。"（2002：20—21）

"这使她变得有些怪异，有一点像动物。外界少有刺激，立即作出反应。"（2002：28）

"一把谷种放手出去，好像一张雾，落下，再一张扬，又是一张雾。"（2002：33）

诗性语言最主要的特征就是把这些联想序列的词语带入话语的组合中，从而产生不确定的、多义的隐喻含义。最初的语言主要不在于认知和推理，反之是用于情感的表现。"比喻可以说是一种歪曲的说法，诗人采用意象的旨趣就恰恰在于这种'语义转移'，即将表现对象移置于另一层面。熟稔的事物经诗的点化而变得陌生，变得有如初次相见一般。"[1] 庄子说："言者所以在意，得意而忘言。"说的就是这样的道理。

偏离常规的陌生化语言

俄国形式主义者提出陌生化手法的主要目的在于摆脱机械性的语言规范，从而恢复语言艺术的可感性。因此，"语言陌生化"就是对常规语言的偏离和扭曲，刻意造成语言理解和感受上的陌生感。语言陌生化在诗性语言的创作是必要的。这种超出语言常规的技巧性处理可使语义、语音和语法因此而变形。然而，需要说明的是，语言陌生化绝不是刻意使语言标新立异或哗众取宠，

---

[1]　张冰：《陌生化研究：俄国形式主义诗学》，第204页。

反之，通过这种偏离语言常规的异化写作，语言即时获得重生并找到它的生命力和存在价值，给人在语言审美上一种新的感受和体验。《长恨歌》以后，王安忆在紧接下来的《富萍》对超常规的语言试验作出了另一次更大胆的尝试。《长恨歌》语言绵密，句与句之间其浓度极高，尤其在大量的判断式句式中，更显现了小说叙事的完整性。相对之下，《富萍》的语言则显得简洁和单薄许多。然而，王安忆放弃《长恨歌》那种粘密和琐屑的小说语言之后，即刻在紧接下来的长篇小说，尝试用自然直接的语言来叙述故事。以下从《富萍》和《上种红菱下种藕》来探讨语言陌生化的几个方面：

i. 量词的活用/错用

"大块大块的太阳光投进来……"（2000：159）

"……四个人连成一串出了门"（2000：160）

"到了车站，大家都默了下来，在车站上站了一片。"（2000：163）

"弄里的地上，积着红色的炮仗纸。天不亮时已经扫过一遍了，可是到了午后，又炸了一层。"（2000：172）

"不少窗户洞开着，注进阳光去，含了一汪亮光。"（2000：175）

"经过一领水泥桥，就到了镇东边的口子上。"（2002：7）

"此时的老街喧嚷起来，人们从几领桥上过往着，店铺里也略有生意了。"（2002：21）

"石桥的栏上，搭了谁家的棉花胎，一领桥一领桥过去……"（2002：75）

"床前挂一块名牌，刻上木匠姓名籍贯做落款，然后收一

只红包。"（2002：124）

"不仅有树，有盆花，还有一眼井。"（2002：155）

"可见天边的朝霞，细长的，一道橘红，一道粉紫，一骨朵一骨朵的白云。"（2002：208）

"倚了栏杆摆起一溜长桌，铺了白桌布，上面放着一盆盆的食物……"（2002：210）

以"块"来测量充分的太阳光，一反惯用的"片"；"串"和"片"原用以物体，这里拟物化放到人身上；炮仗炸了一"层"，指的是炮仗声四方层层传来；"汪"带深广之意，多用在水，现用于光线；"领"指示上面的位置，用在"桥"表示人打从上边过；其他如"一只红包""一眼井""一骨朵一骨朵的白云"和"一溜长桌"皆是量词的活用，强烈描述了所表达之物状。

ii. 词语的陌生化运用

"我们家小朋友怎么还没有下学，是不是留晚学了?"（2000：19）

"做扔手绢的游戏。"（2000：20）

"走一路打一路招呼，还站下脚和人说话。"（2000：34）

"她也有当无地听听。"（2000：35）

"加急的活要晚上加。"（2000：81）

"我就把这小鬼做掉去。"（2000：84）

"一时与我闹闹气，并不会有旁的什么心。"（2000：166）

"是因为货多少走出一些。"（2002：194）

上述加黑的词语在现代汉语规范的运用上恐怕是错误的。然而，王安忆却尝试打破了语言固有的运用模式和习惯，以陌生化的处理手法，让读者在阅读上感觉生疏和反常的语言用法。"下学""留晚学""站下脚"一贯的用法是"放学""留堂""停下脚"，虽不是词语上的错用，但至少不是惯用。王安忆以此一新读者之耳目，乃是陌生化的处理。此外，"当无地听听""有旁的什么心"等等在用语上是不合规范，然而着此一字（词），正是王国维所说的："意境全出矣。"

iii. 词类活用

　　"心思容易活。"（2000：46）

　　"她包了一眶眼泪。"（2000：94）

　　"眼睛里放着光亮。"（2000：120）

　　"吃了外甥女的呛。"（2000：217）

　　"眼睛周围的皮肤显得很肉。"（2000：83）

　　"富萍和奶奶生了隙。"（2000：94）

　　"这姿态有着一种虔诚。"（2002：122）

　　"公公戛哑的声音在水一般的月光里踟蹰。"（2002：125）

　　王安忆认为动词是语言最主要的支撑。她说过："动词是语言中最没有个性特征，最没有感情色彩，最没有表情的，而正是这样，它才可能被最大限度地使用。"[①]《富萍》少了《长恨歌》用在各种修辞格上的形容词性，却以动词直接表示人物的行动，增强了视觉上的直观，也具体化了物象的可感性。"活"用于心思、"包"用于眼泪、"放"取之"发放"、声音以"踟蹰"拟人化、隙是"生"出来的，在在看出王安忆活用动词，使小说语言更趋陌

---

　　① 　王安忆：《心灵世界——王安忆小说讲稿》，第315页。

生化，产生一定程度的新鲜感。除此，"肉"当形容词用，"虔诚"作名词用，诸如此类的词性"异化"，都是刻意突破语言规范，制造出一定的审美效应。

结语：在转变中建构还是重构？

王安忆是当代少数能在写小说的同时又自觉于实践语言理论的作家。她阐释自己的小说观提出"不要语言的风格化"以后①，继而于 1989 年发表的《大陆台湾小说语言比较》一文已经暗示自己应该"创造并掌握一套抽象语言的表述方式"。后来，她更是对"抽象化语言"进一步说明："它的语言都是平白朴实的语言，是最无简单最无含义因而便是最抽象的语言……'抽象化语言'其实是以一些最为具体的词汇组成，而'具体化语言'则是以一些抽象的词汇组成。"② 距《长恨歌》五年之后的《富萍》和《上种红菱下种藕》即是她对"抽象化语言"最成功的实践。

如果我们说《长恨歌》是王安忆长篇小说至今最为闪亮的硕果，那么《富萍》和《上种红菱下种藕》应该是王安忆写作风格转变以后另一张辉煌的成绩单。若是仅仅从小说语言的角度来衡量，《长恨歌》无疑是展示了王安忆在小说语言上最彻底的实验和努力。《长恨歌》的小说语言之密之浓绝不是她之后的小说可以比拟的。《富萍》和《上种红菱下种藕》很显然是王安忆尝试回归到她早期较为平实自然的语言风格上。当然，写作这两本长篇时，

---

① 王安忆认为："风格性的语言还是一种狭隘的语言，它其实缺乏建造的功能，它只能借助读者的想象来实现它的目的，它无力承担小说是叙述艺术的意义上的叙述语言。"参阅王安忆《我的小说观》，收入王安忆：《漂泊的语言》，北京：作家出版社，1996 年，第 332 页。

② 王安忆：《心灵世界——王安忆小说讲稿》，第 313、316 页。

王安忆在语言上的实践可说是处于水到渠成的时刻。她是如此坚信，她对语言的掌握已经是"可运用于各种类型的创作，用于各种表达，因为一切风格化、个性化的语言其实都是由它派生出去的……"① 从《长恨歌》到《上种红菱下种藕》，王安忆无疑在小说语言上经历了一次纯粹性的转变，恰如她的小说主题一样，从书写上海城市的繁华和沧桑，再转向农村小镇的平淡和安稳。然而，这其中的转变其实昭示着王安忆再一次展示了现代汉语表达无尽、无限的可能，因为她在实践抽象化语言的同时，我们深深感觉：王安忆那些最具体、最无个性、最朴实的语言竟然潜藏着最内在的塑造力。

王安忆在小说语言上的努力，实则可以从上述陌生化手法的理论基础看到共同之处。俄国形式主义者所主张的"陌生化"是建基于"文学性"上的。一部作品的艺术价值绝非是它所表现的社会生活内容，而是取决于它的构成方式本身，即是如何写作的手法问题，因此，文学性就被视为文学艺术的"主人公"，而陌生化手法即是要将文学自身的最本质特性重新挖掘出来。罗曼·雅各布森（Jakobon, Roman Osipovic, 1896—1982）说过"文学的研究对象不是笼统的文学，而是'文学性'，也就是使一部作品成其为文学作品的东西。"② 在形式主义者看来，文学之所以为文学，因此文学性只能在文学世界中去寻找，这样，文学就成了一种超然存在的、独立的自足体。换言之，文学存在的价值或文学的本质特性就只能在文学作品中寻得。

陌生化技巧的运用其实是再一次把文学语言的地位提高到前所未有的程度。它利用人类最初始以诗歌建立言说和思维的方式，

---

① 王安忆：《心灵世界——王安忆小说讲稿》，第318页。
② 引自张冰：《陌生化研究：俄国形式主义诗学》，第80页。

更新人们对事物的有关经验，从而打破由日常经验所形成的固有的定律和范式。由此，论者有言："陌生化的另一种含义，就是要向语言的诗性本质复归或还原。"① 然而，陌生化手法的提出，与其说在某程度上恢复人类对现实和生活上早被钝化和自动化的感受，不如说它在复活原始人类在远古生活中所闪现的"诗性的智慧"。诚如维柯所言："诗性的智慧，这种异教世界的最初的智慧，……一种感觉到想象出的玄学，像这些原始人所有的。这些原始人没有推理的能力，却浑身是强旺的感觉力和生动的想象力。"② 我们身处的这个时代，正是需要寻回这些已逐渐缺失的想象力来确定"我们的存在"，这也是王安忆为何一直渴望在小说中"创造一个宏大的存在"。③ 所有语言诗学的问题最终其实都不指向语言和文学本身，而是指向人的存在方式的哲学，恰是海德格尔的名言："存在是语言的家。"从《长恨歌》到《上种红菱下种藕》，王安忆的小说语言最后复归到最朴质无饰的语境，这其中的努力无疑是对中国现代汉语一次伟大的探索。回到这篇论文最初的探讨，我不禁想问：这是王安忆长篇小说"诗性语言"的建构，还是对人类"诗性的智慧"的重构？

（本文系首次发表。）

---

① 张冰：《陌生化研究：俄国形式主义诗学》，第 85 页。
② 维柯著，朱光潜译：《新科学》，第 161 页。
③ 王安忆：《小说的物质部分》，收入王安忆，《漂泊的语言》，第 338 页。

繁华落尽见真淳

——王安忆的日常化写作

黄 妃

王安忆把目光投注于日常生活实与整个大环境的变化有关。上海文学素有描写市民社会的传统。此传统曾一度中断。中国知识分子在过去常受到意识形态的束缚。五四之后，知识分子的价值立场是政治的、启蒙的，在主流意识形态之下，日常生活的题材被忽视与遗忘。1949年后，左翼文学大行其道，个体消融在党与民族的集体意识之中，日常生活书写在历史叙事的主题面前变得琐碎、平庸。但是这种情形到80年代之后有了改变，启蒙使命和人文主义关怀被商业大潮所取代，官方的意识形态逐渐退出当代中国的社会生活。在后工业社会里，知识分子开始以新的姿态面对新的现实。在商业经济社会里，都市地位提升了，个人从集体中挣脱出来，市民阶层受到重视，他们所崇尚的俗世生活进入了创作的视野。平民群体的生活价值获得关注，创作与历史叙述开始分离，文学多元化的格局遂形成。因此，有论者认为王安忆的都市题材频繁的出现，不仅是她个人兴趣的转移，也是呼应90年代文坛对于宏大叙事的反驳。[1] 在这背景之下，人们被压抑的欲望和思想得到空前的释放和表达，理想主义被击溃，物质欲望

---

① 李泓：《构筑城市日常生活的审美形式——论王安忆的城市小说》，《上海师范大学学报》（社会科学版）第30卷第6期（2001年11月），第67页。

的伦理崛起。在创作上，宏大的观念语式被俗世的审美文化所取代，日常生活重回作家的创作视野中。文学由单一化、政治化转向世俗化和多样化，由符合政治的要求转向表达个人的追求。市民社会浮出台面，人们怎么生活变成一件重要的事，而文学开始关注最实际的生活面，即普通人的生存状况。

一、王安忆与日常生活

面对外在思潮的变化，王安忆的态度是谨慎的，在多元缤纷的都市意识中，王安忆推崇俗世生活的价值。她对日常生活的理解如下：

> 事实上我们看小说，都是想看到日常生活，小说是以和日常生活及其相似的面目表现出来的另一种日常生活，这种日常生活肯定和我们真实经历的日常生活不同，首先它是理想化精神化的，还有是比较戏剧化的，但它们的面目与日常生活非常相似。人的审美一定要有桥梁，就是和日常生活相似。

日常生活虽不是社会生活的中心，王安忆却把她对日常生活的感受和观照转化为一种审美和历史的实践。① 她把日常生活和艺术审美联系起来，体现她一贯坚持的小说观，即小说是建立在现实世界材料基础上的心灵景象。② 王安忆打破精英的立场，消

----

① 李雪梅：《王安忆：日常化写作的一个例外》，《兰州教育学院学报》，2003 年第 4 期，第 20 页。

② 李新：《上海的芯子：日常生活的恒久性——王安忆上海小说主题一解》，《山东师范大学学报》，2004 年第 1 期，第 49 页。

弭正统艺术与现实之间的距离，把日常生活审美化。她写出大历史背后的"小历史"，也就是李欧塔（Jean-Francois Lyotard）所说的挥别"大叙事"走向"小叙事"的文化语境，① 那是柴米油盐的日常。

王安忆认为如果以文体来说明上海，那么上海和小说特别相投的地方，就是世俗性。上海与诗、词、曲、赋，都无关的，相关的就是小说。因为它俗，所以消除等级差别，以至沉渣泛起。而且以消遣为乐，但他的闲心不是艺术心，好去消受想象的世界，而是窥秘心，窥探各家长短，与狗肚鸡肠之事，带些隐私性质的。王安忆写上海，因为她知道上海的灵魂就是世俗性，而小说所表现的就是俗世的面目。它不具有诗词曲的高雅，而是"归还给思想以人间烟火的面目"。所谓人间烟火就是《长恨歌》中平安里的几个男女的吃喝、打牌、情欲与龃龉。王安忆重绘日常的世事，重新赋予上海的俗世生活价值。她把写作的重点放在日常生活，是为摆脱传统的僵化模式与思维方式，以否定的形式趋向更多元的面向。

王安忆以日常生活作为自己价值的依托与她个人的境遇有关。文革时，敏感且早熟的王安忆早已感受成长的孤独。当时的上海给人一种末日来临的无依感，基于这种感受，王安忆笔下的人物就具有某种行为逻辑的一致性，只抓住眼前实际的生活，以尘世琐细的生活，来填补孤独与空虚的精神状态。

王安忆的创作转向日常，还取决于她个人的历史观，即她诠释历史的方式。在访谈《我眼中的历史是日常的——与王安忆谈

---

① Jean-Francois Lyotard 著，黄宗慧译：《后现代状况》，收录在 Jeffrey C. Alexander, Steven Seidman 主编，吴潜诚总编校：《文化与社会》，台北：立绪文化公司，1999，第398—415页。

〈长恨歌〉》中说：

> 我个人认为，历史的面目不是由若干重大事件构成的，历史是日复一日、点点滴滴的生活的演变。譬如上海街道妇女着装从各色旗袍变成一式列宁装，我关注的是这样一种历史。因为我是个写小说的，不是历史学家，也不是社会学家，我不想在小说里描绘重大历史事件。小说这种艺术形式就应该表现日常生活。

王安忆看待历史的方法有别于历史学家之坚持找出历史的真实，她无意于宏大的历史叙事，反之关心平凡琐碎的日常生活。王安忆认为无论多大的历史变故，表现在小说中都应是具体的日常生活。外在的战火硝烟、政治浮沉都只是短暂的浮光掠影，日常生活尽管琐细卑微，却是时间流逝里最扎实的人生，而扎实的人生才可使生活蒸腾出奇光异彩来。王安忆在作品中企图挖掘的便是芸芸众生悲欢后面的生活力量，和他们面对生活的顽强态度。王安忆深刻地理解当一代人都在叹息精神信仰倒塌的时候，人们只能贴近日常的生活方式，新的价值观念也于焉产生。在她的作品中，无论是 80 年代的《好姆妈、谢伯伯、小妹阿姨和妮妮》《好婆与李同志》，还是 90 年代的《长恨歌》《妹头》和《富萍》，上海都仅是文本中的远景，她着力凸现的是"这城市背景一样的东西——弄堂生活和市民阶层的日常生活意识"。① 王安忆以日常性写作呼应了列斐伏尔（HenriLefebvre，1901—1991）的说法：

---

① 李泓：《构筑城市日常生活的审美形式——论王安忆的城市小说》，《上海师范大学学报》（社会科学版）第 30 卷第 6 期（2001 年 11 月），第 65 页。

"人必须是日常的，否则，他将什么都不是。"①

从 1982 年发表的《流逝》开始，王安忆便着力刻划一种充满质感的生活。她从平实的生活里看到人生的飞扬，也从琐碎平庸中找出意义。王安忆不强调程乃珊笔下"蓝屋"②的上海，也不写动乱时候的上海，而是从生活中挖掘出意义来。《流逝》中的欧阳端丽原是富贵人家的少奶奶，但文革的生活把她磨练的坚毅且刚强。她从操守家务，在劳动生计里体验生活的意义和俗世生活的乐趣。而生活本身也是不曾间断地支持她活下去的力量。她节衣缩食，甚至"尝到了节约的乐趣，而且一发不可收拾"。她把旧旗袍修改成孩子的衣服，"尝到了创造的滋味"。她到工场间做临时工，对工作"感到兴趣，看见从自己手里绕出了一个个零件，整整齐齐地躺在纸盒子里，又兴奋又得意。"除了维持家中的基本生计外，端丽也应付家中的各种出其不意的事件，如文光报名到黑龙江插队，文影到江西之后患病回来等。这些事情的锻炼把端丽过去潜藏的力量都唤了回来。文革后，都市里的生活又回到常态，端丽因此多出许多闲暇的时间，但却无端生出寂寥的情绪。端丽才领悟到过去艰难的日子中的生活乐趣与感慨，其实充满生活的质感，而生活的意义正是在这种质感里。

王安忆坚持于日常生活书写，因其发现日常物质化的内部隐藏的是一种生活的韧劲。她欣赏平庸日常，并表现出宽厚的态度，因为她看到一种生活的热情，一种都市里生存的姿态，她也同样地对这样的生活产生认同。王安忆说：

---

① Henry Lefebvre, *Critique of Everyday Life*, John Moore (tr.), (Lond on; New York; Verso, 1991), p. 127.

② 《蓝屋》是程乃珊的代表作，指的是小说中曾经繁华一时的豪宅。

在 60 年代末到 70 年代上半叶，你到淮海路来走一遭，便能感受到在那虚伪空洞的政治生活下的一颗活泼跳跃的心。当然，你要细心地看，看那平直头发的一点弯曲的发梢，那蓝布衫里的一角衬衣领子，还有围巾的系法，鞋带上的小花头，那妙不可言，用心之苦令人大受感动。

王安忆写出一种人们在政治压力底下，依然顽强坚持生活的热情。王安忆对于生活内在韧劲的体悟也表现在一群与新社会格格不入的旧遗民身上。胡迪菁、王琦瑶这些人在虚无的时代，以生活安慰她们的孤寂芳心。例如《文革轶事》中的亭子间聚会和《长恨歌》中的"围炉夜话"，就是这座都市的遗民在文革时，以他们有限的经验去回想这座都市曾经有过的繁华似锦。他们的过去在政治压抑之下早已失落，未来又茫然不可知，只有眼前的生活才是安定踏实的。

亭子间的油烟腾腾，油锅噼噼剥剥地爆，这有一股温暖和单纯的日常气氛，叫人心中安定踏实。它使人想起一点一滴细水长流的生活。它是那种最不可少的基本生活细节，这细节充实了我们寂寥的身心，是使我们在无论多么消沉的时日里都可安然度过的保证。它像最平凡的水那样，载起我们人生的渡船。

王安忆从腾腾的油烟、单纯的日常气氛，以及心中的安定踏实感受，发现了生活世界的意义。[①] 简言之，生活本身具有意义

①　王峰：《从文本到生活世界——文本阐释的几个意义层次》，《文艺理论研究》，2004 年第 3 期，第 34 页。

与审美价值，也因此，审美溢出纯艺术的范围，进入日常生活中。尤其是 2000 年出版的《富萍》、2003 年出版的《桃之夭夭》，更可看出王安忆对俗世生活的理解与同情。在《富萍》中，有如是描写：

> 她们诚实地劳动，挣来衣食，没有一分钱不是用汗水换来的。所以，在这些芜杂琐碎的营生下面，掩着一股踏实、健康、自尊自足的劲头。

王安忆把俗世中的劳动化解在一股踏实、健康、自尊自足的劲头里而成为一种单纯的美。在她的俗世生活的描写里，没有像过去对精神乌托邦追求的焦虑。《乌托邦诗篇》中的精神追求曾经是王安忆的探索方向。但回到最实在的地方，王安忆发现生活才是人们心灵的慰藉。如果王安忆的日常化写作只是停留在物质主义的层面上，关心的是躯体欲望和享受，那么她的写作将流于浅薄。王安忆的不同在于她描述日常经验的真实细节的同时，也体现心灵在日常生活中的真实存在，她要赋予日常生活一种意义。

王安忆也看出即便在翻天覆地的变化里，尽管其中有许多无奈与落寞，上海人对生活还是执著地坚持着。如在《妹头》中，不论时代多么落寞黯然，人们还是一样地追求摩登：

> 每一条弄堂里，都闲逛着几个不同届别的社会青年，他们吃着家里的闲饭，竟还追赶着摩登。住在这条街上，又是个青年，命运不济，也跳脱不了摩登的浪头。

此外，从王安忆的日常化叙述里所蕴藏的是一种都市精神，而这现象以上海的都市文化来凸现。这座都市的真正本质就在于日常生活，以及由这日常所传递出来的市民意识。上海人以其特殊的方式，表现都市的内在文化精神。王安忆的《长恨歌》在日常生活的叙事上达到了一个高度。[①] 她以王琦瑶的一生作为上海市民生活的写照，王琦瑶的照片登在《上海生活》，就像是"上海生活"的注脚。这可说是"上海生活"的芯子，穿衣吃饭，细水长流的，贴切得不能再贴切。王安忆揭示了都市的内在精神就是日常生活，因此日常生活是活泼的、恒常的，而且有其意义。

二、生活细节的描写

王安忆肯定日常生活的价值，她对日常生活意识的表述可由其对生活细节的描写看出。她通过直接叙述再现生活场景来描写细节。这种方式在80年代的作品《流逝》中已有所表现。后来的《长恨歌》和《富萍》更是把叙述技巧发挥到极致。在细节的叙述中，王安忆观察到日常生活的内在精神，也结合了她对生活的审美感受。如美人图的月份牌、摩登的发式、粉红旗袍缎子上的绣花，以及泛着幽光的棕色地板和垂着流苏的麻织床单所构筑出生活的精致美。又例如《长恨歌》中平安里的桂花糖粥的香味，《富萍》中一床枣红底白花的被子，经过太阳照射后的厚厚松松的味道，这些家居细节也因其美感而有了意义。

除了展现生活中的美，王安忆也说：

上海弄堂的感动来自于最为日常的情景，这感动不是云

---

① 李新：《上海的芯子：日常生活的恒久性——王安忆上海小说主题一解》，《山东师范大学学报》，2004年第1期，第50页。

水激荡的，而是一点一点积累起来。这是烟火人气的感动。那一条条一排排的里巷，流动着一些意料之外又情理之中的东西，东西不是什么大东西，但琐琐细细，聚沙也能成塔的。那是和历史这类概念无关，连野史都难称上，只能叫做流言的那种。流言是上海弄堂的又一景观，它几乎是可视可见的，也是从后窗和后门里流露出来。

王安忆不排除日常生活中的个人性、世俗、琐碎，而且细节描写在她的作品中占据极大篇幅。《长恨歌》第二部中的四个章节基本上写的即为饮食男女。王安忆直接描写王琦瑶在炉边做饭的情形，王琦瑶成了王安忆小说中一个最有创意的厨师。因为她的高湛厨艺，所以吸引一群朋友到她的家里吃喝闲聊。王安忆由这些细节的描写里营造出家的气氛。[①] 王安忆对于生活的洞察，让我们理解对容易被忽略的家居空间应该培养更多样的观察视角。这种专注在琐碎的细节上的生活方式，让日子过得相对容易。

在患难的时代里，除了日常之外，外在的历史变动与他们其实没有多大干系。只有生活才是人们最切身的问题。王安忆内在思考的蜕变，正因为她不愿意回避生活本身，反之唤起生活的内在诗意。在《富萍》中有段巨细靡遗的细节描写，王安忆描写房间的设计，屋里的摆设，以及家具的由来，原来"楼上买了一个大橱，尺寸太大，无论如何抬不上去，任何一个角度，都在楼梯拐弯处卡住，无奈，就与楼下商量，转卖给他们。他们欣然答应，连价钱都没问一下"。还有对这个大橱的样子也精细地介绍，"这

---

① Gang Yue, "Embodied Spaces of Home-Xiao Hong, Wang Anyi, and Li Ang", in The Mouth that Begs -Hunger, Cannibalism, and The Politics of Eating in Modern China, (Durham and London: Duke University Press, 1999), p. 315.

个大橱十分气派，漆成橘黄色的水曲柳贴面，边缘勾着简洁的线条，无脚的西洋的款式，对开门，镜子镶在里面，一边挂大衣，一边是抽屉。老实说，这个大橱和他们家也一点不配，是配那种洋派的资产阶级人家"。最后是东家买"一个三人长沙发。奶奶一看这沙发，就晓得是什么价钱了。钢管镀克鲁米的沙发架，木头的流线型扶手。坐垫和靠垫的席梦思，奶奶手一摸，就摸出里面是怎样的小弹簧，又是如何排得密，又软又不会一坐一个坑。沙发面是绿平绒，绒头相当细密，又柔软又硬扎。奶奶想，这也是过去的资产阶级才用的。沙发在他们家里，也大不配，可毕竟增添了一点生活气息"。奶奶从东家的房里所添加的物质看到生活的活力。王安忆的描写，也像是一个空间的展示，把其中物质层面的装饰展示出来，经由奶奶的眼睛看到一个家庭建立起生活的美。通过细节描写，生活不再仅仅是刻板的表象而已，还有装饰与活力。①

在王安忆的笔下，叙述本身就是诠释。《富萍》中，王安忆写孙达亮在棚户区盖的房子时，她写道："白墙，黑顶，红门窗，连着一道斑烂的砖墙，多么鲜亮的一座小屋啊。屋内呢，石灰水刷了墙，地铲平了，用罗细了的土洒一层，借个碌子压实压光。"在此，她在细节上进行细腻绵密的叙述，勾勒出上海郊外穷人家的房子面貌，而短句，简洁词汇的应用则贴近一种接近自然的朴素美，把文本中的叙述和作者的意绪诠释巧妙地结合在一起。如此，由日常细节的叙述所体现出来的美感，也看出王安忆美学观念的转变。王安忆身处在后现代的都市社会里，都市里多元价值的吸纳，也是她在创作思考上变化的原因。

---

① 周宪：《日常生活的"美学化"——文化"视觉转向"的一种解读》，《哲学研究》2001 年第 10 期，第 68 页。

从叙述方法的层面来说，日常往往与写实相联接，写实更容易再现细节。王安忆说过："基本上我是一位写实作家"①，也就是她的创作表现现实生活中的真实性，刻划生活中确实有的人，表现生活中确实有的细节。例如她的作品《本次列车终站》《流逝》等便是采用直观写实②的叙事手法，运用最真实的生活细节，按照时间的流动叙述生活，把人生的升降沉浮从细微处显现。《长恨歌》中王安忆的直观写实手法再次发生变化。她并没有放弃故事的内在逻辑力量，但打破小说以情节取胜的传统，把生活细节加上个人繁复且细密的叙述语言，放大叙述者对细节的心理感受，而赋予细节高度的审美内蕴。万燕说王安忆用女红的手法，沉湎于缝纫的无限的针脚与编织的无休止的缠与绕，这是纯女性的生活内容之一，重复、单调、与社会无缘，有的是女人编织的韧性与执著。③

所以说王安忆的都市叙事充满日常的柴米油盐、流行的服饰、幽深难测的弄堂等意象，她放大细节，呈现生活常态，再经由阐释性的叙述语言，在文本中塑造一种抽象的生活氛围。这种文本中的意象连缀应用，与日常化的常态叙述方式，其实是在王安忆内在心灵的控驭下完成的。因此王安忆说：

> 我属于写实派，我喜欢现实生活的外部状态，因为存在的合理性，而体现出平衡、对称的秩序，我要求我的故事空间亦有这样的美感。但空间里或者说舞台上发生的，是我内心的情节。

---

① 2003 年 12 月 15 日，本人与王安忆作访谈，她这么说。
② 邓寒梅：《张爱玲、王安忆上海小说的叙事策略》，《湖南文理学院学报（社会科学报）》第 29 卷第 2 期，第 55 页。
③ 万燕：《解构的"典故"》，《深圳大学学报》1998 年第 6 期，第 54 页。

她以日常细节为素材，结合内在心灵感受，叙写具象的生活形态。尽管王安忆的小说结构松弛散漫，也无跌宕起伏的情节，但却内蕴了无限诗意。

（本文整理自作者新加坡国立大学博士论文，2007年，系首次发表。）

背着书本行军去

——茹志鹃是怎样走过来的

张曦娜

很多人知道，茹志鹃是王安忆的母亲，却很少人知道，这位上海作协常务副主席只受过四年教育，她今天在文学上的成就，是当年一面行军、一面苦修得来的。

趁着茹志鹃目前在新加坡探亲，本报记者张曦娜和她作了一段访谈。有关她和柏杨之间最近的一场风波，已见于星期四的《茶馆》，今天刊登的这篇特写，让我们对她的创作道路和精神，有更深一层的认识。

茹志鹃将头发往后梳，干干净净露出一张脸。说话时她是不徐不疾，多数的时候是言之有物、废话不多……

在中国，茹志鹃被肯定为"一位有影响力的女作家，她善于从生活中提炼有意义的主题，对生活挖掘得较深"。

获军区文艺创作奖，奖品是猪肉二斤

而事实上，茹志鹃之所以会提笔写文章，是因为年少时就"看到艺术的力量"，而所谓"看到艺术的力量"，说起来还有那么一段旧事：那一年，当她在军队文工团的时候，有一次，一群即将冲锋陷阵的敢死队，在观看《白毛女》之后，果然士气大振，大家怀着一腔热血打战去。

那一刻，她真正感受到艺术的感染力，也从那时候开始，她矢志为艺术而努力。

茹志鹃3岁丧母，父亲离家出走，从小随祖母生活，祖母过世后，还曾经在孤儿院生活过，十七八岁的时候加入新四军，从此跟随部队过着行军的生涯。

认真说起来，茹志鹃只读过四年的正规教育，许多年以来，她一边行军，一边苦苦自修，行军的时候，不论走到哪里，她总是背着一本书，走到哪里看到哪里。

由于非常喜欢鲁迅的作品，她还把鲁迅的文章分段来学，这就好像医学生在进行解剖一样来研究。

后来开始学习写文章，她也是在行军的时候，一字一句的悄悄学着写，自己较满意的作品，就重新抄正，记录在一本簿子里。

从王安忆的家书中，发掘她的创作才华

年复一年，茹志鹃就是如此凭着兴趣与信念，逐渐奠下了创作的基础。

1947年，茹志鹃因歌词《跑得凶就打得好》获军区文艺创作奖，奖品是二斤猪肉。从此之后，她正式踏上创作之路，并于1950年在上海《文汇报》上发表了第一篇小说《河栋梁与金凤》。

茹志鹃自1984年起，即担任上海作家协会常务副主席。四年来，她将心力花在作家协会的会务上。如在上海建立专业作家制度，发掘出具有潜力的作家，并付工资给这些作家，以使他们安心创作。目前，上海作协的专业作家包括王安忆、程乃珊、王小鹰、胡万春、陈静、陆星儿、陈继光等。

一般茹志鹃的读者，大都会知道，她也是大陆另一位著名女作家王安忆的母亲。

许多人都会想当然，王安忆必定是茹志鹃培养出来的。

然而，茹志鹃在提起这一点时却坦然说道："王安忆并不是我培养的，说我培养，那才是天大的误会。但，王安忆却是我发掘的。"

王安忆曾在文革后期，下乡到安徽去种田，在王安忆下乡的日子里，茹志鹃曾不断给女儿写长信，而王安忆也经常回信给母亲，从女儿的来信中，茹志鹃发现了王安忆在文字与创作上的才华。虽然发现了女儿的创作才华，但茹志鹃并没有刻意去影响她。

多年后回想起来，她觉得这正是自己高明的地方。因为，她并没有以自己的美学观点去影响女儿，因为那最多只是培养出另一个茹志鹃。她让王安忆走她自己想走的路，让王安忆发展出属于她自己的风格。

丈夫王啸平是话剧导演，早年由新加坡返回中国

许多人认为，茹志鹃的作品，大都具有浓郁的生活气息，而多年来她所秉持的创作宗旨，正是"为时代留下痕迹"。

她总是那么关注时代的脚步，她要为这些脚步留下显明的痕迹。

茹志鹃今年 64 岁，丈夫王啸平在三十年代时，由新加坡回返中国，作为一名话剧导演，并著有长篇小说《南洋悲歌》。

茹志鹃现任上海作家协会常务副主席，重要作品包括《百合花》《惜花人已去》《剪接错了的故事》及《出山》等。

（本文原题目：《张曦娜／王萧平、茹志娟与王安忆在新加坡》，载 1989 年 1 月 29 日《联合早报》副刊。）

我所知道的杨际光

张永修

2001 年 12 月 11 日晚上，我接到白垚从美国休斯敦打来的电话，说杨际光 9 日过世了。我难过、内疚。因为再版的《雨天集》还没来得及印出来，杨际光还没看到他的诗集。

1

初次接触到杨际光的文字是在 1998 年林春美编《蕉风》的时候。那时是协助林春美作校对。她常在《蕉风》付梓前的最后几天，没日没夜的在家里赶工。通常是我熬不住上床时她还在忙，等我早上六时起床，她还没睡。停刊前《蕉风》后期的"家庭作业"，其辛劳不为外人知。

听《蕉风》前辈编辑姚拓说，杨际光晚年丧子，停笔十年后，重新执笔写作，我们对他的文稿特感珍惜。杨际光曾任马来西亚《虎报》副总编辑、《新明日报》总编辑、马来（西）亚广播电台高职，并且是当年现代诗先行者之一，笔名贝娜苔、罗缪，1968

年著有诗集《雨天集》。后来，姚拓将杨际光的小说《墙头草》交给我在《南洋文艺》上发表。之后，我开始了与这位素未谋面的长者通信。《墙头草》里小关的故事续文，后来也陆续在我主编的《南洋文艺》上刊登。

2

2001年4月，我在《南洋文艺》"出土作家"系列4的特辑里推介杨际光，并邀请到杨际光的老朋友：美国休斯敦诗人白垚、香港岭南大学教授刘绍铭、前马来（西）亚电台主持人黄兼博，以及文学评论家温任平评说杨际光及其作品。这特辑也同时刊登杨际光的新作。杨际光的特辑做了3期。特辑第一期见报后，当年《南洋商报》的总编辑黄金河责问我为什么"出土作家"选杨际光？"难道其他作家都死光了？"此后"出土作家"系列寿终正寝，不再出土扰人。杨际光写的其他的文稿，我只能压着，暂时不表。

杨际光在报界的时候，提拔过不少当年的年轻作家，雅蒙为其一。《新明日报》前电讯组主任雅蒙写杨际光的文章，隔了一段时间才见报，幸好作者了解编者之苦衷。雅蒙在他的文章《杨先生常在我们心中》也略略反映出杨际光1974年离开居住了15年的马来西亚的原因。

杨际光1925年出生于江苏无锡，毕业于上海圣约翰大学，1959年移居马来亚吉隆坡。为了考取大马公民权，需要经过国语口试，杨际光"口试前准备周详，历届元首与各州苏丹大名、现任部长的名字都一一背下。杨先生那时的国语程度已经颇佳了，但他还是通不过考试"。（《南洋文艺》，2001.7.17）原来考题邪门，问鼻毛叫什么，腋毛叫什么，这些杨际光都会答，不过却被"肚脐叫什么"问倒。

黄兼博《在马来亚电台时期》一文提到，杨际光"在大马居留的 15 年期间，已适应本地生活方式，曾目击我国独立，参与编制庆祝马来西亚成立的庆典节目，学过国语（马来文），考过试，也买下房子，看来是打算在我国长居，但最后终于决定赴美与亲人团聚"。（《南洋文艺》，2001.4.24）背后的无奈、失望，多少人能看到？

杨际光待人热诚，我们可以从刘绍铭在《皮匠诗人》一文里说他十七八岁青少年期间，捱更抵夜去当班，加上营养不良，而得了初期肺病。他说："我把消息告诉了际光。他安慰话说过后，马上就采取行动。那时刚有治肺病结核的特效药上市，价值不菲。我在的土公司的月薪是一百五十元。际光知我负担不起，二话不说就给我买下，还私自当起'密医'来，给我注射。"（《南洋文艺》，2001.4.17）刘绍铭不久后康复。

张弓则说："杨际光不只是我尊敬的长者，而且是我最失意时的恩人。"令他想不到的是，初次见面，杨际光就请他这位失业生吃午饭，之后，"立刻行动，载我四处走动，而他在当天就为我找到了一份事做。"（《商余》，2001.5.11）

杨际光助人之余，是否得罪人而不自知？我这后辈完全没有概念。

3

后来，杨际光来信告诉我说他与妻子罗荣兰两人同患上癌症。罗荣兰手术后病情稳定，他的却恶化。他开始筹备诗集《雨天集》

再版与另一本文集的出版。我与林春美商量后决定义务为杨际光处理编务。雅蒙则向当年《新明日报》的旧同事筹印刷费。再版的《雨天集》在两个星期内完成打字校对与编排设计工作。我们还将封面、目录、分辑及诗页首页镭射打印出来，以快递送到美国华盛顿（杨际光晚年移居华盛顿），并说诗集大约两三个星期后就能印刷好。罗荣兰收到后传真告诉我说杨际光已经无法执笔，但他很满意我们的处理。然后，我们等着印刷商，两个星期、三个星期、一个月……那时，不久就是开斋节假期。2001 年 12 月 11 日晚上，我接到白垚从美国休斯敦打来的电话，说杨际光 9 日过世了。我难过、内疚。因为再版的《雨天集》还没来得及印出来，杨际光还没看到他的诗集。

另一本文集《飞翔啊，飞翔》（后来改名为《纯境可求》），当时即由王宗麟的"燧人氏"出版社承接出版，不过好事多磨，没有如期出版。一年多之后还能问市，已属万幸。《纯境可求》为杨际光晚年（停笔十年后）1996—2001 期间的别集（除《香港浮雕》里的《俯瞰》一诗写于 50 年代；《无题——三十年前旧作赠刘戈》写于 70 年代），包含诗歌、散文、小说、评论，有对移居美国纽约波吉西当皮匠的故事；有对家族亲人的回忆……

（本文刊载于马来西亚《人文杂志》第 20 期，2003 年 9 月。）

王安忆访谈录

地点：上海复旦大学中文系

时间：2003 年 12 月 15 日下午三点

受访者：王安忆（以下简称王）

访问者：黄妃（以下简称黄）

黄：综观你的小说创作历程，可以感受到强烈的自我意识与不断超越的意识，这股热情的力量来源是什么？

王：这都是外在的评价，而且评价也不尽相同。也有的说我开始写的疲惫了，说我写的越来越不好。但是我不太在意，对我来讲，就是一个很简单的事实。写作是我的职业，那我就必须写。所以对于外在的评价，我认为那是很正常的。你既然在写，你可能会进步，你可能会变化，你可能会与以前不同。所以对我来讲，那就不是要超越自己，改变自己，可能就是一个很简单的问题，就是持续性的写作。

黄：就是一直保持着这一个信念？

王：也不是信念，是一种生活方式。

黄：你是如何看待城市和农村？这两者之间是必然对立吗？你的近作《富萍》虽是写城，却把场景延伸到城市的边缘地带，是不是有意连接城市与农村，打破两者之间的疆界？

王：我不觉得城市与农村有那么自觉地对立，对我来讲，那是两个不同的世界。对我的写作来讲，那是两个不同的舞台，两个不同的视域。城市是一个人工的自然，农村是一个先天的自然，更加自然的自然，这是一个很大的区别。因为你到了一个人工的世界，人造的世界里，都是后天性质的，都是可以商量的，都是可以判断对与不对的，这里边会出现很多戏剧性的因素。农村是很单纯的，已经有一个天然的质地在，那是不同的。但是农村和城市始终是我的写作对象。

黄：刚才你说农村是一个先天的自然，但是看你早期的作品，好像蛮痛恨你在农村时的生活。

王：对。我说农村是自然，是相对于城市而说。农村存在的所有方式是依照人的基本需要而设定的，不像城市有剩余的需要，派生出来的需要。这是一个不同的地方。但是我为什么不喜欢农村，这与个人的经验有关系。因为他是在我最暗淡的时候，到了农村，而且在农村是我的人生最没有希望的阶段。在我的生活阶段里，正好是一个政治色彩的因素进入我的生活，肯定是不愉快的。

黄：到了你写《隐居的时代》的时候，你的心境完全改变了。

王：首先是和那段日子拉开距离，对自己的这段生活不像生在其中时那么有情绪了。另外一点是当它慢慢脱离你的经验，它变成了你的审美对象，然后，它慢慢会带有一种象征性。

黄：那你什么时候开始喜欢农村？

王：我也不能说我喜欢农村，恐怕只能说喜欢自己想象中的农村。应该是 90 年代之后，这和上海的巨变有关。上海的变化，让我那么不喜欢，使我产生了一种抗拒。有的时候，我必须找到一个与他对抗的。很多事情都是想不清楚的，可是你现在要我回答，我只能这么回答。

黄：对于中国，我到过上海，我很难想象你生活过的农村是一个怎么样的地方？

王：中国的农村与马来西亚的农村有很大的区别。第一个区别在于中国的农村非常贫瘠。她的贫瘠是因为农民几千年在那耕作，土地很贫瘠，不像马来西亚开发不久，她的土地肥沃，而且与气候有关，因为马来西亚在热带有一种非常蓬勃、热力的气象。在我们这边的农村，尤其在北方、苏北那边蛮荒凉的。

黄：是因为封闭，他们都没有走出来吗？

王：其实不是，问题就不在封闭和走出来。以前我们年轻的时候，尤其我们是大城市的孩子容易从这个角度看问题，觉得他们走不出来。其实不是。尤其是第二特点，中国农民具有全世界农民最先进的文化。他们都是儒家的子孙，他们的礼仪知识、道德的要求都很高，而且在他们的言行当中，人际关系的常识、戒条，他们都很严格，所以我觉得其实中国农民都是很有文明的。他们常常说一句话我当时还不太理解"你们还不懂事"，我看是有道理的。

黄：有评论者认为《富萍》表征了你在小说观念上的又一次转变，与《长恨歌》写老上海的故事拉开了距离，代之的是平静的叙事，为什么会有这样的转变？

王：还是一个持续写作带来的变化。只要你持续的写作，你肯定会有不同的表现。《长恨歌》的文章特别华丽、特别密，特别激烈，表现生活当中很戏剧化的一个部分。到了《富萍》的时候开始平静下来，文字是处在一个很平静的状态。我特别想用一个简明如画的方式。这恐怕还不仅和自己的写作状态有关，还和题材有关。《富萍》本来就是一个比较平静的故事，不像《长恨歌》那么有起伏跌宕，幅度很大。

黄：在你的现实生活中碰过这样的模特儿吗？

王：我的写作都有一点模特儿。我的写作必须有一点具体的东西，才能生发我的想象。不要多，但一定要有一点。或者我听来的，或者我见过的，或者我相处过的。与我多少要有一点的关系，才能触动我。

黄：在《上种红菱下种藕》里，你通过一个小女孩的眼睛看到整个中国社会走向城市化之后的改变，对于社会的变迁，你的感受是什么？你是不是有意通过这本小说写90年代之后的中国？

王：咳（叹了一口气），这本小说应该这么讲，应该和我的生活现状比较远的，比较有距离的，因为我写一个小镇。这个小镇也是我偶然去的，不是说在那里长住的，偶然去的小镇。但是这个小镇在江南可以说比比皆是。她们的一个特征，就是工业化，人口的密度膨胀，人口都是外来的。还有是壮劳力缺乏，壮年人都去做生意，去外面闯荡，只剩下老人与小孩。孩子自然成为这个小镇的伏笔，孩子又与小镇形成一种有趣的比照关系，这也是在审美上触动我的。还有，这本小说也带有一种对现实的担忧，它把一种人和自然和谐的关系打破了。急促的变化把小镇的自然，我不是说小镇的存在一定是自然，但她是根据人们的需要建设起来，慢慢建设起来她的规模、形状，她的日常生活的流动量、流动规律，这种急促变化之后使她整个变形。人和整个环境的关系整个变形。江南的小镇，你去多的时候，你会发现人和环境的关系是痛痒相关的。你一看着她，你好像没有什么感觉。慢慢你会觉得，在这为什么会有一个小码头，为什么在那儿会有一个粪场。为什么在这里会有这种的房子，那儿会有那种的房子。它都和人的生活需要有关系。很科学。当然它只需要比较少的人口，比农村多一点。人和环境的关系吧！其实，相当协调，也稳定。这个稳定的代价就是说相对的封闭，相对的不要动。但我们现在急促的动，其实小镇也在动，但她的动比较合乎正常的速度吧！

黄：你在《上种红菱下种藕》里，为什么会想去塑造闪闪这一个角色？她追求的东西似乎与别人不同，她把自己的手工都放在店里卖。

王：这也有一点点原型。在小镇里，你会非常意外地看到一些画店。我到每一个地方，我能很意外的在小镇里看到卖画的店。因为农民喜欢喜庆，过年过节，他们会买一些回去。事实上，在小镇里也有她的情神追求。这个小女生她是一个受过现代教育的人，她在一个很高级的幼儿园工作过。她接触过外面的世界，她肯定把外面的世界带到小镇来。很格格不入的，最后还是关门。

黄：我看到这里的时候，有一种感触，在这个女生身上，王老师还是有用意的。

王：有。最后她还是改成一个美容店。当一个小镇，她的原先的生活瓦解的时候，会变得非常物质。

黄：《长恨歌》之后，你的创作倾向于日常生活的书写，逐渐消弭了艺术与日常生活之间的分野，日常生活什么时候开始进入你的审美视野？

王：我基本上是写实派，写实派有一个特征，就是说不放弃日常生活的书写。我为什么会坚持写实？因为我对生活的外部还是有兴趣。很多人会说我写得很琐碎，那我心里会在想，如果不是去写这些细节的话，那么小说是由什么组成的呢？那是小说的材质呀！

黄：你在《富萍》里，很仔细地写了一段一个阿姨记账的一个细节。

王：现在很奇怪，他们看小说都看得非常理论化，就是里面一定要有象征的意思，要有含义，要有针对性，指涉性。对我来讲，这就是一个非常有趣味的表现这个人物的细节。

黄：为何在你的创作经历了农村题材到都市题材的转变之后，又回头写《隐居时代》《天仙配》等农村为背景的作品？

王：其实，我没有回来与回去的事情，对我来讲，总是两部分一块进行。

黄：是不是说当你找材料的时候，你就是挖掘现在与过去的记忆，是吗？

王：不是。像《天仙配》与我的生活完全无关，这是一个听来的故事。

《姐妹行》也是听来的故事。这和我生活的阶段谈不上太大的关系。不过，我一直对表现农村的人和事有兴趣。

黄：你是如何看待历史？你同意小说除了是创作艺术之外，也叙述历史？

王：其实，我也没有想得那么复杂。你的故事肯定是沿着时间展开的。你说历史是时间也可以。但是历史是附在时间上。小说总是有时间的长度。所以你说小说是历史也可以，你不说小说是历史也可以。问题说你如何给历史命名。我们觉得写得好的小说就是史诗，我觉得不见得。什么叫史诗？我觉得这个概念都可以讨论的，都是很模糊的。

黄：你的最近作品《桃之夭夭》很像是《流水三十章》再写一次，为什么你会想再写一次女人的前三十年？

王：《流水三十章》其实写得不太好的，因为太过生涩，太想赋予这本小说含义，太刻意。这也表示我对小说不同的看法。我现在开始慢慢体会到，小说就是要生活的材质。《69届初中生》是最早的一部长篇，她又太朴素了。因为我觉得一个人的人生阶段好像是从年轻到三十多岁吧！基本上大局已定了。

黄：就是以后要走的路这时候已经定了。

王：比较好的情况，是这种大局已定了。到这个时候，大局没有定的话，这个女的从此会走上悲剧道路。

黄：为什么你会这么认为？

王：我觉得人在三十多岁以前，应该是大局已定了。这个时候，应该是很自然开花结果。

黄：可是我在新加坡看到很多女生 35 岁之后才结婚。

王：这也不是结婚与不结婚的问题。她可能不结婚，但是这时候如果还没有长好的活，会是另外一种故事。我比较欣赏很自然的成熟状态。一个女性三十多岁之后，身心都蛮完满。这是最佳的状态。

黄：你有没有想写三十五岁之后的女人故事？

王：《长恨歌》呀！

（本文整理自作者在新加坡国立大学的博士论文，2007 年，系首次发表。）

不要低估了桑弧的才情

何 华

在我的心目中，桑弧（1916—2004）是中国最好的导演之一，应该排在前五位，甚至更靠前。

中国第一代导演，属于默片时期，代表人物有郑正秋和张石川等。20世纪三四十年代崛起的第二代导演开创了中国电影的黄金时代，出现了蔡楚生、孙瑜、朱石麟、费穆、吴永刚、桑弧等一批大师，桑弧应是第二代的殿军人物，他的艺术生命延续到新中国成立之后。

说到桑弧，就不能不提三个人：周信芳、朱石麟、张爱玲。

桑弧比周信芳小21岁，1935年，19岁的桑弧认识了40岁的周信芳（麒麟童），他对麒派艺术十分痴迷，用"醉芳"（沉醉的是周信芳不是梅兰芳）笔名写了多篇评论麒派的文章。后经周信芳介绍，桑弧结识了导演朱石麟，朱对桑弧非常提携，引领他走上编剧和导演之路。两个"麟"都是桑弧的贵人。

最近重看了桑弧与张爱玲合作的三部电影：《不了情》（1947年）、《太太万岁》（1947年）和《哀乐中年》（1949年），前两部由张爱玲编剧，后一部她参与编剧，是顾问，不具名。

1947—1949这三年，中国诞生了一大批电影杰作，包括《夜店》《假凤虚凰》《大团圆》《艳阳天》《乌鸦与麻雀》《小城之春》《万家灯火》，以及上面提到的桑张合作的三部电影。这批杰作其中不少是吴性栽创办的文华影业公司出品的。当时"文华"人才济济，导演有费穆、桑弧、黄佐临等；编剧有张爱玲、李天济、柯灵、陈西禾等，桑弧也兼编剧；演员有石挥、韩非、上官云珠、张伐、程之、韦伟、李丽华等。过去，电影界整天谈昆仑影业公司，当然，"昆仑"也非常了不起，拍了很多经典片（譬如：《一江春水向东流》《乌鸦与麻雀》等），但"文华"同样重要，甚至更具艺术性。值得一提的是，曹禺也参与了文华影业，编剧并亲自导演了电影《艳阳天》（1948 年），主演李丽华，这也是曹禺唯一执导的片子。在张爱玲宋淇往来书信下册《书不尽言》中，张爱玲写道："曹禺编写《艳阳天》影片时，非常重视李丽华的旗袍料，天天陪她去选购衣料。"

桑弧的成长与成熟离不开文华影业对他的器重。《不了情》是桑张合作的首部电影，一炮而红。刘琼、陈燕燕主演。刘琼当时是仅次于金焰的男明星，修长英俊，很有点"格里高利·派克"的架势。有人把明星舒适称为"上海滩的格里高利·派克"，其实刘琼更适合这个头衔。陈燕燕成名早，擅演悲旦，一度息影。张爱玲是陈燕燕的忠实影迷，《不了情》选角时，"文华"高层决定由陈燕燕主演，当然迎合了张爱玲的意思，但这时的陈燕燕已经发福，黑大衣也裹不住一身的肉，完全不复当年的娇小俏丽。但撇开外形，陈燕燕的演技还是不错的，气质也符合电影里的人物。这部电影是说陈燕燕饰演的家庭女教师虞家茵与男主人夏宗豫（刘琼）的一段爱情。夏宗豫有一个生病的太太，两人性格不合，情感破裂，但婚姻还在。家茵的出现就是第三者，对于这段感情，她非常矛盾；家茵的父亲是个"二流子"，缠着女儿要钱，又软性"勒索"女儿的男友夏宗豫，把事情搞得越发不可收拾。家茵最终离开她爱着的宗豫，到厦门去应聘教师工作。《不了情》有一点

《简爱》的意思，但结尾并不圆满。

文华影业公司，看这部电影大卖，又请张爱玲写了《太太万岁》剧本，还是桑弧执导。主演是蒋天流、张伐、石挥、上官云珠、韩非。蒋天流饰演贤惠的大少奶奶思珍，她的丈夫志远（张伐）爱上了一个交际花（上官云珠饰演）。另一条线是，志远的妹妹和思珍的弟弟（韩非）自由恋爱。双方的家长，都不是正面人物，思珍的爸爸（石挥）是个老荒唐，好色爱财；她婆婆吝啬刻薄。奇怪的是，上官云珠在《太太万岁》里并非女主角，蒋天流的戏份远比她多，但大家谈到这部戏，似乎只记得上官云珠。其实，电影到了一半，上官云珠才出场，开口第一句就是："哎哟，谁在用我的扇子呀？"她一出场，立马抓住志远，从志远看她的眼神，就知道这个男人要栽了。后半场她的戏也不是很多，但电影似乎就成了她一人的舞台，气场太强，可见她把这个"姨太太"演绝了。看完电影，脑子里只留下上官云珠编造凄惨身世的镜头，又媚又作，半边脸遮在扇子后面："我的一生真是太不幸了，要是拍成电影，谁看了都会哭的……"人生也不过是同样的戏码，反反复复地演。无疑上官云珠是中国最好的演员之一，即使演配角也光芒四射。

桑张第三次合作是《哀乐中年》，这也是我个人最喜欢的一部民国老电影，喜欢程度甚至超过了费穆的《小城之春》。《小城之春》太冷僻、太诗意，类似沟口健二；《哀乐中年》则近乎小津安二郎和成濑巳喜男，有人间气息。它由石挥、朱嘉琛、韩非主演，具有上海市民生活的悲与喜。尽管编剧、导演署名都是桑弧，但张爱玲也有一些功劳，谈到《哀乐中年》的剧本，她自己说："始终是我的成份最少的一部片子。……我虽然参与写作过程，不过是顾问，拿了些剧本费，不具名。"很多张迷包括郑树森等都夸大了张的参与度，低估了桑弧的才情。张的至交宋淇也曾指出《哀乐中年》有"张爱玲的笔触（touch）"，他认为："张爱玲的touch，桑弧写不出来，（桑弧）没有那个灵气。"张爱玲与桑弧有一段情，这段情到了什么程度，就难说了。张爱玲愿意帮桑弧一把，也有可能，但桑弧本人也是站得住的，有他自己的思想、自己的风格、自己的笔触。宋淇说桑弧没有那个灵气，他是看走眼了。桑弧是老实人，老实人有老实人的灵气，且更接地气，接地气的灵气也更持久些。不同于《不了情》和《太太万岁》这类世俗悲喜剧，《哀乐中年》其实有点左派倾向，对资产阶级生活方式持批判态度，鼓励工作，赞美劳动。这显然与张爱玲无关，应该是桑弧的想法，可见它是一部桑弧的电影。张爱玲参与成份最少的电影，恰恰是桑弧最好的电影，足以证明他的才华。

"话剧皇帝"石挥是绝好的演员，演电影居然没有话剧腔。比起赵丹夸张的表演方式，石挥要高明多了。石挥的演技，有目共睹，我也不觉意外，意外的是女主角朱嘉琛，简直美得一尘不染。20世纪三四十年代上海滩的女明星，大多花枝招展，嗲声嗲气，朱嘉琛的"素美"令人耳目一新。关于她的资料太少，《哀乐中年》之前，演过《大团圆》（黄宗江编剧）里的三妹，电影快结束时才登场，只有寥寥几个镜头。严格上讲，《哀乐中年》是她的处女作，此后就在银幕上消失了。她是黄宗江的前妻，离婚后是否再嫁也不得而知。电影中，石挥和她最终成了老夫少妻，此片的格调让我想到小津的《麦秋》，如果朱嘉琛拍个七八部电影，她是会成为"中国的原节子"的。

李安大概也受到此片影响，他的《饮食男女》显然是在向《哀乐中年》致敬，而郎雄的表演也有石挥的影子。

1950年桑弧独自编导的《太平春》，虽然受到意识形态的干扰，两面不讨好，多亏夏衍保护才没事。但仍不失一部出色的电影，最近翻出来重看，越发觉得好。1954 年，他导演了越剧电影《梁山伯与祝英台》（袁雪芬与范瑞娟主演）。细心的观众或许已经发现，早在《太太万岁》里就埋下了伏笔，电影刚开场，大少奶奶思珍与婆婆聊到袁雪芬正在上演新戏《祥林嫂》，婆婆知道这是一出苦戏后说："越苦越好，我就爱苦戏。"还有，程之饰演的流氓晃着腿，唱袁雪芬的"步步高"："谁人不想步步高，哪个不想赚钞票，虽然你财神面前磕响头，钞票不会白送到……"可知袁雪芬当年有多红！

1956 年桑弧执导了白杨主演的《祝福》（夏衍编剧，根据鲁迅小说《祥林嫂》改编）。无疑，这是一部杰作。

晚年桑弧也导演了《他俩和她俩》《子夜》等，都没有超越他早年和中年的成就。

（本文发表于 2021 年 4 月号香港《明报月刊》。）

不会再有孙道临

何　华

最近在读吴兴华的《风吹在水上：致宋淇书信集》，这本书收录了吴兴华1940年到1952年，即他19岁至31岁，写给好友宋淇（林以亮）的62封手札。这些书信里还藏着一个名字：孙以亮（孙道临）。吴兴华被誉为钱锺书式的学者，可惜1966年去世，未能尽展其才。

从吴兴华的书信里，我们知道在燕京大学时除了宋淇，他还有一位好友孙以亮——就是后来成为名演员的孙道临，而宋淇的笔名林以亮是为了纪念他和孙以亮的友谊，是他们三位好友间的一个"暗号"。吴兴华很欣赏孙以亮，简直太偏爱了，他在1944年4月12日写给宋淇的信里提到："关于以亮，他们很固执地蒙起眼睛不看他诗中的好处，并且认为我捧以亮过分。我说得不多不少，只是以亮是一个天生来的诗人，至于天生来诗人是很少的，那怨不了我，我又不是造物主。我告诉他们以亮对一切想象文学天生来的适应性，是连我自己也不见得定能胜过的。"吴兴华口口声声称赞孙道临是一个"天生来的诗人"，显然是被孙道临俊雅的外表迷惑了，孙道临的诗才、文才，很一般，但他是个好演员，这是不争的事实。书信里，他还写道："以亮在此地演剧十九饰唐若青的beau（男朋友），路子以反派为主，颇受欢迎。"十九，即十之八九、大多之意。唐若青是20世纪三四十年代著名的话剧演

351

员。吴兴华的信里还写道："以亮之 airiness（虚无）如昔，不知作何打算?""听说以亮在沪上颠倒众生""（以亮）学骑马，跳舞等等，也许要飘入电影界成为一个 current matinee idol（受女戏迷欢迎的当红偶像）。"

现在想想，孙道临为什么不同于其他男演员，就在于他的高学历及诗人气质，他早年的"朋友圈"都是吴兴华、宋淇、张芝联、黄宗江这一类的学者和作家，他自身的艺术修养高出其他男明星一大截。

我第一次看孙道临的电影是《家》。改革开放不久，老电影开禁，1957拍摄的《家》再度上映；越剧《红楼梦》也重放了。一位邻居阿姨，是上海下放到合肥的，消息灵通，告诉我们《家》里面大少爷的扮演者孙道临和林黛玉的扮演者王文娟是夫妻。还说："这个孙道临嘛，很多女孩子迷他，哎哟，人家都娶了林黛玉了，还有个姑娘不甘心，整天在电影厂门口等孙道临，弄得孙道临从后门逃脱。这种姑娘就叫花痴，你们懂哦?"我们懂的，其实这位阿姨就是花痴，说起孙道临，口水嘀嗒。

孙道临、张瑞芳、黄宗英、王丹凤合演的电影《家》，改编自巴金的小说。名角荟萃，大有看头。男人胆小怕事、犹豫不决，实在令人不快，但孙道临饰演的"窝囊废"大少爷却改变了我的看法，他一个眼神一个请求一个叹息一个颤抖，都带着一种悲剧美，让我们不忍责怪于他。最近，我又看了一遍电影《家》，发觉孙道临的"声音"也是他表演的重要组成部分。他曾为电影《王子复仇记》里哈姆雷特配音，造就了电影配音史上无法超越的高峰。重看电影《家》，惊讶于大少爷与哈姆雷特在"声音"上有不少相同之处：忧郁、优柔、高贵、善良。一说到孙道临，几乎人人称道："他的声音特别美好。"声音，给孙道临加了分。

除了《家》，他给我们留下的电影还有：《乌鸦与麻雀》《渡江侦察记》《南岛风云》《永不消逝的电波》《革命家庭》《51号兵站》《早春二月》等。尤其是《早春二月》，他与谢芳、上官云珠的完美组合，让我们看到了一部带有法国文艺片风格的佳作。即使以今天的眼光来评判，1963年的中国，能拍出《早春二月》这样的电影，不能不说是一个奇迹，它简直就是时代的"漏网之鱼"。在轰轰烈烈的大时代，孙道临的存在，无疑是一抹异彩、一页书香，让我们知道人性的复杂和美的诱惑。

电影史上，有两对男女角色最伤我心，一个是上面提及的孙道临的大少爷和黄宗英的梅表姐，另一个就是《早春二月》里孙道临的萧涧秋和上官云珠的文嫂。他很幸运，遇到了黄宗英和上官云珠演对手戏，她俩的帮衬，越发成全了他。"若要俏，一身孝"，梅表姐和文嫂都是寡妇，哀婉清苦，也就格外叫人怜惜和爱慕。电影里，孙道临没有艳福，他不稀罕富家小姐陶岚（谢芳）献的殷勤，却为文嫂（上官云珠）的不幸动了真情。孙道临不是一个性感的演员，那个年代也不以性感为美，他以雅正悲哀取胜。他台上台下爱流泪，故有"孙大雨"（借用诗人、翻译家孙大雨之名）之外号。

转眼孙道临去世已经十一二年了，中国男演员儒雅俊逸的传统也消失殆尽，如今的"生角"，缺的就是孙道临的书卷气。每个时代有各自的偶像，不少人感慨，像孙道临这样的男演员不会再有了。

（本文发表于上海《新民晚报》副刊"夜光杯"，2019年4月4日。）

后 记

　　东南亚的华文现代文学基本上是和中国的现代文学同步。19世纪末到20世纪中叶，主要是战乱避祸或经济原因，大批中国文人下南洋谋生，他们多在文教界供职，譬如在东南亚各地的华文学校执教，或在各地的报刊和文艺杂志担任编辑或撰稿人。这其中就有中国现代作家老舍、巴金、徐志摩、郁达夫、刘呐鸥、艾芜、洪灵菲、许杰、巴人、胡愈之、刘延陵、杨骚、林语堂、徐訏、凌叔华、苏雪林等等，他们或在东南亚谋生、或过境短期逗留，多数最后还是选择了离开，但也有回不去的，如郁达夫在印尼被日军谋杀，刘延陵最后终老新加坡。也有没来过新加坡，但对新加坡的现代文学产生了极大影响的，如鲁迅、郭沫若、闻一多等，因为他们在中国现代文学史上的特殊地位，不可避免地对东南亚华文现代文学产生较大影响。尤其是鲁迅，他对东南亚华文现代文学的影响可以说是全方位的，从1920年代一直延续到现在。

　　现在的文学史论通常把中国现代文学的起点放在1919年的五四新文化运动，而五四新文化运动的直接起源可追溯到1915年9月15日陈独秀在上海创刊的《新青年》杂志。1921年1月，新文学运动的最早和影响最大的文学社团"文学研究会"在北京成立，但其不少核心成员都有在上海从事文学创作和文艺出版的经历。

同是在 1921 年，另一重要文学团体"创造社"的骨干分子郭沫若、成仿吾、郁达夫、张资平、田汉、郑伯奇等等也开始在上海掀起一股文潮，他们出版了"创造社丛书"，其中就有郭沫若的《女神》和郁达夫的《沉沦》。到 1922 年 5 月《创造》季刊和 1923 年 5 月《创造周报》在上海创刊，创造社以上海为大本营，为中国现代文学留下了许多经典篇章。再到 1928 年刘呐鸥等人在上海创办《无轨列车》半月刊，新感觉派（主要作家还包括施蛰存、穆时英等）则以异样风采在上海登陆中国现代文坛。总之，近现代的上海，是中国极为璀璨的一座城市，而上海的现代文坛，也一样群星璀璨。

东南亚的华文现代文学受中国现当代文学的影响极大，以新加坡和马来西亚为例（1965 年新加坡独立之前，新加坡和马来西亚的华文文学是一体的），早期新马的华文报刊杂志不仅其编辑和撰稿人多是中国南来的文人，而且，其内容也常直接转载中国报刊杂志上的文章，尤其是这些报刊的文艺副刊，所以新加坡的文学史论家方修先生说，新马的华文现代文学就是在中国五四新文化运动的影响下开始萌芽和成长的。近现代的上海，开风气之先，是东西商贸和文化交流的一个枢纽，而新加坡在上海通往欧洲的海路之间，是中西文化交流的一个必由之地。上海的作家和上海的文学不可避免地会对新加坡的华文文学产生影响。从鲁迅、徐志摩到郁达夫、许杰、刘呐鸥、刘延陵、杨骚、杨际光，再到当代的王安忆、余秋雨、金宇澄等等，他们多数都在新马留下了自己的人生轨迹，更多的则是在新马现代文坛留下了各自的波光潋影。

疫情缘故，过去的两年我在上海赋闲。去年底，多年不见的老友王光东教授照例是"斗酒"相逢。大概是担心我闲得太久，

或是看不过我太过清闲，总之他给我派了主编这本书的任务。我
开始还以为只是酒桌上的一句调侃，没想到今年一月，他郑重其
事地给我电邮，交代了这本书的策划总体思路和意图，还有字数、
交稿日期等等。我当时人在上海，就赶紧和新加坡、马来西亚、
印尼、越南、菲律宾等地的师友远程约稿，很快就得到了他们的
热烈回应，但心里底气还是不足。幸运的是，远在新加坡的我的
老师王润华教授不仅寄来他的论文，而且给出了很多很好的建议，
这才让我信心倍增。王润华教授是东南亚研究中国现代文学首屈
一指的学者，他的编辑思路和学术网络使这本书的学术价值得到
了最大保证。光东和我力邀王润华教授出任本书主编，他拒绝再
三，最后经不住我的死缠烂打，才答应和我一起合编。这本书能
够问世，我要感谢光东的信任，更要感恩我的老师王润华教授的
指导、写稿、约稿和选稿。

　　东南亚学者对上海文学的关注也是由来已久。限于篇幅，本
书主要选录近一二十来年东南亚学者的研究成果。即便这样，研
究成果还是非常之多，东南亚学者对鲁迅、郁达夫和张爱玲的研
究都有不只一本的专书。我们只好一再割舍，尽可能让收录的论
文涉及较多的研究对象。这样鲁迅、郁达夫、徐志摩、张爱玲、
杨骚、刘呐鸥、刘延陵、王安忆等作家都有至少一两篇学术性比
较强的专文论述。越南学者阮秋贤是从译介学的角度看上海文学
和越南现当代文学的关系，视角独到，我们也作为主要文章予以
收录。附录部分则选择了几篇和上海作家相关、比较轻松的随笔
和访谈性质的小文章，可视为一种余韵，让阅读多些轻趣。

　　人生有很多想不到的际遇。我半年前接受光东的任务时在上
海，而现在，书稿在上海定稿了，光东要我写一个简单的后记，
我却回了新加坡。这似乎也在回应上海和新加坡在文学上的某种

关联——上海和新加坡作为文学的"双城",曾经有故事,现在有故事,将来,还会有人续写它们之间的故事。

南治国

2021 年 8 月 22 日于新加坡

附 本书作者简介

王润华，1941 年生于马来西亚，美国威斯康辛大学博士，现任马来西亚南方大学资深讲座教授，研究领域为比较文学、唐代诗学、东南亚文学与文化。代表作有《王维诗学》《中西文学关系研究》《从新华文学到世界华文文学》等。

南治国，1968 年出生，新加坡国立大学博士，曾任新加坡义安理工学院中文系主任，研究领域包括中国文学、比较文学和翻译研究等，在中国《北京大学学报》《中国比较文学》《中国翻译》、新加坡《亚洲文化》、马来西亚《人文杂志》等刊物上发表论文 40 余篇。

夏菁，新加坡国立大学中文系博士，研究领域为中国现当代文学，代表作有《中国现代作家的南洋书写研究》等。

林春美，新加坡国立大学中文系博士，曾任马来西亚文学杂志《蕉风》主编，现任马来西亚博特拉大学外文系副教授。研究领域为中国文学、马来西亚华人和华文文学。著有《性别与本土：在地的马华文学论述》《〈蕉风〉与非左翼的马华文学》等。

赵秀敏，新加坡国立大学文学硕士、华中师范大学文学博士。现任新加坡新跃社科大学（SUSS）汉语言文学系、翻译系客座讲师。主要研究方向为比较文学、世界文学、中国现当代文学、新加坡文学等。代表作有《张爱玲电影剧本研究》《新加坡文学经典：最高荣誉之文化奖（华文文学）得主访评》。

余云，剧作家、散文作家。曾任上海戏剧学院戏剧文学系讲师，新加坡实践表演艺术学院编剧课程导师，新加坡电视台高级编剧、联合早报副刊资深编辑。创作舞台、影视作品十余部，发表文化随笔上百万字。近期著作有剧作集《三祭——反神话剧三种》（合作）。

青禾，作家，著有《花开满城》《戏台》等。

周维介，1952 年生于新加坡，香港大学博士，曾任新加坡教育部华文专科视学官，代表作有《新加坡早期华文报章文艺副刊研究》《新马华文文学散论》《南下的五四水手——许杰文学历程探索》等。

阮秋贤，1980 出生，文学博士，越南河内国家大学下属社会科学与人文大学文学系副主任、副教授、博导。研究方向为中国现当代文学在越南的译介与传播、20 世纪中国文学史、华语文学在越南的翻译。代表作有《译介的话语——20 世纪中国文学在越南》（专著，2019 年，台湾华艺出版社）《亚洲观音与女神信仰》（共同主编，2020 年，台湾里仁书局）等。

伍燕翎，马来西亚博特拉大学文学博士，马来西亚新纪元大学文学院院长，研究方向为中国古典文学、马华文学、世界华文文学。代表作有《新的纪元：东南亚华人新编》（合编）、《西方图像：马来西亚英殖民时期文史论述》、《新马学术史研究概览》（合编）等。

黄妃，新加坡国立大学硕士，研究方向是中国现当代文学。

张曦娜，作家，媒体工作者，新加坡《联合早报》记者。2017 年南洋理工大学中文系驻校作家。2000 年获颁"东南亚文学奖"。2013 年获颁"新华文学奖"。著有短篇小说集《变调》《镜花》《掠过的风》《张曦娜小说选》，散文集《岁月流金》《走过的风情》《开罗紫玫瑰》《仙人掌散文系列之张曦娜卷》《如是我纪》等。报道文学《大姑速写》《客答问》。

张永修，马来西亚作家，曾主编南洋商报《南洋文艺》、文学杂志《季风带》、文学丛书"枫林文丛"。著有《失传》《给现代写诗》；编有《辣味马华文学：90 年代马华文学争论性课题文选》《成长中的 6 字辈》等书。

何华，1963 年，复旦大学中文系学士，新加坡国立大学中文系硕士。曾供职报社、出版社，现为自由作者。研究方向：中国现代文学。出版散文集《老春水》《一瓢饮》《在南洋》《南洋滋味》《〈台北人〉总也不老》等。